The End of Days
完结日：审判与回归的预言

[美] 撒迦利亚·西琴 著
(Zecharia Sitchin)
龚力 译

THE EARTH CHRONICLES
地球编年史
VII
第七部

江苏凤凰文艺出版社
JIANGSU PHOENIX LITERATURE AND ART PUBLISHING, LTD

图书在版编目(CIP)数据

完结日:审判与回归的预言 / (美) 撒迦利亚·西琴 (Zecharia Sitchin) 著;龚力译. — 南京:江苏凤凰文艺出版社,2019.7
(地球编年史)
ISBN 978-7-5594-3408-1

Ⅰ. ①完… Ⅱ. ①撒… ②龚… Ⅲ. ①宇宙学-普及读物 Ⅳ. ①P159-49

中国版本图书馆CIP数据核字(2019)第041179号

江苏省版权局著作权合同登记:图字10-2019-397号

书　　名	完结日:审判与回归的预言
著　　者	[美] 撒迦利亚·西琴
译　　者	龚　力
责任编辑	孙金荣
特约编辑	张文武
出版统筹	孙小野
封面设计	金牘文化·车球
出版发行	江苏凤凰文艺出版社
出版社地址	南京市中央路165号,邮编:210009
出版社网址	http://www.jswenyi.com
印　　刷	三河市金元印装有限公司
开　　本	700毫米×1000毫米 1/16
印　　张	19
字　　数	258千字
版　　次	2019年7月第1版　2019年9月第2次印刷
标准书号	ISBN 978-7-5594-3408-1
定　　价	45.00元

(江苏凤凰文艺版图书凡印刷、装订错误可随时向承印厂调换)

有太多的人在苦苦等待这本书……

——《书目》杂志

让人翘首以盼的撒迦利亚·西琴经典启示系列的最终卷！在这部花费了30余年研究而得来的杰作中，西琴展示了“过去即是未来”这一灵性观点引人注目的新证据——人类和他们的地球，从属于一个早已决定好的周期性天空时间。一个伟大的循环即将来临……

——《科克斯书评》

※ 为什么我们所处的公元21世纪像极了公元前21世纪？

※ 历史注定将重演吗？如果是，将在什么时候？

※ 第十二个天体——“谜之行星”尼比鲁将在下一个3600年回归并影响地球吗？

※ 届时，尼比鲁的居民阿努纳奇将会如天神一般再次降临吗？等待人类的会是一场怎样的相遇：毁灭还是新生？

闪耀的、具有爆炸性的作品！为此，我要向伟大的撒迦利亚·西琴致敬！

——埃利希·冯·丹尼肯，《众神之车》作者

自撒迦利亚·西琴创作《第十二个天体》一书已有30余年，后者使苏美尔文明和关于阿努纳奇人的记载苏醒了过来——这些天外来客塑造了人类，并给予人类文明和宗教信仰。在这本终结之书里，西琴向人们展示了禁锢于“开端”中的“终结”，而且一旦当你了解到此“开端”，就有可能预知“未来”。

——《图书馆杂志》

太令人激动了……这是一个伟大史诗的完美尾声。西琴应该获得诺贝尔奖！

—— 鲍勃·迪恩，星际政治揭秘工程重要成员

中译本总序

《地球编年史》系列修订本终于和大家见面了！

十年前，这套被翻译为30多种语言的全球畅销书，在第一本发行30周年之后引入中国，引起了广大读者的兴趣。而这套书的再次出版，我相信会再一次掀起一股有关人类文明起源的探索热潮。

对一个读者——至少是我本人——来说，这可能是有史以来最伟大、最具说服力而且也最陌生的关于太阳系与人类历史的知识体系。它是如此恢宏、奇诡、壮丽，使我首次意识到，人类在终于有机会和能力追寻人类起源的真相时，才发现事实竟然比想象或幻想更加不可思议。而此前，人类也许并不知道，其实我们一直就置身于创造的奇迹之中，或者，我们本身就是一个被创造的奇迹。

应该说，大多数对人类进化及其文明有兴趣的人都将对这个系列的图书保持一种开放的态度。同样，对《圣经》故事以及大洪水之前的历史感兴趣的人，也可能会持有同样的阅读姿态。你是否思考过，为什么我们这个物种是地球上唯一的高智能物种？你是否想过，为什么从古代的哲人到现代的科学家，都无法完全回答我们从哪儿来？或者你是否知道，为什么希腊词语anthropos（人类）的意思是“总是仰望的生物”？甚至连earth（大地、地球）一词都是源于古代苏美尔的e.ri.du，而这个词的本义竟是“遥远的家”！

——其实，撒迦利亚·西琴在《地球编年史》系列图书中回答的远不止这些。

西琴是现今能真正读懂苏美尔楔形文字的少数学者之一。作为一位当代伟大的研究者，他既利用了现代科学的技术，又从古代文献中窥知了那些一度处于隐匿状态的“神圣知识”。而这些神圣的知识所包含的内容，正是：“我们是谁”，“我们从哪儿来”，甚至“我们往何处去”。

在他看来，人类种族是呈跳跃式发展的，而导致这一切的是30万年前的一批星际旅行者。他们在《圣经》中被称为“纳菲力姆”（中文通行版《圣经》中将其误译为“伟人”或“巨人”），在苏美尔文献中被称为“阿努纳奇”。与《圣经》中所记载的神话式历史不同，他通过分析苏美尔、巴比伦、亚述文献和希伯来原本《圣经》，替我们详细再现了太阳系、地球和人类这一种族及其文明的起源与发展历程。

西琴发现，借助现代科学手段得来的天文资料，竟与古代神话或古代文明的天文观有着惊人的相似。令人震惊的是，数千年前的苏美尔文明的天文观甚至是近代文明所远远不及的。哪怕是现在，虽然天文学家已经发现了“第十二个天体”尼比鲁的迹象，但却无法证明它的实际存在；而位于人类文明之源的古代苏美尔，却早就有了尼比鲁的详细资料。《地球编年史》充当了现代科学和古代文献之间的桥梁，在现代科学技术和古代神话及天文学的帮助下，西琴向我们全面诠释了太阳系、地球以及人类的历史。

西琴的另一个重要成果是发现真正的人类只有30万年的历史，而非之前认为的有上百万年历史。而这是基于他对最古老文献的研读、对最古老遗址的考察，以及对天文知识的超凡掌握。借助强有力的证据，他向全世界证明，人类的出现是缘于星际淘金者阿努纳奇的需求。人类是诸神的造物，这一点在《地球编年史》中有着完美的科学解释。

不过，这套旷世之作的重点并不仅仅止于此。

在《地球编年史》中，我们能看到古代各文明神话中对“神圣周期”的理解竟然出奇地一致。与这个周期相关的正是太阳系的第十二名成员，被称为“谜之行星”的尼比鲁，即阿努纳奇的家园。所谓的“末日”——如一万多年前的大洪水——是尼比鲁与地球持续地周期性接近的结果，而人类文明就是在这一次次的“末日”中走向未来。

在我看来，《地球编年史》是一部记录地球和地球文明的史书，它传递给我们的，不仅仅是思想和观点那么简单。它是一本集合了最新发现和最古老证据的严肃的历史书。而对未来，撒迦利亚·西琴同样有着科学的预测。按照古代神话中“神圣周期”的推算，以及最新的天文学研究成果，有迹象表明，一次巨大的事件就快发生了。凡是接触过各古代神话的读者都应该不会遗忘，诸神曾向我们许诺：“我们还会回来。”那么，如果他们真的以某种身份存在的话，人类与造物者的再一次相会，将是在未来的哪一年、哪一天呢？

我不禁想起17世纪英国语言学家约翰·威尔金斯（John Wilkins）创造的一个词：everness，他用它来更有力地表达“永恒”之意。而阿根廷诗人豪尔赫·路易斯·博尔赫斯（Jorge Luis Borges）以此为名，写下了一首杰出的十四行诗，仿佛是在与西琴所关注的领域相呼应：

不存在的唯有一样，那就是遗忘。
上帝保留了金属，也保留了矿渣，
并在他预言的记忆里寄托了
将有的和已有的月亮。
万物存在于此刻。你的脸
在一日的晨昏之间，在镜中
留下了数以千计的反影，
它们仍将留在镜中。

万物都是这包罗万象的水晶的
一部分，属于这记忆，宇宙；
它艰难的过道没有尽头
当你走过，门纷纷关上；
只有在日落的另一边
你才能看见那些原型与光辉。

从《地球编年史》的第一部《第十二个天体》的出版，到第七部《完结日：审判与回归的预言》的出版，西琴耗时达30年。而他在这30年间所做出的成果，对于全人类来讲，价值都是无法估量的。

我们期待着一个有关地球和人类起源与文明的新的探索热潮，将随着《地球编年史》系列修订本的出版再次出现。

宋易

2019年5月20日于成都

序言：过去，未来

“他们将在何时归来？”

曾经无数次地，我被问到这个问题。这里的“他们”，当然是指阿努纳奇人——来自行星尼比鲁的外星人。在古代，他们被人类视为神灵，而现在，人们想知道，究竟将在何时，尼比鲁会沿着其长长的轨道回到离我们不远的近地点？当那一天到来时，又将发生些什么？会出现午时的黑暗吗？地球会被撕裂吗？会发生长达1000年的苦难与烦恼，还是救世主的第二次降临？关键是，这一切将发生在2012年吗？或是更晚，或是根本就不会发生？

这些意义深远的问题，联系着有着宗教信仰与期待的人们最深层次的希望与焦虑。它们被混杂于当前的事件之中：战争在中东——上帝与人类开始发生交集的地方爆发；核毁灭的威胁；凶猛的自然灾害发出的警告；等等。对这些问题，我们多年来一直不敢回答——现在，对这些问题的回答不能够也不可以再推迟了。

人们应该认识到，关于“归来”的问题并不是一个新事物；像现在一样，在过去，它也无情地联系着关于上帝决战日的期望与忧惧。4000年前，近东见证了上帝和他的儿子许诺的人间天堂；3000多年前，埃及的国王与人民渴求一个救世主般的时代；2000年前，朱迪亚的人们想知道救世主是否出现；而直到今天，我们也仍然为这些谜团所困惑。预言会成真吗？

在本书中，我们将处理我们给出的这些疑问，解答古代的谜团，破译诸如十字架、双鱼宫和圣杯等象征物的起源与意义。我们将描绘在历史事件中连接太空着陆点的角色，并且展示，为什么过去、现在和将来都正好汇聚到耶路撒冷——“联系天堂与人间”的地方。我们将思考，为什么我们现在的公元 21 世纪与公元前的 21 世纪如此相似？难道是历史自身在重演？是否一切都被弥赛亚的时钟所指引？是否那个时候即将到来？

2000 多年前，《旧约》中的但以理反复地问天使：“何时？”何时将是世界末日？300 多年前，著名的艾萨克·牛顿先生，就是阐明了天体运动奥秘的那个人，曾写过关于《旧约》中的但以理和《新约》中的新发现的论文。在最近发现的手稿中，牛顿记录了他关于世界末日的计算，它将被我们连同关于末日的近期预言一起进行分析。

《希伯来圣经》和《新约》都宣称，未来的秘密植根于过去，地球的命运联系着天堂，人类的事务与命运联系着上帝与诸神。在考虑将会发生什么事情之前，我们会从历史穿越到预言；我们知道，一件事不可能排开其他事而被独立地得以透彻研究，所以我们会把它们放在一个更广阔的视野中来考察。以此为向导，我们将透过往昔看到未来。可以确定的是，答案必然会很惊奇。

撒迦利亚·西琴

2006 年 11 月，纽约

大事件年表

（公元前 8650 年—公元元年）

时间	事件
公元前 8650 年	“地球和平协议”使洪水之前的苏美尔落入了恩利尔家族之手。
公元前 3760 年	苏美尔文明，希伯来历法开始。
公元前 3460 年	马杜克坚称他能扩充他父亲的特权，在恩利尔家族中心地带立足。
公元前 3460 年	“巴别塔”事件。
公元前 3113 年	透特带着他在非洲的追随者，在中美洲建立了文明。
公元前 2860 年	吉尔伽美什和恩奇都踏上第一次行程，到达黎巴嫩的雪松森林，并杀死了天堂神牛。
公元前 2360 年	萨尔贡：阿卡德时代开始。
公元前 2260 年	伊师塔的萨尔贡时代之后，一个混乱的时代来临了。
公元前 2160 年	标志着埃及第一中间期的开端，尼努尔塔时代（古地亚修建 50 神殿）。
公元前 2113 年	众神决定，将兰纳 / 辛的朝拜中心乌尔作为苏美尔王朝的首都并立乌尔南模为王。
公元前 2113 年起	乌尔南模开始大范围建造公共建筑，恢复河运，改造以及保护乡间公路。从乌尔南模开始的乌尔三世时期，在苏美尔文明的各方面中都达到了一个新的高度。
公元前 2060 年	那布组织马杜克的追随者亚伯拉罕来到迦南。列王战争。
公元前 2048 年	在恩利尔领导下，众神以“不守神规”的罪名判决舒尔吉“死刑”，他的儿子阿马尔辛取代了他的乌尔城王位。
公元前 2024 年	大洪水之后位于西奈山的太空发射场被核武器毁坏了，此后，在南美的设备成为唯一完整留给恩利尔家族的设备。
公元前 2024 年	核武器第一次在地球上使用。
公元前 1960 年	马杜克的巴比伦金字塔建立。
公元前 1900 年	史称巴比伦第一王朝的一个正式政权真正建立起来。
公元前 960 年	新亚述帝国建立。阿基图节日在巴比伦复兴。

公元前 729 年	提革拉昆列色三世访问了巴比伦，进入其神圣区域，并且“握了马杜克的手”。这是一个具有巨大宗教和外交意义的姿势。
公元前 610 年	巴比伦军队攻陷了哈兰，结束了亚述的最后希望。
公元前 605 年	巴比伦军队在迦基米施大败埃及，并追击逃亡的埃及军队一直到西奈半岛。
公元前 598 年	尼布甲尼撒率巴比伦军攻占了耶路撒冷。
公元前 587 年	巴比伦人又回来了，他们烧掉了所罗门修建的神殿。
公元前 560 年	阿努纳奇神灵完成了他们的离开。波斯挑战巴比伦。
公元前 556 年	预言中午时的黑暗来临了，随后尼比鲁归来了，这就是预言的终结之日。
公元前 460 年	希腊的黄金时期。希罗多德在埃及。
公元前 334 年	亚历山大跨过海峡来到亚洲，发动了对波斯的战争。
公元前 331 年	亚历山大又发动了对波斯的战争，攻占了巴比伦。
公元前 160 年	马加比解放了耶路撒冷，神殿被重新供奉。
公元前 60 年	罗马人在黎巴嫩建立了朱庇特神殿，占领了耶路撒冷。
公元元年	拿撒勒的耶稣诞生；公元计时开始。

目录

第一章

弥赛亚的钟声

无论在何地，对天启的惊恐、弥赛亚似的狂热以及对世界末日的焦虑，都侵扰着人类。

在战争中、在叛乱中、在对异教徒的屠杀中，都展现着人类的宗教狂热。西方的国王召集军队，与东方作战。文明的冲突动摇着生活传统的根基。战争吞没了城市与村镇；权势们在保护墙后寻找着安全。自然灾害与不断增强的灾祸使人们疑惑：人类有罪了吗？这是上帝愤怒的证据吗？这些预示着下一次大洪水吗？这是天启吗？弥赛亚的钟声近了吗？

钟声敲响的时间，是公元 21 世纪，还是公元前 21 世纪？

两个时间都是正确答案，我们的当下与遥远的古代是一样的。这是现在的情形，也是 4000 多年前的情形；这惊人的相似，归因于在这两个时刻中间发生的事件，那个时期有着基督时代的弥赛亚狂热。

人类的三次大洪水——有两次发生在过去（大约是公元前 2100 年以及耶稣诞生的时期），一次即将发生在临近的未来——是互相联系的。一次引起另一次，只有理解了那次才能理解这次。今生于往，过去即未来。这三次洪水的本质都是弥赛亚预言；连接这三次洪水的是预言书。

这充满苦难与忧患的现在将怎样结束，未来预示着什么呢？要回答这些问题，需要进入预言书的领域。我们的预言书不会是一个大杂烩——以对末日与毁灭的恐惧为吸引的新发现的大杂烩。它是可以信任的，这个信任是建立在唯一的古代档案上，这个档案证实了过去，预言了将来，记录了以前的弥赛亚预言——在古代便预言了将来，这个预言中的将来正在来到。

在这三个启示录的例子（两个已经发生，另一个将要发生）中，天国和尘世的关系——物质上与精神上的关系——正是这些事件发生的关键。在地球上，某些连接天国与尘世的实际场所的存在，表现在物质方面，被认为是这些事件发生的关键和中心；我们所谓的宗教，则表现了精神方面。 除了大约在公元前 2100 年的那次，在这三次事件中，变化了的人类和上帝间的关系都是问题的核心。大约在公元前 2100 年，人类面临着第一次跨时代的巨变，那时人类和上帝的关系是多元的。是否人类和上帝的关系发生了变化，读者会很快地发现。

※

阿努纳奇（“从天堂来到地球的人”）——苏美尔人对他们的称呼——就是神，当因为需要黄金而从尼比鲁来到地球时，他们的故事便开始了。被刻在七块碑上的《创世史诗》，记录了他们行星的故事。这故事通常被看作一个寓言式的神话，产生于原始的心灵——把行星们看作是神在相互斗争的心灵。但正如我在《第十二个天体》中表明的一样，这个古代文本，实际上是一个深奥的天体演化论，它讲述了一个经过我们太阳系的迷路行星，是怎样与提亚玛特行星相撞的。这个碰撞产生了地球与月亮，产生了小行星带与彗星。这个侵略者自己也被捕获在一个椭圆轨道上，其一个周期为 3600 个地球年（见图 1）。

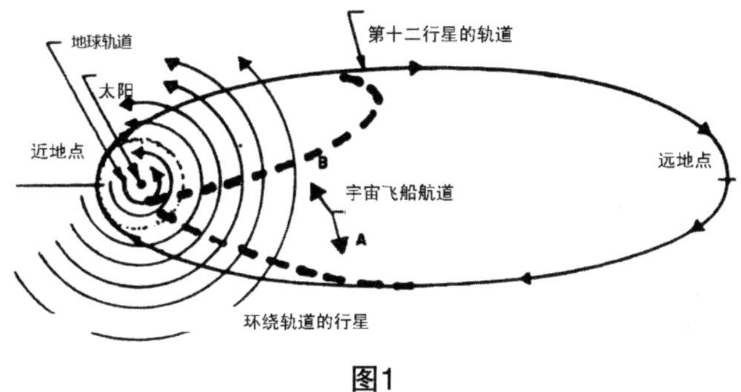

图1

苏美尔人的文献说到，在120个周期（432000地球年）后，大洪水之前，阿努纳奇人来到地球。他们怎么来的，为何而来，他们在埃丁（圣经中的伊甸园）的第一座城市，他们制造亚当以及为何而造，悲惨的大洪水——这些，统统都记载在我的《地球编年史》系列中，这里将不再重复。但是，在开始前往公元前21世纪的时间旅行前，我们需要回忆一些大洪水发生前后的重大事件。

圣经中的大洪水，开始于《创世记》第六章。耶和华起先决定把人类从地球上灭绝，然后又故意通过诺亚方舟拯救了人类。在苏美尔人关于此故事更早的文献中，把对人类的不满归因于恩利尔神，而试图拯救人类的是恩基神。《圣经》为了宣扬一神论，不仅掩盖了恩利尔与恩基的争执，阿努纳奇人的两个氏族间的争斗也被掩盖，而此争斗决定了地球上随后发生的事件之进程。

我们需要把这两个氏族及其子孙的争斗，以及大洪水后分派给两者的领地，记于心中，才能理解之后发生的一切。

恩基与恩利尔是同父异母的兄弟，父亲是尼比鲁的首领阿努；他们在地球上的斗争起源于其母星——尼比鲁。恩基——之后被称作E.A.（意思是“家是水的人”）——是阿努的大儿子，但不是阿努妻子安图所生，而恩利尔是安图（安图是阿努同父异母的妹妹）所生。因此，恩利尔虽然不是阿努的大儿子，但却是尼比鲁王位的合法继承人。在阿努即位之前，王位在继承竞争中落入了阿拉卢之手，之后阿努用政变夺取了王位，把阿拉卢从尼比鲁赶走。这个事实激化了恩基和安图家族本就不可避免的矛盾。这件事不仅使 E.A 重新回到了他祖先时候的怨恨中，而且对恩利尔的领导权提出了挑战。这些都写在史诗《安祖的传说》中（欲了解尼比鲁王室错综复杂的关系、以上人物的祖先，请参见《失落的恩基之书》）。

我发现，揭开众神继承（与婚姻）规则的秘密的关键，是认识到：众神的这些规则也用在了他们在人类世界中的代理人身上。在《圣经》的传说中（见《创世记》20：12），族长亚伯拉罕在介绍他的妻子萨拉是他妹妹时，说自己没有说谎，“事实上，她是我的妹妹，我父亲的女儿，但不是我母亲的女儿，她是我的妻子”。她不仅作为同父异母的妹妹与亚伯拉罕结婚，而且她的儿子以撒成为王位的合法继承人，亚伯拉罕与其使女夏甲所生的大儿子以赛玛利却没有这个资格（这继承规则怎样引起古埃及太阳神拉的后代——同父异母的奥西里斯与赛特的不和，在《众神与人类的战争》中有说明）。

这继承规则虽然看起来复杂，却是建立在被书写王朝历史的人称作“血统”的东西之上的。我们现在知道，这便是 DNA 系谱，DNA 继承自父母，而线粒体 DNA（mtDNA）只能继承自母亲。这复杂而基本的规则便是这样：王朝的血统通过男性的血统延续；头生子在继承顺序中靠后；可以娶同父异母的姐妹为妻；无论这个妻子生的儿子是否是头生子，他都将成为王位继承人。

这对同父异母的兄弟恩基与恩利尔争夺王位的斗争，又因为掺和了感情方面的斗争而变得复杂。他们都对其同父异母的姐妹宁马赫垂涎欲滴，宁马赫的母亲是阿努的一个小妾。她是恩基的真爱，却不被允许嫁给恩基。恩利尔夺去了宁马赫，并与她生有一子，名为尼努尔塔。虽然尼努尔塔不是婚生子，但这继承规则使他成了无可争议的继承人，因为他是头生子，并且其母亲是恩利尔同父异母的姐妹。

※

恩基，正如在《地球编年史》中叙述的一样，是来到地球的 50 个阿努纳奇人的首领（他们来地球是为了获得黄金，以保护尼比鲁正在缩小的大气层）。当最初的计划失败后，恩利尔带着更大的任务和更多的阿努纳奇人，来到地球。宁马赫也作为一个首领来到了地球。

阿努也来到了地球，解决了他两个儿子的矛盾（这个矛盾毁掉了这个生死攸关的任务）；他甚至待在地球，让他的一个兄弟确保在尼比鲁的摄政统治：《阿特拉哈西斯史诗》以此开始了众神与人类的故事。有此背景，这个古代文本告诉我们，很多东西都决定着谁会待在地球、谁会得到尼比鲁的王位：

众神彼此紧握双手，
彼此抛弃而分离：
阿努回到天国，
地球归恩利尔统治；
大海，被围成环状，
给予恩基。

而这些事情的结果，便是阿努作为王回到尼比鲁。恩基获得了大海与河流的统治权（他是海神，在希腊被称为波塞冬，在罗马被称为尼普顿），他获得 En.Ki（地球之主）的称号，这使他得到了安抚。但是，恩利尔（EN.LIL，统帅之主）获得了全部的统治权："地球归他统治。"无论恩基愤恨与否，他都不能违抗这继承规则和已发生的一切；所以对这不公平的愤恨，以及因他父亲与祖先遭受的不公平对待而报复的强烈决心，使得恩基的儿子马杜克发动了战争。

几种文本都描述了阿努纳奇人是怎样在埃丁（大洪水后的苏美尔）建立

起他们的殖民地的，每个殖民地都有特殊的功能，都为某个主要计划服务。至关重要的空间连接（用航天飞机与太空船联系母星来实现其功能），由恩利尔在尼普尔（一个苏美尔和巴比伦城市，在现在的伊拉克东南。——译者注）的指挥所所控制。这个指挥所的中心是一个发着微光的房间，名叫 DUR.AN.KI（意思是天国与地球的连接处）。阿努纳奇人另一个关键设备太空船发射降落场坐落在西巴尔（鸟城）。尼普尔被建立在同心圆的中央，“上帝之城”也建立在此地；为了方便太空船降落，他们建造了一个登陆走廊，其焦点在近东高大的亚拉腊山（在土耳其东部；据基督教《圣经》载，大洪水后诺亚方舟即停于此。——译者注）的两个峰顶（见图 2）。

然而大洪水“扫荡了地球”，毁灭了所有的上帝之城，也就毁灭了他们的

图2

控制室和起落场，并把大洪水后的苏美尔埋葬在千万吨的淤泥中。一切都得重来——但一切都可以不同于以往。首先，需要建立一个太空船起落场，并给它配备上新的任务控制室和能照亮降落走廊的新灯塔。新的降落道依然建立在亚拉腊山突出的双峰上；其他的设备都是新的：起落场建立在北纬 30 度的西奈半岛上；以人造的双峰作为灯塔——吉萨金字塔；一个新的控制室建立在耶路撒冷（见图 3）。这个规划在后洪水时代发生的事件中起到关键作用。

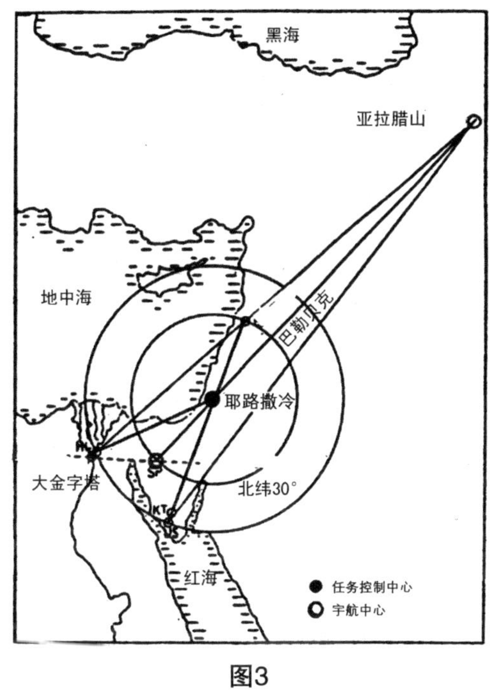

图3

※

对于神与人类的事务以及人与神的关系，大洪水都是一个分水岭（无论按其字面意思或象征意思去理解）：凡人，以前被塑造成为神服务的凡人，自此以后被看作是神在这个被毁灭了的行星上的合作者，只是地位稍低而已。

于是，在公元前3800年，人类在美索不达米亚建立第一个文明高峰时，这种神与人的新关系被建立起来并神圣化，同时被编入法典。接着发生的重大事件便是阿努正式访问地球，而阿努不仅是尼比鲁的统治者，而且是地球上众神的首领。他此次访问的一个原因（也许是最重要的原因），是为了在众神中确立和平，使阿努纳奇人的两个主要氏族（恩利尔与恩基的两个氏族）能够和平共处。大洪水过后，新的空间设备的建设，要求对领土进行重新划分。

《圣经》在《创世记》第十章记载了这次领土的分割，由诺亚的三个儿子发源而来的人类子孙，已分别属于不同的国家与地域：亚洲是闪的，欧洲属于雅弗的后代，非洲属于哈姆。历史记载表明，在这次领土分割中，恩利尔的家族分得了1/2土地，而1/3的土地分给了恩基与他的子孙。而西奈半岛——至关重要的太空飞船起落场坐落之处，则被划为了中立的神圣之地。

《圣经》只是简单地按领土分割列举了各个国家，在更早的苏美尔文献的记载中，这次分割是阿努纳奇人的领导层经过深思熟虑后才决定的。《伊塔那史诗》中写道：

伟大的阿努纳奇人啊，决定命运的神
关于地球，他们交换了意见。
创造了四个地方，
建立起他们的殖民地。

这四个地方的第一个，处于幼发拉底河与底格里斯河之间（即美索不达米亚），人类在此建立起了第一个文明高峰——苏美尔文明。在前洪水时代，众神的城市便建立于此，人类城市兴起，每个城市都有宗教场所，在那里，神居住在金字形神塔中——恩利尔在尼普尔，宁马赫在修佩克，尼努尔塔在拉格什，兰纳（辛）在乌尔城，伊师塔在乌鲁克，沙马氏在西巴尔，等等。在每个城市中心，有一个 EN.SI，即“正直的统治者”——最初是被选中的半神，他为了神的利益而统治人类；他的主要任务是发布符合正义与道德的法典。在这个圣区，有祭司负责安排节日庆典、牺牲献祭和向神祈祷的仪式，由直接为神及其配偶服务的高级祭司所监督。艺术与雕塑，音乐与舞蹈，诗歌与圣歌，以及最重要的宗教记录，都在寺庙里、皇宫中繁荣起来。

有时，某个城市被选为这片土地的首都；此地的统治者是努戈（意思是“伟人”）王。在此人活着及死后很久，这片土地上最有权力的人同时是王与最高祭司。因为王的地位与权威非同一般，所以是经过仔细的挑选才选择了他。王权的一切象征，都被认为是直接来自天国，来自尼比鲁星球上的阿努。一个苏美尔的文献涉及这个问题，它上面记载说，在王权和正义的象征（王冠与节杖）被授予地球之王以前，王冠与节杖要“堆放在天国的阿努面前”。实际上，在苏美尔语中，王权就是阿努的权力之意。

以上所说明的王权的意义是文明的基础。在《苏美尔列王纪》中，人类的正义行为与道德法典被清楚地声明：大洪水之后，“王权来自天国”。在我们阅读本书至弥赛亚预言——“天国的王权”回到地球——时，这是重要的声明，需牢记于心。

大约公元前 3100 年，一个与苏美尔文明相似但不同的文明，在非洲的尼罗河两岸（努比亚与埃及）建立起来了，这就是上文说到的第二块地区。它的历史不如恩利尔子孙们创造的历史那样和谐：全部土地分给了恩基的六个儿子，他们之间争斗不断。其中主要的斗争发生在恩基的头生子马杜克（在埃及称作拉，即太阳神）与宁吉什西达（在埃及称作透特，即月神），这次斗争使得透特和他的一群追随者逃往新的家园（在那里，他变成了羽蛇神，有翼的巨蛇）。拉因为反对他的弟弟杜姆兹与恩利尔的孙女伊南娜／伊师塔结婚，便害死了他弟弟，他也因此受惩而被迫逃亡。作为补偿，伊南娜获得了第三块地——印度河河谷的统治权，此地的文明大约建立于公元前 2900 年。这三处文明区域，以及作为太空船起落场的神圣之所，都位于北纬 30 度，这是有很好的理由的（见图 4）。

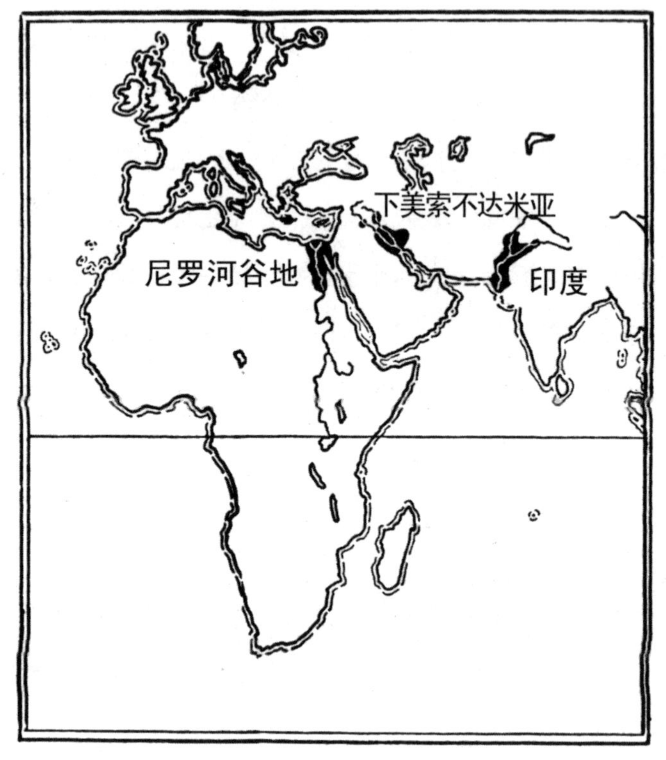

图4

根据苏美尔人的文献记载，阿努纳奇人确立了以王权作为他们与人类关系的新规则，这个规则在美索不达米亚文明中表现得最为清楚。在这个规则中，王与祭司既连接人与神，又将人和神分离。但当我们向最能代表人与神关系的“黄金时代”看去时，我们会发现，神的事务控制并决定了人类的事务和命运。遮蔽这一切的是马杜克（拉），他决定去改变他父亲恩基遭受的不公正对待：在阿努纳奇人的继承法中，尼比鲁王阿努的合法继承人是恩利尔而不是恩基。

因众神赐予苏美尔人60制进位的数学体系，苏美尔人把他们万神殿里的神都排了序：阿努为最高位60，恩利尔为50，恩基是40，这样依次排下来，序号在男神与女神间相互交替（见图5）。按照继承规则，恩利尔的儿子尼努尔塔将继位50，而马杜克只是名义上的10；而且最初，这两个继承人都不在奥林匹斯山上的十二神之列。

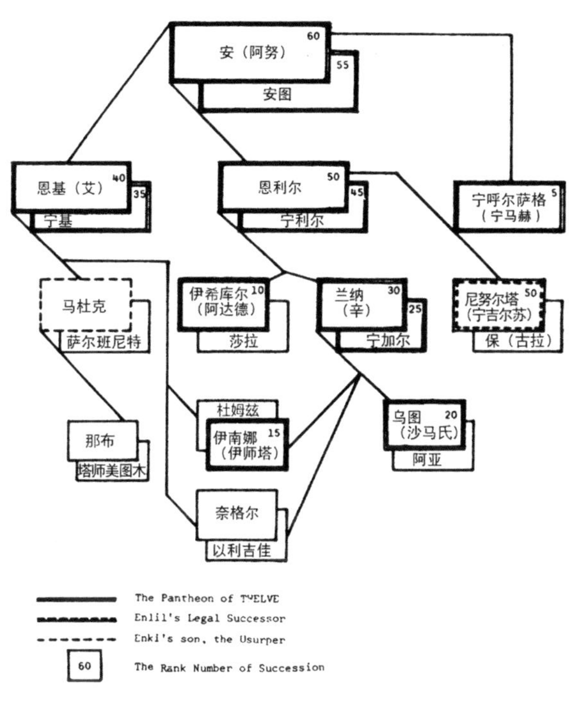

图5

所以，从恩利尔与恩基就开始的不和，使得后来马杜克与恩利尔的儿子尼努尔塔竞争50这个等级的继任权。这个竞争扩大到恩利尔的孙女伊南娜/伊师塔那里（她和杜姆兹的结合遭到了马杜克的反对，以杜姆兹的死为结束）。这时，除了我们已提到的透特（月神）外，马杜克还面临着与其他兄弟的竞争。其中，主要是与恩基的儿子奈格尔间的竞争，奈格尔娶了恩利尔的孙女厄里斯奇格为妻。

在这些斗争的过程中，这两个氏族间不时地爆发战争；其中有些战争在我的《众神与人类的战争》一书中被称作“金字塔之战”。“金字塔之战”导致马杜克被活埋入大金字塔；也导致他被尼努尔塔俘虏。后来马杜克不止一次地逃亡。他坚持不懈的努力，也赢得了他自认为应得的地位，《圣经》在巴别塔事件中对此有着记载；但直到最后，直到弥赛亚的钟声敲响、地球与天国结合，直到经过无数的失败，他才取得了成功。

实际上，在公元前 21 世纪的大洪水背景下，伴随弥赛亚预言发生的这一系列事件，主要是马杜克的故事。这也使他儿子那布走上了舞台的中央，那布是一个神，他是神的儿子，但他母亲却是个凡人。

※

苏美尔文明延续了近 2000 年，它的首都几经变动：从第一个首都基什（意思是尼努尔塔的第一个城），到乌鲁克（阿努赐予伊南娜的城市），到乌尔（月神辛之座与敬神中心），到其他地方，又回到最初的那些地方，最后，回到了乌尔。但在所有的时间里，恩利尔的城市尼普尔——学者们习惯叫它“祭拜中心”——都是苏美尔的宗教中心；每年，苏美尔人都在此祭拜众神。

苏美尔人万神殿中的奥林匹斯山 12 神，对应着太阳系的 12 个成员：太阳、月亮，包括尼比鲁在内的十大行星。一年的 12 个月中，苏美尔人每月都会祭拜其中的一位神。在苏美尔语中，月被称作埃森，它是假日、节日的意思；每个这样的月份都被作为祭拜节日，祭拜这 12 神其中的一位。如公元前 3760 年《人类的第一部历法》中所记载，每个月的开始与结束都需要被精准确定。这被称为尼普尔历法，它是祭司们为确定宗教节日的精确时间表而制定的复杂历法；这历法的作用并不像教科书所言，是为了使农民知道应该何时播种与收割。这个历法一直使用至今，犹太教历法的公元 2007 年，就是尼普尔历的 5767 年。

前洪水时代，尼普尔作为控制中心而存在，这里是恩利尔的指挥中心，他在此建立了 DUR.AN.KI（天国与地球的结合处），用太空船与母星尼比鲁联系（大洪水后，这个指挥中心转移到了耶路撒冷）。它的中心到洪水前的苏美尔的其他中心等距（见图 2），同时它被认为到“地球的四角”等距，因此，它被称为“地球之脐”。一首赞美诗这样说尼普尔：

啊，恩利尔
当你来到地球，建立起你神圣的居所
尼普尔城市为你专有
你在地球的中心
建起了 Dur-An-Ki

“地球的四角”，这个词语也出现在《圣经》中。当耶路撒冷取代了尼普尔时，耶路撒冷也被称作“地球之脐”。

在苏美尔语中，“地球的四角”被称为 UB，也叫 AN.UB，意思是神圣的 4 个角。它与历法有联系，它代表了日地位置变化的四个关键时间：夏至、冬至、春分、秋分。在尼普尔历法中，新的一年从春分开始，这个规则也被保存在古代近东的历法中。一年中最重要的新年节日从春分开始，节日一直持续 10 天，在此期间将进行烦琐与神圣的宗教仪式。

为了通过太阳的运行来制定历法，必须观测黎明前的天象，此时太阳开始升起，黑暗的天空中仍能看见星辰。在昼夜平分点，太阳的运行位置被直立的石块所记录，以指导未来的观测。耸立在英国的史前巨石阵就是个观测的例子（见图 6），在长期的观测中，人们发现星群在天空的位置在不断变化。在巨石

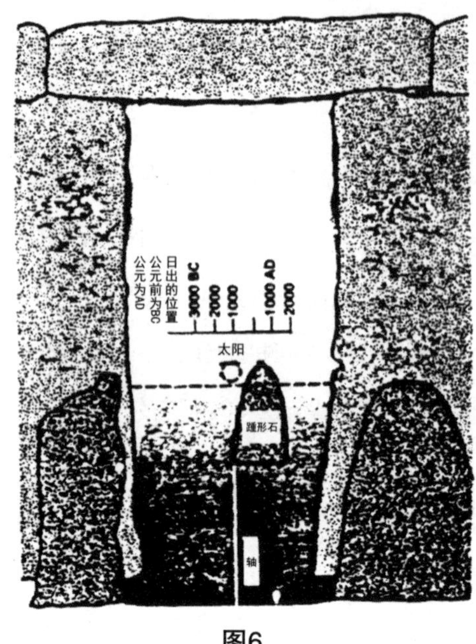

图6

阵中，约公元前 2000 年指向日出的“踵形石”，如今在夏至时，仍指向日出之处。

每年地球绕太阳运行一周后，并不会精确地回到原来的位置，这便造成了岁差现象。这里有微小的延迟：在地球运转 72 年后，与开始时相比，其位置变化了 1 度（转一周为 360 度）。是恩基最先把星星归聚成可观察的星群，他还将地球绕太阳运行的天穹分割成了 12 部分——从此它们被称为黄道十二宫（见图 7）。因为每一宫占据 30 度的天穹，故因为岁差现象，每一宫移动到其邻近宫的天穹需要花费 2160 年（72×30=2160），而一个完整的黄道循环将花上 25920 年（2160×12）。图 7 描绘了近似的黄道十二宫运行的时间表及其位置。

这历法是在人类文明还未发展的时期取得的成就。黄道历法被应用于恩基初来地球时，前两个黄道十二宫是以恩基之名义命名的，可以证明这一点。这个成就不是由生活在公元前 3 世纪的希腊天文学家希帕恰斯取得

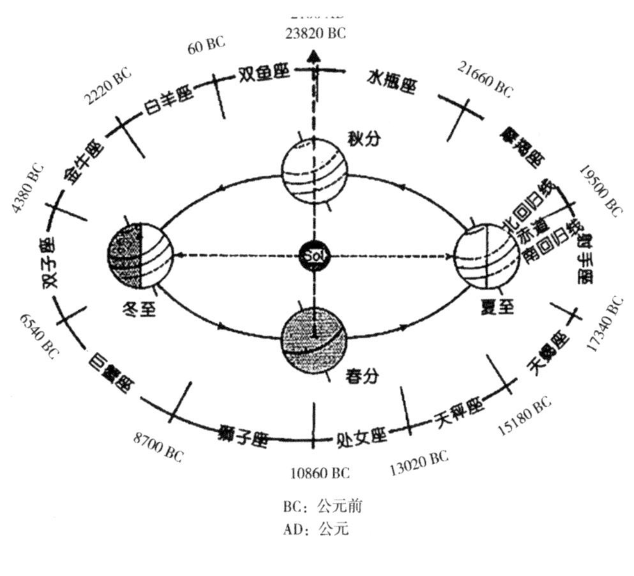

图7

的，因为在他之前上千年，苏美尔人就知道了我们今天认识的黄道十二宫（见图 8 和图 9）。

在《当时间开始》一书中，人类与神的历法被详细地讨论过。最初的历法时间单位来自尼比鲁星，尼比鲁的公转周期为 SAR（等于 3600 个地球年）。即便是在公转周期短很多的地球上，阿努纳奇人都以 SAR 作为历法的时间单位。事实上，在记述了阿努纳奇人在地球的早年活动的书《苏美尔列王纪》中，是以 SAR 为单位来记录各个王的时代的。我把 SAR 称作“神圣时间”；而把赐予人类的历法，以地球及月球的轨道为基准时间的历法，称为“凡俗时间”。黄道十二宫的运行周期是 2160 地球年（对阿努纳奇人来说不到一年），这为他们提供了一个黄金比率——10∶6（3600∶2160），我称其为“天时间”。

正如马杜克发现的，“天时间”敲响着决定他命运的钟声。

但什么时候敲响人类的弥赛亚钟声呢？是“凡俗时间”——以 50 年的大赦年为期，以世纪为期，以千年为期，还是以尼比鲁的周期而产生的“神圣时

1. GU.AN.NA（“天国的公牛”），金牛座
2. MASH.TAB.BA（“双胞胎”），双子星座
3. DUB（“螯，钳子”），螃蟹或者巨蟹座
4. UR.GULA（“狮子”），我们叫它狮子座
5. AB.SIN（“她的父亲是sin”），处女，处女座
6. ZI.BA.AN.NA（“天国之命”），天秤座
7. GIR.TAB（“抓和剪”），天蝎座
8. PA.BIL（“防御者”），弓箭手，射手座
9. SUHUR.MASH（“山羊-鱼”），摩羯座
10. GU（“水之主”），持水者，水瓶座
11. SIM.MAU（“鱼”）双鱼座
12. KU.MAL（“牧场居住者”），公羊，白羊座

图8

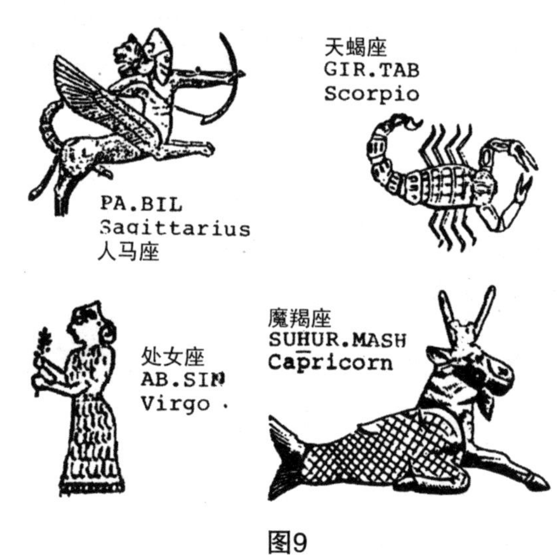

图9

间”，或是因黄道宫旋转而制定的“天时间”为期？

我们将要看到，这个在古代使人类迷惑的问题，现在它也是“归来”的中心问题。这个问题以前被一再地追问：被巴比伦及亚述的祭司追问；在《但以理书》中、在《圣约翰的启示录》中，被圣经中的先知追问；被艾萨克·牛顿那样的人追问；被我们所有人追问。

答案会令人大吃一惊。现在，让我们开始艰辛的追寻。

第二章

“就这样过去了”

《圣经》在苏美尔和早期苏美尔文明的记录中，选择了一些事件来突出地球与太空的联系。这些事件是具有重大意义的，其中一个就是“巴别塔”的故事：

他们从东部开始出发，
在希纳尔地区找到了一块平原，
并且在那里定居了下来。
他们对其他人说：
“来，让我们来做砖块并且用火烧吧。”
然后他们把砖当石头使用，
把沥青当灰浆使用。
他们又说：“来，我们来修建一座城池和一个塔吧，
让首领能够通过这个塔进入天堂。”

——《创世记》11：2 — 4

这是《圣经》记载的马杜克最厚颜无耻的企图，他想通过在恩利尔家族的中心地带修建他自己的城池，并且修建他自己的带有发射塔的航天设施，来维护自己至高无上的地位。这个地方在《圣经》中被称为巴别塔，在英语里叫作“巴比伦”。

这个《圣经》故事在很多方面都引人注目。首先，它记载了大洪水之后在底格里斯河—幼发拉底河流域的平原的迁徙，这是发生在泥沙已经足够干燥，满足了定居条件之后的回迁。这块新土地希纳尔真正的希伯来名字叫苏美尔。这就为解释这些迁徙者来自这个区域的东部山区提供了重要线索。在那里，出现了城市建筑，人类的第一个城市文明便从那里开始了。故事里还确切地记载（并且解释）了在干燥的沙土泥层中没有天然岩石，人们只有用泥砖修建筑物——通过窑中烧出的砖来代替石头。故事中还提及了在建筑物中用沥青来取代灰浆，一个使人震惊的信息便是，沥青这种在以色列土地上极度匮乏的天然石油产品，从美索不达米亚南部地区地下渗了出来。

《创世记》的作者是如此来说明苏美尔文明的起源与主要变革的；同样，他们意识到了“巴别塔”故事的重要性。在亚当的创造和大洪水的故事中，他们把多个苏美尔时期的神灵们的元素融入了至高无上的耶和华神身上。但他们也留下了一些真相，这就揭穿了《创世记》作者的欺骗性的做法（《创世记》11：7）。

苏美尔人和后来的巴比伦人的记录，证实了这个圣经故事的真实性，并且还包含了更多的细节。这些细节显示了有关大洪水以后，造成两次“金字塔之战”爆发的众神，总体上关系是紧张的。大约公元前8650年的“地球和平协议”，使得洪水之前的苏美尔落入了恩利尔家族之手。这顺应了阿努、恩利尔甚至恩基的决议，但这是马杜克所无法接受的。所以当城邦里原苏美尔统治时期的人们被分配给各位神灵时，马杜克抗议道：“你们把我安排到哪里呢？”

苏美尔地区不仅在恩利尔家族统治区域的中心地带，这个城市还是恩利

图10

尔家族的“朝圣中心”。但在这个区域边缘的沼泽地却有一个例外，那里在埃利都的统治之下；那是重建于大洪水之后恩基第一次迁徙的地方。当地球被两个势力相当的阿努纳奇宗族瓜分后，阿努坚持让恩基将那里永远地让给埃利都。大约公元前 3460 年的时候，马杜克坚称他能扩充他父亲的特权，在恩利尔家族中心地带立足。

在看得到的故事文献中，没有显示为何马杜克选择了幼发拉底河河岸的这个特殊区域作为他新的统治中心，但是，这个地理位置却给我们提供了线索：这里位于重建后的尼普尔（大洪水前的指挥中心）和重建后的西巴尔（阿努纳奇人在大洪水前的航天发射中心）之间，因此马杜克所考虑的应该是，这里可满足这两方面的需要。一幅画在陶碑（见图 10）上的巴比伦稍后时期的地图，把这里标记为“地球之脐”，这与原来尼普尔的功能名称相似。马杜克给这里取名为 Bab-Ili，阿卡德人语意为“通天之门”，即一个主要设施为一座塔（一座发射塔）并且塔的主神可以通过它往返于人间与天国之间的地方！

正如《圣经》故事记载的一样，美索不达米亚文献中，也描述了这个试图建立一个荒唐的航天设施企图的最终失败。美索不达米亚人的史料（乔治·史密斯于 1876 年首次翻译）还清楚地写道，虽然马杜克的计划失败了，但他的行动还是激怒了恩利尔，恩利尔怒不可遏地下令进行一次摧毁发射塔的夜袭。

据埃及的史料记载，公元前 3110 年左右，在埃及法老的王权开始之前，有一段持续了 350 年之久的混乱时期，这就可以让我们推测到“巴别塔”事件为公元前 3460 年左右，因为这段混乱时期的结束，意味着马克杜返回埃及并且透特被驱逐，是崇拜马杜克的开始。

尽管这次失败了，但马杜克从来没有放弃控制连接尼比鲁行星和地球的航天设施“天地连接器”或者建立他自己的航天设施的努力。最后，他也的确在巴比伦达到了他的目的，但一个有趣的问题是：为何他在公元前 3460 年失败了呢？同样有趣的回答是：这只是一个时机问题。

一本著名的史料记录了马杜克和他父亲恩基的一段对话，在这段对话中，马杜克问他的父亲自己还有什么没有学会。他的失败，在于忽略了当时是金牛座的时代，是恩利尔的时代。

※

在数千片挖掘出来的远古时期近东的木刻中，有许多是记载有关月份和一个相关的特殊的女神的。在一本从公元前 3760 年开始的尼普尔日历中，第一个月尼散，是阿努和恩利尔（在闰年里有 13 个太阴月）的埃森（节日时间，纪念他们的分裂），随着时间的推移，被纪念的人不断改变，这些人创造了 12 个至高无上的万神殿。月份的规定同样随着地域而改变，不仅如此，有时还因神的不同而改变。比如我们所知道的，金星最初是与宁马赫有关的，后来又与伊南娜／伊师塔有关了。

虽然这些变化使我们难以鉴别，究竟是哪个神与哪一个神圣的地方有关系，但可以从一些文字和图形中，清楚地推断出黄道带内的一些此类联系。恩基（最初被称为 E.A.，“他的家是水”）显然是与宝瓶座（见图 11）有关的，如果这个关系曾经发生过改变，则最初他还与双鱼座有关。名为双子的星座双子宫毫无疑问是为了纪念双子神乌图／沙马氏和伊南娜／伊师塔而命名的，他们是由出生在地球上的兰纳／辛所生。而女性星座“处女座”(以下简称“处女”，而不是准确的“处女”）和金星一样，最开始的名称很可能是为了纪念宁马赫，后来更名为艾伯・辛（她的父亲是辛），应该是为了纪念伊南娜／伊师塔。“人马座”又名射手座或防卫座，这个名称与众多的文字和颂歌一样，是为赞美尼努尔塔是神射手并且是他父亲的防卫武士的。西巴尔，这座乌图／沙马氏的城市，在大洪水后不再是航天发射场了，它被认为是苏美尔时代的法律和司法中心，乌图／沙马氏则被视为（即使后来的巴比伦人）首席法官；可以肯定天秤座代表的是他的星座。

再来看一个神的昵称，拿他的才能、力量或者物质与一种令人敬畏的动物相比较，正如许多文字中反复提到的一样，恩利尔的星座是金牛座。这在涉

图11

及天文学和艺术的圆形印章和木刻上都有描述。一些在乌尔王陵中发现的最美丽的艺术品便是用青铜、银、金塑的公牛头像，并且这些雕塑是用比较珍贵的宝石来装饰。所以毫无疑问，金牛座应该是对敬拜恩利尔的一种象征。它的名称，戈特－安那（意为“天堂之牛”）和有关描述真实的“天堂之牛”的史料，将恩利尔和他的星座与地球上一个独一无二的地方联系了起来。

这个地方名为降落点，这里有世界上最令人惊异的建筑物，包括一座通入天堂仍屹立不倒的石塔。

许多古代的文献，包括希伯来人的《圣经》，描述或者提及了黎巴嫩独特的森林中高大的雪松。在古代这个森林有几英里宽，围绕着一个独特的地方——在众神的指挥中心和真正的发射场还没有建成之前，众神在地球上修建的第一个用于空间运载的巨大的石头平台。据考证，苏美尔文献记载，那是在大洪水中幸存下来的唯一建筑物，并且正好用作阿努纳奇人在大洪水过后的活动场所；在这里，他们通过种植庄稼和驯养动物，使沉醉的大地恢复了生机。这个地方在吉尔伽美什（见图 12）的史诗中叫作“降落点”，是国王追求不朽的目的地；从史诗故事中我们可以探知，正是在这个受人崇敬的雪松森林中，

图12

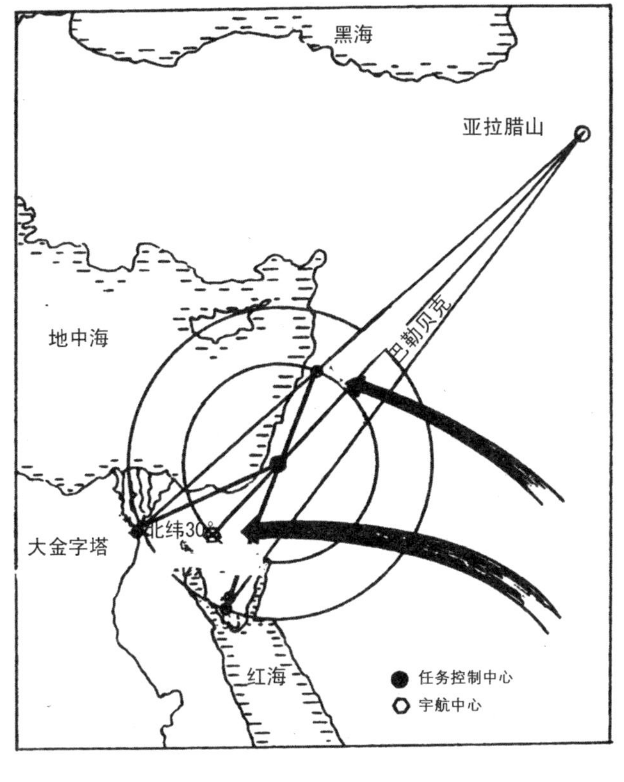

图13

恩利尔保持戈特·安那——“天堂之牛”——为他金牛时代的象征。

之后，在这个独特森林中发生的一切，对有关人与神的事务有着重要意义。

我们从史诗中了解到，这座在雪松森林中最先名为乌鲁克的城市，是阿努送给他的最疼爱的外孙女的礼物，他的外孙女名叫伊南娜（意思是阿努最爱的人）。公元前3000年，这个城市的国王，叫作吉尔伽美什，他不是一个凡人，他的母亲宁松女神是恩利尔家族的成员。这使吉尔伽美什已不是半个神，而是2/3个神。当他开始变老，开始思考生存与死亡时，他突然感觉到，作为2/3个神，他应该有些与众不同；他问他的母亲，为什么要像普通人一样“立足于凡间”。她同意了他的看法，但同时也向他解释道，神表面上不朽的名声和在现实中的长存，其实是源于他们的星座的轨道周期。要想获得长存，他不得不加入尼比鲁上的众神队伍，为了达到那样的目的，他需要到宇宙飞船升起和降落的地方。

虽然被警告旅行很危险，但是吉尔伽美什仍然决定要去。他说，如果我失败了，至少我会被当作一个曾经去做出尝试的人来铭记。在他母亲的坚持下，一个人造的替身，成为他的伙伴和保护者，这个替身的名字叫作恩奇都（意思是恩基制造）。他们的历险经历，在书写史诗的第 12 块泥版及其他许多古代的译文上反复地出现（在我的书《通往天国的阶梯》上能够找到）。实际上，那不是一个旅程，而是两个旅程（见图 13）：一个是到雪松森林的码头，一个是到西奈山半岛的太空船发射降落场。通过埃及人的描述（见图 14），宇宙飞船就放置在西奈山半岛的太空船发射降落场的秘密地窖里。

图14

第一次行程大约是在公元前 2860 年，是到黎巴嫩的雪松森林，这两个人受到了吉尔伽美什的教父沙马氏神的帮助，所以这次旅程相对快速和轻松。当他们到达那儿以后，他们看到了宇宙飞船在夜晚的发射。吉尔伽美什描述道：

我见到的景象令人惊悚！
天空在尖叫，地球在轰隆。
虽然天刚亮，但黑暗却来了。
闪电闪亮，产生了火花。
云汹涌起来，雨下了起来！
然后光亮消失了，火熄灭了，
所有落下来的东西都变成了灰烬。

他们充满敬畏，但是没有被吓住。第二天，他们发现了一个被阿努纳奇人使用过的秘密入口，但他们一进去，就被一个像机器人一样的保卫者攻击了。虽然这个保卫者持有死亡光线和旋转火焰，但他们成功地消灭了这个怪物，然后在小溪旁休息，他们觉得前方道路是畅通的。但是，当他们继续冒险前进的时候，新的挑战出现了：天堂之牛。

不幸的是，史诗的第六章残缺得太严重，以至于我们对于人物塑造以及战斗过程的线索了解得不是很清楚。易读的一部分清楚地写着，这两个伙伴在逃命，他们被天堂之牛追杀到了乌鲁克。最后，恩奇都成功地杀死了它。到了吉尔伽美什说他砍下了牛的大腿这一部分，文献变得易读。乌鲁克的手艺师们，兵器制造师们，工匠们，都赞美这个牛的角。文献表明，它们是人工制造的——“每个角都是用30锭青金石铸形，表面的涂层有两个手指的厚度。”

在其他的难以辨认的文字被发现之前，我们无法确定，出现在雪松森林中恩利尔的天神标志，到底是一只特别选择的活牛，只是被加以黄金和宝石的美化，还是一个机器生物。但是我们敢肯定的是，它在伊师塔的住所被杀时，发出了哀号，并响彻阿努的天空。这件事情如此严重，以至于阿努、恩利尔、恩基和沙马氏组织了一次神的理事会来审判这两个人（只有恩奇都最后被惩罚了），并且讨论牛被杀死后的补救措施。

图15

雄心勃勃的伊南娜/伊师塔完全有理由哀叹：无敌的恩利尔时代已经被打破，这个时代本身也因为砍掉了牛的大腿而被象征性地缩短。我们从埃及的资料，包括图示的天象学（见图15）知道，宰杀式的象征在马杜克那里没有被丢掉：它意味着在天上，恩利尔的时代也被缩短。

※

马杜克尝试建立两用的空间设备，没有被恩利尔家族轻率地接受。证据表明，恩利尔和尼努尔塔都在地球的另一端，也就是美洲，大洪水后黄金源头的附近，全力建造自己两用的空间设备。

恩利尔的缺位和这个天上牛的事件，预示了美索不达米亚心脏地带混乱时期的到来。它遭受了来自近邻地的侵袭。先是古提人，然后是东边的埃兰人，以及西方说闪族话的人。但是当东方人把恩利尔家族的神当作苏美尔人膜拜的时候，阿穆鲁（西方的人）却不这么做。沿着地中海的海岸，在迦南人的陆地上，人们对于埃及的恩基家族众神是感恩的。

伊南娜提出了一个聪明的想法，它可以表达为“如果你不和他们战斗，请他们进来”。公元前2360年的一天，当她在她的空中会所里漫游的时候，她降落在一个花园里，一个熟睡的男人吸引了她。她喜欢这个男人，这个男人是西方的人，说闪族语。后来他在他的回忆录里写道，他不知道他的父亲是谁，但是他知道他的母亲是神的女祭司恩图。他的母亲把他放进一个芦苇做成的篮子里面，顺着河流漂下去，被一个灌溉者发现并抚养，这个灌溉者叫阿克，阿克把他当作自己的亲生儿子一样。

这个强壮而英俊的男人有可能是被神丢弃的孩子，这让这个灌溉者有足够的理由向其他的神提议，这个地区下一个国王应该是阿穆鲁。当他们同意后，女神赐予他名字萨鲁 - 金，给予他苏美尔王国最古老尊贵的头衔。由于不是以前被确认的苏美尔王室的血统，他无法在任何一个古老的首府登基，于是一个崭新的城市被建立起来作为他的首都，叫作阿革得——“联合城”。我们的这本书叫这个国王为阿卡德的萨尔贡，把他用的语言叫作阿卡德语。而他的王国，把北部和西北部的城市加入到了古苏美尔，我们把它叫作苏美尔和阿卡德。

萨尔贡接受了将“叛乱之地”回收的任务，而他完成这个任务，花费了一些时间。她告诉萨尔贡，他将会被对伊南娜的赞歌（从那以后，她的阿卡德名就叫作伊师塔）所记录，因为他进行了对“叛乱之地的破坏，对其人民的杀戮，让鲜血染红了河流”。在萨尔贡自己的王室的编年史上，他的这次远征行动被加以美化地记录。他的成就被总结成这样：

> 萨鲁，阿革得的国王，是伊师塔的时代，
> 升起的力量。
> 他没有留下任何敌手，
> 他在这片土地扩大了他的尊严。
> 他跨过了东方的海，
> 他征服了西方所有的国家。

这段话暗示，“西方的城市”深处最神圣的连接太空的着陆点也被伊南娜／伊师塔占领了，但并不是没有反抗了，甚至在萨尔贡王室的记录中，也提到“在他的老年，所有的省都反叛敌对他”。在编年史中记录到，马杜克那边，领导了一次非常严厉的反攻：

由于萨尔贡对神灵的冒犯，
伟大的神马杜克暴怒……，
他叫东西两方的人疏离萨尔贡，
然后通过不让他休息来惩罚他。

萨尔贡领土的尽头，这里需要提一下，仅仅包括了四个与洪水冲击有关的地点中的一个，就是我们前面说到的雪松森林着陆点（见图3）。萨尔贡在他的两个儿子的帮助下，取得了成功。但是他真正的在精神和行动上的继承者是他的孙儿那拉姆－辛。这个名字的意思是“罪孽的最爱”。但是在编年史上，有关他的统治和军事战役，表明他实际上是伊师塔的最爱。文献表明，伊师塔鼓励这个国王通过不断的战争和对敌人的摧毁来达到伟大的目的，伊师塔在战争场上也积极协助他。以前我们把她描述成迷人的爱神，现在，因为战争形象的树立，她成了战争之神（见图16）。

这是蓄谋已久的战争——要占领所有连接太空的着陆点，让其处于伊南娜／伊师塔的统治下，来反对马杜克的雄心。被那拉姆－辛占领的城市名单表明，他不仅到达了地中海——对码头的绝对控制，而且他还向南发展，入侵埃及。如此对恩基家族控制区域的侵略是前所未有的，但它真的发生了。有记载表明，伊南娜／伊师塔和马杜克的弟弟奈格尔组织了一个邪恶的集团，奈格尔支持伊南娜的妹妹。入侵埃及也需要进入和穿过西奈半岛的中部神圣地区，太空发射升降场就坐落在那儿——又一次违背过去的和平条例。自傲的那拉

图16

姆－辛给自己授予“四个地区的国王”的头衔……

我们能听到恩基的抗议。我们能在文献中读到马杜克的警告。它远远超过了在恩利尔家族中可以被原谅的限度。另一个长篇文献表明，阿卡德王朝走到了它的尽头，在“恩利尔的前额皱了一下之后”——从恩利尔的神殿到尼普尔的决定——让它结束。那拉姆－辛的末日在公元前大约2260年到来。那个时候的文献上说，从东方来的叫作古提姆的军队，是效忠于尼努尔塔的，是神灵愤怒时的工具。阿革得没有重建，没有人再来定居；那座王室的城池，再也没有被人发现。

在公元前3000年年初的关于吉尔伽美什的长篇故事和公元前3000年年末阿卡德王朝的军事行动，都提供了那1000年事件的一个清晰的背景：目标都是连接太空的着陆点——对吉尔伽美什来说，他想得到神的长存；对属于伊师塔的王朝来说，她想得到最高权力。

敢肯定的是，是马杜克的巴别塔尝试，控制了神与人的事务中心，即连接太空的着陆点；我们将看到，那些事务大部分在以后都发生了。

阿卡德时期地球上的战争与和平，不是没有天上因素，或者救世主因素的。

在萨尔贡的历代记中，其头衔有着以下习惯上的用语，“伊师塔的监督，基什的国王，恩利尔伟大的恩西（王）”。他还叫自己为“阿努选定的牧师”，这是他第一次像神一样被庄严地——照字面理解就是救世主——出现在古代题词中。

马杜克在他的声明中，警告了将要在天空和宇宙中来临的现象：

> 天空将会变得黑暗，
> 河水的流动将会变得混乱，
> 土地将会被废弃，
> 人们将会死亡。

请向后看，再联想到《圣经》上类似的预言，很清楚，在公元前21世纪前夕，神和人类，预期将会有一场大灾难。

第三章

埃及预言，人类命运

在人类史上，公元前 21 世纪的古代近东，是人类文明最辉煌的篇章之一，史称乌尔三世时代。与此同时，这个时代也是最困难和最关键的时代，因为它见证了苏美尔在死神般的核爆炸阴云下的灭亡。在此之后，一切都变得不一样了。

正如我们将要看到的那样，那些重大事件也是 21 个世纪之后，即在公元前变成公元的时候，救世主在以耶路撒冷为中心的地方显灵的原因。

在那个令人难忘的世纪中发生的历史事件，和其他历史事件一样，都植根于过去曾发生的事情。因此，公元前 2160 年是一个值得被铭记的时刻。从那时起，苏美尔和阿卡德的编年史便记录了恩利尔家族改革的主要政策。在埃及，人们记录着对政治和宗教具有重大意义的转变的开端日期，也记录了在马杜克为争夺最高统治权的战争中，双方所发生的事情。事实上，是马杜克掌控全局的策略及其军队的灵活运动，控制了“神圣棋局”这一时代。他的迁徙从埃及出发，直到成为（在埃及人眼中）阿蒙神（Amon，也写作 Amun 或 Amen），即“不可见者”。

埃及古物学家认为，公元前2160年标志着埃及第一中间期的开端，那是一段介于旧王国结束与中期王国开始之间的混乱时代。在旧王国的几千年里，当政教中心在埃及中部的孟菲斯时，埃及人敬拜卜塔（孟菲斯城主神，埃及人的万神之父。——译者注）神殿，并且给他和他的儿子拉，以及他们神圣的继承者立庙纪念。有名的孟菲斯法老碑文赞扬了众神，也对国王们许诺了一个死后世界。作为众神的代理统治者，那些法老们戴着上埃及（北方）与下埃及（南方）的双王冠，不仅意味着这两片土地行政权的统一，而且意味着宗教信仰的统一。当何璐斯为争夺卜塔／拉的遗产而击败赛特时，这种统一就实现了。但是到了公元前2160年，这种国家和宗教的统一轰然破灭。

骚动导致联盟的分裂，首都的废弃和来自南方的底比斯王子的攻击，以及外族的入侵，对神殿的亵渎，法律与秩序的沦丧，干旱，饥荒，还有为争抢食物而发生的暴乱。这些情况被记录在一种纸草上，它被称作《艾普－威尔的警示录》，那是一部由象形文字写成的巨著。它包含许多的章节，列出了不计其数的灾害与苦难，也责骂了邪恶的敌人，因为他们对宗教和社会做尽了坏事，还呼吁人民忏悔并重新开始宗教仪式。其中带有预言性的一章描述了耶稣基督的到来，而且又用另一章赞美理想时代的来临，并结束本书。

文章的开始，描述了在一个原本功能齐全的社会中法律和秩序的崩溃，当时是这样的情形："看门的人去抢劫，洗衣工拒绝搬运重物……抢劫随处发生……有人把自己的儿子当成了敌人。"虽然尼罗河仍在涨水并灌溉着土地，但是"没有人耕种……庄稼死亡……仓库空掉……尘埃遍野……沙漠蔓延……女人不能怀孕……死尸被抛入河中……血流成河。"道路不再安全，贸易停止了，上埃及的省份已经不再贡税；"有内战……别处的野蛮人来到埃及……一切都在毁灭中"。

一些埃及古物学家相信，这些事件的核心，在于对财富与权力的争夺，即来自南方的底比斯王子们为争夺整个国家统治权而作的尝试（最终是成功了的）。最近，联系到因气候变迁而导致旧王国灭亡的研究也已经展开。那次气候变迁破坏了整个以农业为基础的社会，导致了食物短缺、暴乱、社会剧变和权威的丧失。但是很少有人注意到一个主要甚至最重要的变化：从那时起，在史料中、在赞美诗中，那些被膜拜的庙宇的名称已经不再是拉，而是拉－阿蒙，或简单地写作阿蒙，此后，亚蒙神被人们敬拜；拉变成了亚蒙神——拉，即不可见者，因为他不在埃及了。

的确是宗教的变迁导致了政权和社会的瓦解；我们相信，这个变迁就是拉向亚蒙神的转变。剧变始于宗教仪式的废止，剧变也证明了它自己是在染污和废弃庙宇，在那里，“秘密地点被暴露，正式的官方文件被到处乱扔，一些普通人当街撕掉了它们……魔法被揭开”。王冠上关于神的标志，即蛇形标记（圣蛇）“被反对……宗教日期被扰乱……牧师被不正当地杀害”。

在号召人们忏悔之后，“给庙宇提供熏香……保持给诸神上贡”，《警示录》又号召忏悔者接受洗礼——“记得沉思”。后来，《警示录》的文风转向了预言性：在甚至连埃及古物学家都称之为“真正的弥赛亚”的段落中，《警示录》写道“一个时代将要来临”，那时一个没有名字的救世主——一位“神君”将出现。起初他只有很少的追随者，人们将说道：

> 他给心脏带来凉爽，
> 他是所有人的牧羊者。
> 虽然他的牧群可能很小，
> 但是他会整天呵护他们……
> 然后他会打击邪恶，
> 他会伸直手臂对抗它。

“人们会问道：‘他现在在哪里？他在沉睡吗？为什么我们看不见他的力

量？’”艾普－威尔回答道：“看，其中的荣誉我们看不见，但权威、感知和正义属于他。”

艾普－威尔开始他的预言了，那些理想时代开端之时，将会伴随着弥赛亚出生的阵痛：“混乱将贯穿整个土地，在喧嚣声中，一个人可能会杀掉另一个，多数人可能会杀掉少数人。”人们不禁问道：“难道牧羊者希望杀戮？”不，他回答道，“是这片土地要求死亡”，但是经历多年斗争，正义和正当的崇拜将会流行。《警示录》总结道，这就是“艾普－威尔在回答一切君主的王权时，所说的话”。

在考虑到对事件和对弥赛亚的预言的描述时，如果同时还看到《警示录》上看起来令人惊奇的措辞，我们会发现更多的东西。学者们知道，还有一部预言／弥赛亚文本，从古埃及流传到我们手上，但是他们认为，这部书是事后写的，只是作者自己把写作日期改早了一些，假装成了一部预言。说精确点，文章声称，它所叙述的预言写于斯尼夫鲁（第四王朝的法老，约公元前 2600 年）时期，但埃及古物学家们相信，这部书事实上写于第十二王朝的阿门内姆哈特一世时期——晚于他所“预言”的事件。那些“预言”像是在确认先前发生的事，从它的许多细节和具体的措辞中就可以看出来。

文章声称，一个叫勒佛尔－罗夫的“伟大的预言家”把那些预言告诉了斯尼夫鲁国王，“有阶级的人和可以凭自己的手胜任工作的抄写员”。被国王召集起来预言未来，勒佛尔－罗夫“伸手拿来一个装有书写器具的盒子，他甩开一卷纸草”，接着，他开始以一个占卜家的口吻，书写他想象到的东西：

> 看，有些人正在谈论的事情；
>
> 可怕极了……
>
> 将会发生一些从未发生过的事。
>
> 地球将完全毁灭。

土地将被破坏，一切都不会剩下。
人们将看不见阳光，
在铺天盖地的阴云下，无人得以生存，
南风与北风对抗。
埃及的河流将枯竭……
拉必须再次从地球的根基开始。

在拉能够恢复“地球的根基”之前，将会出现入侵、战争与流血。接下来将是一个和平、宁静和正义的新时代。带来这个时代的，是我们称之为救世主弥赛亚的人：

那时，一位君主将会到来——
阿美尼（“不知名者”），
他将被称作胜利者。
圣子将永远是他的名字……
坏事将不复存在；
正义将会来临；
在他的时代，人民将一片欢欣。

大约4200年前的《警示录》上也有这样的弥赛亚似的预言，它也提到了天启时代和坏事的终结，以及接下来和平与正义的来临，这的确令人吃惊；《警示录》中的术语与《新约》中的术语极为相似，关于不知名者，关于成功的救世主，关于“圣子”，这也令人极为惊异。

我们将看到，这联系着几千年里所发生的事件。

※

在苏美尔，公元前2260年，伊师塔的萨尔贡时代之后，一个混乱的时代来临了。国土被外族占领，庙宇被他们玷污，后来他们又为首都该在哪里和谁该来做国王而引起了混乱。

暂时，陆地上唯一的安全港就是尼努尔塔的“礼拜中心”拉格什。在那里，外族古提人将被排斥在外。考虑到马杜克不屈不挠的雄心，尼努尔塔决定，通过指示当时拉格什的国王，去为他树立这座城市的一片新的圣土吉尔苏（一座新的神庙），来重申他的排位级别是“50”。尼努尔塔——这里被称作宁吉尔苏，“吉尔苏之主”——在那里已经拥有一座庙宇，也有一个为他的“神圣黑鸟”或是飞翔机器而建的特别围栏了。然而新神庙的修建需要得到恩利尔的特许，还好，这份特许他已经及时得到了。我们从碑文上可以了解到，这座新的神庙必定拥有一些能够联系到天堂的特征，可以作某种与上天有关的观测。最后，尼努尔塔应邀去了苏美尔，同行的还有宁吉什西达神（“透特”，埃及月神）、神圣建筑师，以及吉萨金字塔的秘密守护者。宁吉什西达／透特是在大约公元前3100年被马杜克勒令放逐的兄弟，这一记载确实没有失传……

古地亚的碑文，详细记载了围绕埃尼奴（“50神庙／家园”）的宣建、计划、建筑和供奉的周围环境，那些周围环境是令人惊异的；它在拉格什的废墟上没有接地，而且在《旧约》的《历代记》中，有它的详细介绍。从详细的记录（用清晰的闪族楔形文字写在两根泥塑的圆柱体上，见图17）中，我们看到这样的事实：从宣建到供奉，新神庙的每一个步骤和每一个细节，都受到了天意的指示。

那些特定的天意，必定与神庙修建的进程安排有关：像碑文开头几行字所声称的那样，那是“由天堂决定人间命运”的日子：

那时，人间的命运
将被天堂决定，
“拉格什将启程向天堂
与命运的巨碑一致”
恩利尔赞同尼努尔塔的决定。

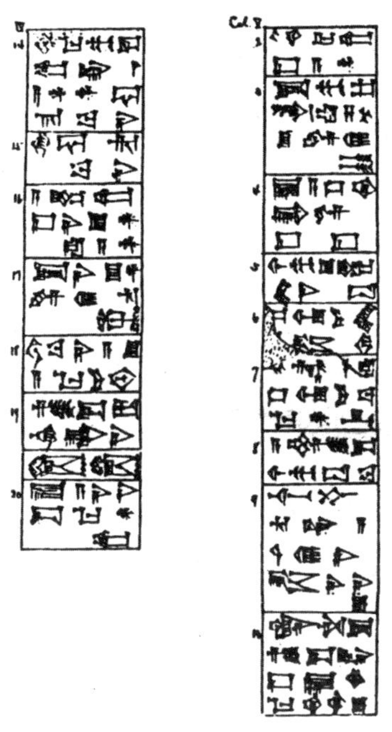

图17

人间命运被天堂决定的特殊时代被我们称作“上天时代”，即黄道时代。这种决定关系与春/秋分日有关，这在古地亚的故事的剩余部分和透特的埃及名字特忽提（权衡者，为新庙宇的“扔绳子”的人）中，变得很明显。从开始到结束，这种上天的旨意一直支配着埃尼奴工程的建设。

古地亚的故事从一场梦开始，这场梦仿佛是一部关于贫民发财的电视剧中的一段情节：他梦见了几个神仙模样的人，而在他苏醒时，那几个人给他展示的那些各种各样的东西就放在了他的旁边！

在那场梦中，几位神仙中的第一位尼努尔塔出现在了日出时分。他对古地亚说："你被选去建造新的神庙。"接着女神尼撒巴出现了，她的头巾上画着神庙结构的图样。女神拿出一块泥版，上面描绘着布满星辰的天堂，她拿着支铁笔，不停地指向"天上应受赞美的星座"。第三位神，宁吉什西达（也就是透特）拿着一块天青石色的泥版，上面画着一份结构计划图，他还拿着一块黏土砖，一个造砖的模子和施工人员用的运输筐。当古地亚醒来的时候，三位神仙已经离去，但是建筑表放在了他的腿上（见图 18），砖和造砖模具放在了他的脚边！

古地亚需要一位贤明女神的帮助和另外两个梦来理解这一切的意义。在第三个梦里，他见到了一份神庙建筑的范例，它像全息图一样可以活动，从上天所指的方位开始，铺地基，造砖，建筑工程逐步地一路向上。在特殊的日子里，建筑工作的开始和敬拜仪式，都在神的指示下进行；两次特殊日子都在新年的第一天，新年的第一天意味着春分。

按惯例，神庙有七层，但是——不同于寻常的平顶苏美尔金字塔——它的顶端必须是尖的，"形状像一只角"——古地亚必须给神庙的顶端放置一块

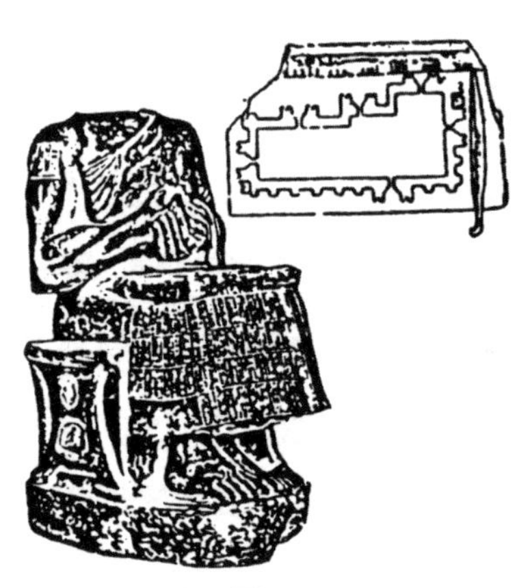

图18

图19

压顶石！我们没有得到对它形状的描述，但是从各种可能的角度来看（通过尼撒巴头上的图像来判断），它应该是金字塔形——像埃及金字塔的压顶石一样（见图 19）。此外，与传统方法中直接把砌好的砖暴露于空气中不同，古地亚必须用微红色的石头把砖架结构围起来，使它更像埃及金字塔。“神庙的外形看起来就像是一座山。”

把神庙弄成金字塔形是有目的的，尼努尔塔本人说清了这个目的。他告诉古地亚，“新的神庙，在很远的地方都看得见；对神庙敬畏的一眼，将可以触及天堂；对我的神庙的崇拜，也将延展到所有的地方，它那天堂般的名字将传遍所有的国家，直抵世界的尽头”——

在 Magan（马根）和 Meluhha（麦努哈），人们会说：
宁吉尔苏（“吉尔苏之主”），
来自恩利尔之地的伟大英雄，
无可匹敌的神啊；
他是全世界的主。

马根和麦努哈是埃及和努比亚的苏美尔名称，埃及众神的两片属地。埃尼奴的目的是在马杜克的地盘建立尼努尔塔无敌的贵族地位：“无可匹敌的神啊，他是全世界的主。”

宣告尼努尔塔（而不是马杜克）的最高权威，需要埃尼奴神庙。巴比伦金字塔的入口精确地朝向太阳升起的东方，而非习惯上的东北方。在神庙的最高层，古地亚必须树立起舒格拉姆——“那里光辉被宣告，那将是光环之地，决策之地”，尼努尔塔/宁吉尔苏可以从那里看到“同样的膜拜传遍整个大地”。有间圆形房子内设12个座位，每个座位标记着一枚黄道标志，上面有个孔可以观察天空——一个古代的行星仪排成黄道星座！

神庙的前院，连着一条面对日出的林荫道，古地亚必须立起两个石头圈来观察天空，其中一个有六根石柱，另一个有七根石柱。由于只提及一条林荫道，所以有人估计，石头圈是一个套在另一个里面的。当有人研究每一个词组，每一个术语和每一个结构细节时，很明显，可以发现这是一座在宁吉什西达/透特的帮助下建在拉格什的复杂但适用的石头观测站，其中有一部分，专门用于测绘黄道12度宫图，这让我们想起了在埃及但德瑞（见图20）发现的

图20

一处相似的装置，那一处，适合于观测天体的升落。事实上。这是一处幼发拉底河畔的史前巨石柱。

像不列颠群岛上的巨石柱一样，拉格什的建筑也为冬夏至日及春秋分点提供了石头标记，但是，它的最重要的外表特征，是视线可以从中央石块，穿过两根石柱之间，沿着林荫道，直抵另一块石头。由此看去，如果取向精确的话，可以确定在某一时刻与太阳同时起落的黄道星座。而这——通过精确观测来确定黄道年龄——就是修建整个复杂设备的初衷。

在不列颠的巨石柱（见图 21）中，视线从被称作祭坛的中心石柱出来，穿过以数字 1 和 30 标记的两根石柱之间，向下沿着林荫道直达所谓的踵形石（见图 6）。它大体上与具有双蓝石圈的巨石柱和建于公元前 2200 年到公元前 2100 年的巨石柱 2 所指向的踵形石一致。那也是“幼发拉底河畔的巨石柱”修建的年代——精确点说，是公元前 2160 年。

而且这里没有巧合。像这两个黄道观测站一样，其他石头观测站也同时

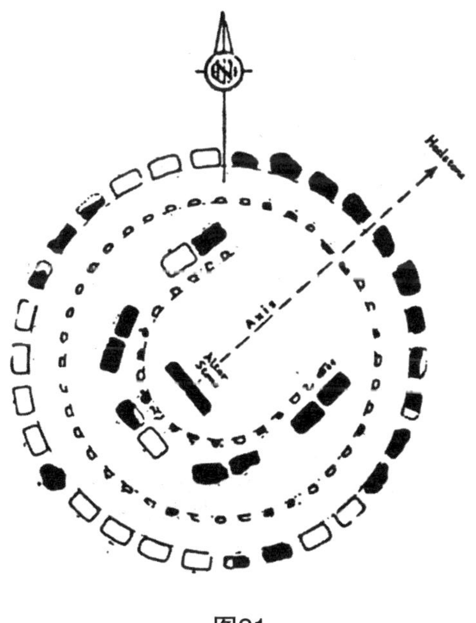

图21

扩散到了世界的其他地方——在欧洲和南美的多处地方，在以色列东北的戈兰高地，甚至在遥远的中国（考古学家在山西省发现了有 13 根联系到黄道带的柱子的石圈，建造于公元前 2100 年）。这些都是尼努尔塔和宁吉什西达对马杜克“神圣棋局”时代的反抗：向人类展示黄道时代仍是金牛座时代。

※

那时的许多资料，包括马杜克的自传和一篇被称作《埃拉叙事诗》的更长的文章，随着马杜克远离埃及的漫游之旅而悄然散发出去了，使他成了一位隐秘的人。那些资料也反映了他的要求和行动显得紧迫而残忍，因为他深信，他将获得最高地位的时代已经来临。上天把统治者的荣耀预付于他，为什么？因为他声称，金牛座时代，恩利尔的时代，已经结束；白羊座时代，马杜克的黄道时代已经来临。就像尼努尔塔曾给古地亚说的那样，这是地球命运由上天决定的时代。

地球公转的延迟会让我们回想起黄道时代。这种延迟在 72 年里将积累出一度；把一个大圆圈分成 12 份，每份就有 30 度，这意味着在黄道历中，每过一个时代，需要 2160 年。既然洪水发生在狮子座时代（根据苏美尔史料的说法），我们的黄道历大约开始于公元前 10860 年。

如果按 2160 年为一个黄道历周期的话，我们的起始点的时间将是公元前 10800 年，而不是公元前 10860 年。这样，一份令人惊奇的时间表将呈现出来：

公元前 10800—前 8640 年：狮子座时代

公元前 8640—前 6480 年：巨蟹座时代

公元前 6480—前 4320 年：双子座时代

公元前 4320—前 2160 年：金牛座时代

公元前2160—元年：白羊座时代

先不论黄道历的结尾与公元纪元（基督纪元）正好同步这件事，伊师塔-尼努尔塔纪元大约在公元前2160年终结，而就在那时，根据上面这张黄道历，金牛座时代，即恩利尔的时代，也恰好结束。我们必定想知道是否仅仅是巧合。或许不是，当然马杜克认为不是。据有效证据表明，他通过天上的时间确知，他获得最高地位的时代已经来临。（关于美索不达米亚天文学的现代研究，确认了黄道被分成了12个等份，每个等份是30度——这是精确的分割，而不是随便划分的。）

我们所提到的多种资料都表明，当马杜克离开的时候，他在恩利尔家族的心脏地带发动了又一次袭击，然后带着一位随从回到了巴比伦。恩利尔家族没有采取武装行动，他只是请马杜克的兄弟奈格尔（他的妻子是恩利尔的孙女）从南部非洲去巴比伦说服马杜克撤军。在他的名为《埃拉叙事诗》的论文集中，奈格尔称马杜克的主要观点是：他的时代，白羊座时代已经来临。但是奈格尔辩驳道，事实并不是这样：他对马杜克说，太阳依旧从金牛座升起！

马杜克被激怒了，他对观测的精度产生了质疑。然后他问奈格尔："在大洪水之前，那个精确而可靠的装置就被安置在了你的低地世界，它到底发生了什么？"奈格尔解释道，它在大洪水时被破坏了。接着他又催促马杜克："你自己来看看，在指定的日子到底是哪个星座随太阳一同升起吧！"马杜克是否去拉格什做过观测，这个我们不知道，不过，他确实意识到了产生这个差异的原因。

在数学计算上，黄道时代是以2160年为周期的，但在观测上，事实不是这样的。黄道星座中的星星排列得很随意，每个星座的大小不一样。有的占据了天穹上较大的一段弧，有的却较小；其中挤在金牛座和双鱼座之间的白羊座就是较小的一个（见图22）。金牛座占据了超过30度的天穹，所以金牛座时

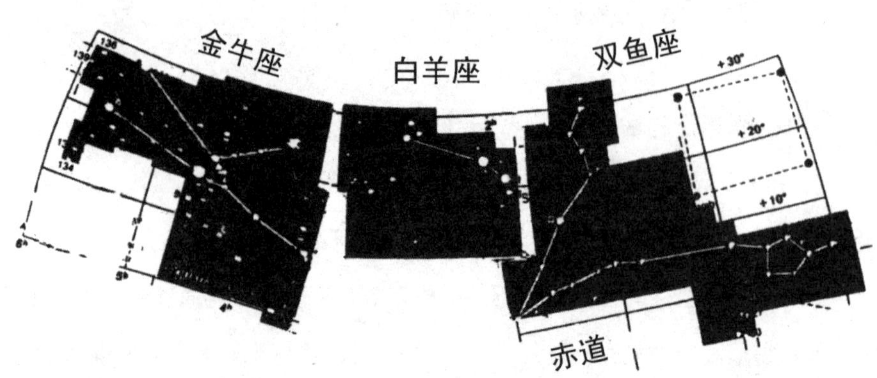

图22

代存在的时间比数学计算出的时间，要多出至少两个世纪。

在公元前 21 世纪，天堂的时间就与弥赛亚时间不重合了。

奈格尔对马杜克说，静静地离开吧，当上天选择你的时代到来的时候再回来。马杜克屈服于他的宿命，他离开了，但他没有走远。

跟随他的，像是一名使者、一位发言人和一位传令官的，就是他的儿子。他儿子的母亲是一位凡间的女人。

第四章

神与半神

马杜克决定留在争夺之地，他让他的儿子参与到为得到人类效忠的斗争之中，这件事使恩利尔家族回到苏美尔首都乌尔，兰纳的祭仪中心。这是乌尔第三次被选作这类用途的中心，从此，它被命名为“乌尔三世”。

主角亚伯拉罕来源于《圣经》故事。这次搬迁关系着神灵之间的斗争，并且，那些纠缠的关系至今仍影响着人们的信仰。

在许多选择兰纳／辛当作恩利尔家族守护神的动机中，存在这样一个事实：与马杜克之间的斗争已经超越了神灵的私事，变成对神灵创造的凡人的精神争夺，神灵现在决定军队为他们的神圣利益作战……

不同于其他的恩利尔家族成员，兰纳／辛在神灵的斗争中不是参与者；他的中立意味着向四散的人们招手，甚至在“叛乱者的地方”，在他的领导下一个和平繁荣的时代也即将开始。他和他的配偶宁加尔（见图 23）为苏美尔人民所喜爱，而乌尔本身也展现出了繁荣和幸福；它的名称意味着“城邦，教化的地方”，它不仅是“城市”，而且是都市——古代民族大地上的城市明珠。

在那里，兰纳／辛的神殿，一座高大的巴比伦金字塔，屹立在被圈定的

图23

圣区，圣区里有各式各样充当神的住所的建筑，还有作为牧师、公务员和仆人住处的专用房屋，这些人照顾神的需要并且安排国王和人民的宗教仪式。除此以外，这个宏伟的城市还有连接到幼发拉底河（见图 24）的两个海港和一些运河，一座宏伟的王宫，行政大楼，还有很多私人住宅、作坊、学校、商人的仓库和货摊，都在宽阔的街道里。在许多十字路口上，建有面向旅人的祈祷神殿。尽管长期处在废墟中，但即便是在 4000 多年以后，威严的巴比伦金字塔和它的不朽的阶梯（改造过的，见图 25），仍然占据着主要的地方。

但是，有另一个不得不说的理由。不同于尼努尔塔和马杜克的争夺，因为他们两个都是从尼比鲁到地球的“移民”，兰纳 / 辛生于地球。他不仅是恩利尔在地球上的长子，同样是生于地球的第一代神灵。他的小孩，双胞胎乌图 / 沙马氏、伊南娜 / 伊师塔和小女儿厄里斯奇格，同属于神的第三代，全部出生于地球。他们是神灵，但是他们也是在地球上土生土长的。所有这一切，都毫无疑问将被考虑进即将到来的对大众信仰的争夺之中。

选择一个新的国王，在苏美尔人那里重新建立王权，这件事在谨慎地进行着。因为伊南娜 / 伊师塔喜欢阿卡德人的调情求爱，所以她选择去萨尔贡开创一个新的朝代。新的国王名叫乌尔南模（高兴的乌尔），他是由恩利尔选择的，并且经过了阿努批准，他不仅是凡人：他是女神宁松“心爱的儿子”；于是读者将回忆起，宁松已经是吉尔伽美什的母亲了。因为在神的家谱中这样写着，在乌尔南模的统治期间，在兰纳及其他神灵的面前，人们必须承认这件事是事实。这个使乌尔南模不但成为一个半神半人，而且与吉尔伽美什的情况一样——“2/3 神”。实际上，国王的母亲是女神宁松的说法将乌尔南模置于一个和吉尔伽美什一样的地位，人们总是记着他的开拓之举并一直尊敬着他。无论敌与友，那个选择是一个信号，在恩利尔和他的氏族统治之下的光荣时期回来了。

这一切都是很重要的，或许甚至是决定性的，因为马杜克有他自己求助于人民大众的本领。专门求助于凡人是这样一个情况，马杜克的代理人和主要

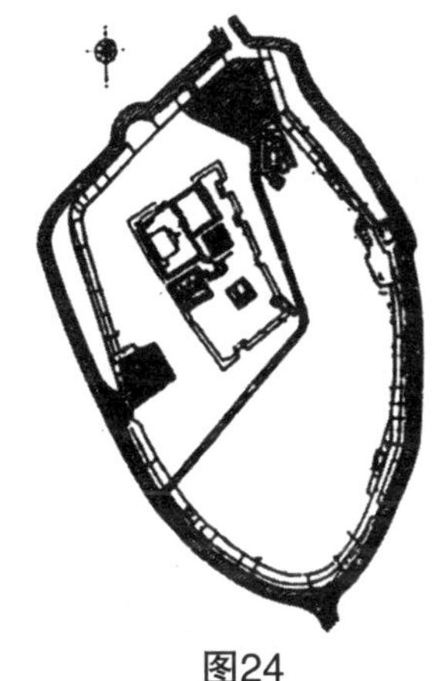

图24

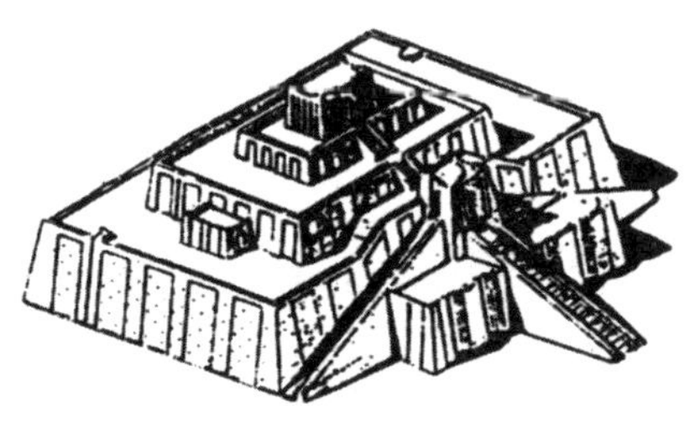

图25

的拥护者是他的儿子，他不但生于地球，而且生母是一个凡人，长久以来——实际上，是在大洪水时期以前——马杜克打破了传统和忌讳，娶了一个凡人妇女作为他妻子。

※

那个年轻的阿努纳奇人将凡人女人娶作妻子不会是一件隐秘的事，因为它是记录在《圣经》里让所有人读的。那些情况是在被忽视了的历史中发现的，并且我们从复杂的神灵名单中可以毫无疑问地找到这个事实，不过，很少有人，甚至是学者知道这件事。马杜克开启了“众神的儿子”遵循的先例：

它发生了
当凡人的数目开始增加时
在地球上
他们的女儿出生了——
上帝的儿子
见到亚当的女儿
她们是美丽的；
他们娶她们为妻
他们选择任何一个。

——《创世记》6：1－2

《圣经》在《创世记》第六章前八篇令人费解的诗篇中写道：关于大洪水起因的解释，清楚地指向异族结婚和它产生的后代，这些是神愤怒的缘由：

纳菲力姆在地球上

在那些日子和其后的日子里

当上帝的儿子

遇到亚当的女儿

并且和她们有了孩子

（我的读者可以检索一下，这件事是我的问题之一，作为学者，为什么纳菲力姆通常翻译成“巨人”——按照字面上的意思，应该是“从天堂的祖先传到地球上的人”。稍后我意识到希伯来语中的“巨人”安纳吉姆，事实上是苏美尔语阿努纳奇人的一种翻译。）

《圣经》清楚地引用了这样一个异族结婚的例子：神的年轻的儿子（上帝的儿子，纳菲力姆）和凡间女人（亚当的女儿）之间的婚姻。这也正是神通过大洪水来灭绝人类的原因：我的精神将不保佑人类，他们因为他们的肉体而犯了错误。神后悔当初流放亚当到地球，并且很烦恼，他说：让我杀死亚当，我要改变凡间的面貌。

苏美尔人和阿卡德人的历史上说，大洪水的故事是两个神灵的故事：是恩利尔要通过大洪水毁灭人类，而恩基则教导“诺亚”修建救援方舟来使得人们躲过洪水。当我们深入研究细节时，我们发现，一方面恩利尔愤怒地说“我已经让他来这了”，另一方面恩基有对抗的行动。这些不仅仅是原则的问题。因为是恩基他自己开启了娶凡人妻子并且生子的先例，并且马杜克就是恩基的儿子，他领导并且树立了和凡人有实际婚姻的例子。

等到他们的地球使命完成时，阿努纳奇人在世上的人数是 600；另外，被称为 igi.gi（守卫和观察者）的，还有 300 人，他们在火星上建造了一个小型的空间站，并且通过宇宙飞船往返于两个行星之间。我们认识的那个宁马赫，阿努纳奇人的首要卫生官员，是作为一群女性护士的首领来到地球的（见

图 26)。这里没有讲到在阿努纳奇人中有多少，或者是否有其他女性，但是很明显，在任何活动中，女性在他们之中是少数。这些就要求年长者严格执行繁衍的规则和制度，以至于发展到了恩基和宁马赫不得不当媒人，来指令谁将成亲这种程度。

图26

恩利尔，一个严格的维持纪律的人，他自己却成了女人短缺问题的牺牲品，他和一个年轻的护士约会并强奸了她。由于这个原因，虽然他是在地球的总司令，但也受到惩罚和流放；后来，他同意娶苏德为妻，他应受的处罚才得以抵销。最终苏德成了恩利尔的唯一配偶。

另一方面，恩基，在许多的历史资料中被描述成一个爱和女人调情的男人，他和各个年龄段的女神都有染，并且设法逃脱了处罚。此外，一旦亚当的女儿长大了，他也不会不乐意和她们发生性爱。苏美尔人的历史把亚达帕赞美成“贤明的人”，他生长在恩基的家庭，由恩基教导书写和数学，并且是第一个被带到阿努那里，在尼比鲁上游览的凡人；一些资料也显示，亚达帕是恩基的一个私生子，他的母亲是一个凡间女人。

一些野史告诉我们，当诺亚，那个《圣经》中大洪水时期的英雄出生时，有许多关于诺亚的父亲拉麦身份的谜团，人们很惊奇，不知他真正的父亲是否阿努纳奇人中的某一位。《圣经》仅仅告诉我们，诺亚是一个族系“完美”的人，他们“与神住在一起”；在苏美尔历史中，那里的大洪水英雄叫吉乌苏德拉，他被证明是恩基的一个半神半人的儿子。

有一天马杜克向他的母亲抱怨，在他的同伴法定娶妻的时候，他却没有，“我没有妻子，我没有孩子”。他接着对她说，他对一个“高级牧师，取得成就的音乐家”的女儿产生好感（有理由相信，那个高级牧师是就是苏美尔人文献中的恩麦杜兰基，大概是《圣经》中的以诺），争得年轻的凡间女孩特莎佩尼特的同意，马杜克的父母支持他继续发展。

那段婚姻带来了一个儿子。他叫 en.sag，“高傲的统治者”。但是不同于亚达帕，他是一凡间的半神，马杜克的儿子被归入了苏美尔人的神灵名单，在那里，他叫“神圣的麦沙”——一个用来表示半神的术语。因而他是第一个成为神的半神。稍后，当他为了他父亲的利益而领导人类大众时，他被授予称号那布——发言人——简而言之，按字面意思理解，相当于《圣经》中的一个希伯来词纳比，翻译过来就是“预言者”。

因而那布是神子，并且是古代文献中亚当的儿子，他唯一的别名叫预言者。像较早提到的埃及预言，他的名字与救世主是有关系的。

※

因此，在大洪水时期以前，马杜克给其他的年轻的未娶的神灵树立了榜样：找一个凡人女人。禁忌的冲破也吸引着远在火星上的伊吉吉的神灵，他们在地球上的总站是雪松山脉中的降落地。只要找到机会——也许是受邀来庆祝马杜克的婚礼——他们就会去结识凡间女人，并把她们当成妻子带回去。

几本《圣经》以外的书，特别是野史，比如《大赦年》《以诺书》和《诺亚》，记录了阿努纳奇人的异族结婚事件，并且填补了一些细节。大约 200 个“观礼者”（见证和参与者）自己组织成 20 个群；每个群有一个领导者。一个叫沙雅热的领导者，负责全盘掌控。一位名叫耶昆的人，煽动“神的儿子，把他们引上迷途，并带到凡间，还使他们迎娶凡人的女儿从而走上邪路”。这发生在以诺的时代，有许多来源可以证实这件事。

尽管《希伯来圣经》的作者努力把苏美尔史料（恩基和恩利尔相竞争的故事）修改成一神论——只相信唯一存在的某一全能的神，但他们《创世记》的第六章还是用了这样的事实来结尾。谈到异族结婚的后代，《圣经》列举了两种情况：第一种，异族结婚发生在大洪水时期之前；第二种，来自“从前的英雄和有名望的人”的后代。苏美尔史料指出，大洪水之后的英雄国王实际上就是半神。

但是他们不仅是恩基和他的氏族的后代：有时在恩利尔家族地区的国王是恩利尔家族的儿子。例如，《苏美尔国王名单》清楚地交代了王权始于乌鲁克（恩利尔家族的地区），坐上王位的是一个麦沙，一位半神：

> 梅斯克亚加什，乌图的儿子，
> 变成主教兼国王。

乌图当然是乌图 / 沙马氏神，恩利尔的孙子。随着王朝的更迭，出现了著名的吉尔伽美什，“他有 2/3 是神”，他的母亲是恩利尔家族的女神宁松，父亲是乌鲁克的主教，是一个凡人（在乌鲁克和乌尔，还有几位统治者，出生的时候也带着“Mesh”或“Mes”的头衔）。

在埃及，有些法老也主张神的血统。许多在第十八和第十九王朝的法老，就采用了有字义为“神”的名字，比如带有一个词头或后缀 MSS，意为某神的“后代”——像 Ah-mes 或拉 -mses（拉 -MeSeS——神拉的后代）这些名字一样。著名的哈特谢普苏特女王，虽然是个女人，但却得到了法老的头衔和特权。她就声称权力来自半神——伟大的亚蒙神，她还在她位于黛儿拜赫里的巨大神殿里的碑文中声明，她母后的丈夫，“得到了王位”，“并和母后交往”，生了哈特谢普苏特这个半神女儿。迦南人的史料里有着克烈特的故事，他是一位国王，也是神 El 的儿子。

以半神的身份担任国王，在恩纳图姆身上开启了一个有趣的变化。恩纳图姆是一位在位于“英雄主义”时代早期的苏美尔国王，他在尼努尔塔的拉格什。国王在他写的一个关于自己的纪念碑文中声称，他的半神身份来自尼努尔塔人工受孕（吉尔苏神，圣区），并且他得到伊南娜／伊师塔和宁马赫（这里称作宁忽尔萨格）的帮助：

宁吉尔苏神，恩利尔的战士，
为恩纳图姆植入恩利尔的精液
在那子宫的……
伊南娜看着他出生，
为他取名“伊安纳神殿的杰出人物”，
使他接受宁忽尔萨格神圣的洗礼。
宁忽尔萨格给他提供她神圣的支持。
宁吉尔苏为恩纳图姆而高兴——
精液由宁吉尔苏注入了子宫。

当碑文提到“恩利尔的精液”的时候，说法是含混的，是否是尼努尔塔／宁吉尔苏自己的精液被错认为“恩利尔的精液”了呢？因为他是恩利尔的长子，或者事实上他是用恩利尔的精液来授精的产物（这是值得怀疑的），碑文清楚地说明，恩纳图姆的母亲是人工受孕的（她的名字模糊地记载在石碑上），以至于在公元前 3000 年的苏美尔，一种纯洁的观念认为，半神的孕育是没有实际的性交过程的！

按照后来的故事，塞思杀死和肢解了奥西里斯，月神透特从奥西里斯的阴茎里取出精液并且注入奥西里斯的妻子伊西斯体内，这导致了神何璐斯的出生，神灵是否明白人工受孕，这件事有待埃及历史的证实。一段描述显示，透特和生育女神拥有两束 DNA，并且由伊西斯抚养新生的何璐斯（见图 27）。

图27

显而易见，那时，在大洪水之后，恩利尔家族也接受了两件事，一是和凡间女人在一起生活；二是认为他们的后代是“英雄”和“有声望的人”，也适合王位。

半神的皇家“血统”便从此开始了。

※

乌尔南模的第一项任务中的一部分，就是实现道德上的和宗教上的复兴。为了完成这件事情，他选了一个从前受尊敬的国王。复兴是通过传播一部新的法典来实现的，这是一部关于道德行为的法律，审判的法律——法典上讲，恩利尔、兰纳和沙马氏要求国王来执掌法律，大众来遵守它。

乌尔南模声称，法律的性质是公平的，法律包含一系列的可以和不可以做的事，“孤儿不必向富人乞讨，寡妇不必向强权低头，财产少的人不必向财产多的人服务，大陆上正义无处不在”。在这一点上，他仿效了早先的苏美尔国王，拉格什的乌鲁卡基纳——确切地说，有时用同样的字句。乌鲁卡基纳早在 300 年前就已经颁布了这样一部法典，这部法典由社会名流、法律和宗教界人士共同修改（其中妇女的地位是受巴乌女神、尼努尔塔的妻子庇护的）。应当指出的是，这正是《圣经》中的先知在接下来的一千年里，向国王和人们要求的正义和道德的准则。

在乌尔三世时代的开始，乌尔南模显然有过把苏美尔（现在的苏美尔和阿卡德）恢复成过去那个繁荣、昌盛、道德和和平之都的尝试——那是在和马杜克对抗之前的年代。

碑文、纪念碑和考古学的证据表明，从公元前 2113 年起，乌尔南模开始大范围建造公共建筑，恢复河运，改造以及保护乡间公路。一段碑文写道：“他修建了从低处到高处的公路。”大量的商人蜂拥而至。在社会和经济生活中，大量艺术、工艺、学校及其他改进措施（包括更精确的度量衡）涌现出来。他们和邻国谈判，商定边界，标定了东方和东北方的界限，这象征着昌盛和安宁。那些伟大神灵的神殿得到了翻新和扩建，尤其是恩利尔和林利尔，并且在苏美尔历史中，乌尔的祭司与那些尼普尔的祭司，第一次共同领导一次宗教上的复兴。

所有的学者都同意，事实上，从乌尔南模开始的乌尔三世时期，苏美尔文明的各方面都达到了一个新的高度。这一结论却增加了考古学家的迷惑，他们发现了一个漂亮的手艺盒子：它镶嵌的面板，前面和后面，描绘了在乌尔的两个矛盾的生活场面。面板的一面（现在称为“和平画面”）描绘了宴会、商业及其他公民活动的景象，另一面（“战争面”）描绘了一个拿着兵器并且戴头盔的士兵，以及由骡马牵引的战车和开赴战场的军队行军的场面（见图 28）。

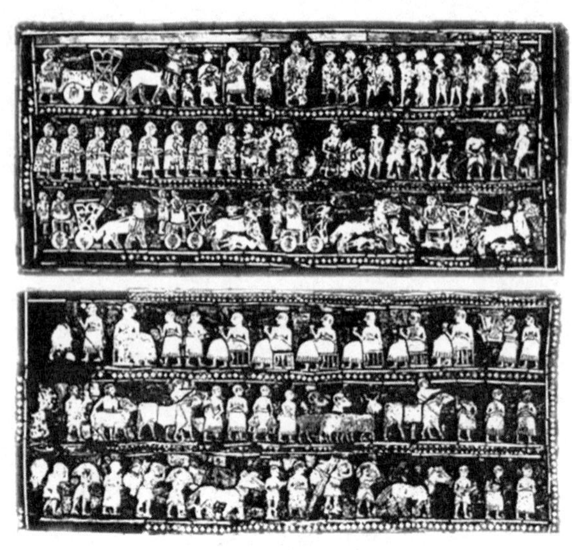

图28

一份来自那时候的记录显示，实际上在乌尔南模的领导下，苏美尔本身相当繁荣，但是同时，恩利尔家族的敌对势力不但没减少，反而还在增加，他们来自“反叛的土地”。按照乌尔南模碑文的记录，表面上看来，乌尔南模的局势是占优的，恩利尔给他一件“神的武器，这件武器把那些反抗者聚集在一起”，使用它来攻击“那些来自反叛土地的人，摧毁那些邪恶的城市并且扫清他们的抵抗”。那些“反叛的土地”和“罪恶的城市”处在苏美尔以西，是马杜克领导的亚摩利人的土地；在那里，“邪恶的人”——那些反对恩利尔的敌对势力，是由那布带领的，他从一个城市到另一个城市，号召人们改而信仰马杜克。恩利尔家族把他叫作“压迫者”，“罪恶的城市”必须摆脱他的影响。

有理由相信，和平和战争的画面事实上在描绘乌尔南模他自己——一方面，他参加盛宴并庆祝城市的和平和繁荣；另一方面，他坐在在皇家的战车里，领导他的军队奔赴战场。他的军队远征，使他远远越过了苏美尔边境，进入西方大陆。乌尔南模虽然是一群改革家、建筑者和经济学家的伟大“领导”，但是作为军队的统帅，他却是失败的。在战斗当中，他的战车陷进泥中；乌尔南模从战车上落下，“战车像暴风一样前冲”，把国王留在了后面，国王“像一个压碎的坚果一样被遗弃”。悲剧还在延续着，运载乌尔南模的遗体的船在回苏美尔的途中,“在一个无名之地沉没了；波浪淹没了那艘船，而他却在船上”。

当战败的新闻和乌尔南模死亡的悲剧传到乌尔时，人们在那里举行了一个盛大的哀悼仪式。大众搞不清楚，为什么这样一个笃信而虔诚的国王，一个正义的领导，他仅仅遵循神灵的指示，用神灵给他的武器战斗，但却如此不光彩地牺牲了。他们问“为什么兰纳神不保护他？”“为什么伊南娜，天堂的女神，不用她高贵的武器保佑他？为什么勇敢的乌图不帮助他？”

苏美尔人相信，所有那些事都是命运，是奇妙的，“为什么当乌尔南模痛苦的命运被决定时，这些神灵抛弃了他？”的确，那些神灵知道阿努和恩利尔决定了什么，特别是兰纳和他的双胞胎的孩子；然而他们却缄口不言，没有提醒乌尔南模。乌尔和苏美尔的大众大声地抱怨和哀悼，仅仅有一个似乎合理的解释：伟大的神灵已经离开了他们的世界——

英雄的命运已经发生了变化！
阿努改变了他神圣的指令。
恩利尔狡猾地改变了他的指令！

人们强烈指责恩利尔家族的说谎和模棱两可！古人的话语表达了人们极度的失望。

※

如果在苏美尔和阿卡德的事情属实，可以设想在西方反叛土地上的反应。在那场围绕人类的思想和信仰而展开的斗争中，恩利尔家族犹豫不定。

不过“代言人”那布加强了维护他的父亲马杜克利益的行动力度。同时，他自己的地位也在提高和改变；他展现自己的神迹，他为种种的尊敬称号所赞美。在那布的鼓舞下，预言家纳比预言了未来，即将发生的事将横扫大陆。

我们知道他说的事情，因为许多记有这个预言的石板已经被发现了；它们是以古代的巴比伦的楔形文字写的，它们被学者分类成阿卡德人的预言或是阿卡德人的天启。所有学者共通的一点是，那些过去、现在和将来是一个连续的事件的一部分；在一个预先注定的命运里，允许有一些自由意志和命运的改变；对命运被天堂和凡间的神灵共同决定了的人类而言，这些变化是一个机会；因此在世上的情况映射着在天堂发生的事。

为了给予预言很高的可信度，原文有时会在他们所预言的事件中插入历史上著名的一些事件。目前什么错了，为什么需要改变，原文都讲到过。它未阐明的事件都归因于一个或多个伟大神灵的决定。预言由神的使者带来；预言的内容可能是使者的话，它将由文书员记录下来；每当不是这样的时候，“儿子将代表他的父亲讲话”。预言的事件将与预兆关联在一起，这些预兆可以是一个国王死亡，一个天体出现（同时发出一个可怕的声音），或是“一团燃烧的火”将从天而降，“一个星星将像火把一样从天顶滑落到天边”；还有，最重要的是，“一个行星将提前出现”。

坏事情，天启，将加速最终的结果的到来。到时候将会出现不幸的大雨，巨大的毁灭性的浪潮——或者是干旱、运河堵塞、蝗灾和饥荒。母亲将变得对女儿不满，邻居将闹矛盾。叛乱、混沌、灾害将在陆地蔓延。城市将遭受攻击，从而导致人口减少；国家被毁灭，将被颠覆，国王将被俘虏；“一个君主将打倒另一个”。官员和神父将被杀死；神殿将遭到遗弃；仪式和供给将停止。于是预言的事件——一个伟大的改变，一个新纪元，一个新的领导者，一个赎身者——将到来。正义将战胜邪恶，繁荣将重回大地；遗弃的城市将重新有人居住，分散的残余的人们将回到他们的家乡。神殿将被重建，人们将举行正式的宗教仪式。

不难想象，这些巴比伦的或者马杜克时代之前的预言会指出，将要发生的事都归因于人们在苏美尔和阿卡德干的坏事。恩利尔家族的“礼拜中心”尼普尔、乌尔、乌鲁克、拉尔萨、拉格什、西巴尔和阿达布将受到攻击、抢劫，他们的神殿将遭到遗弃。恩利尔家族的神灵被描述成烦恼的样子（“不能安睡”）。恩利尔被阿努呼唤，但是他却忽视了阿努的忠告（有些翻译者把忠告解释为“命令”），恩利尔还颁布了一条名为米沙路的法令——是一道“把事情变得直接”的命令。恩利尔、伊师塔和阿达德被迫变更苏美尔和阿卡德的王位。“神圣的仪式”将被转移，远离尼普尔。天空中，“伟大的行星”将在公羊座的位置出现。马杜克的话将实现；他将征服4个地区，全凡间将害怕提及他的名讳。在他之后，他的儿子将成为国王继续统治，他将成为全凡间的主人。”

在一些预言中，特别的神掌管特别的预言：“一个王国将兴起。”一段关于伊南娜/伊师塔的预言说：“他将把乌鲁克的保护女神从乌鲁克迁居到巴比伦，他将在乌鲁克设立敬拜阿努的典礼。”伊吉吉也被明确地提到：“曾经被停止了的给伊吉吉神的长期供奉，将得到恢复。”

通常同埃及人的预言一样，大部分的学者也将“阿卡德预言”等同于“伪预言”。或者像对曾经的阿文塔预言一样对待它们——认为它们实际上是在被“预言”的事件发生很久以后才写下来的；但是，虽然我们说埃及人的预言是事后写成的，不过从另一个角度讲，我们实际上是在肯定那些被“预言”的事情是的的确确发生过的。这么说来，《阿卡德预言》讲到的事确实发生了。

并且如果是这样的话，最让人心惊胆战的事被预言了（在一个被称为预言“B”的记录中）：

埃拉可怕的武器

在陆地和大众之上

将会进行裁决

实际上，在公元前 21 世纪结束以前，这个最让人心惊胆战的预言，“对大地和人们的裁决”的确发生了。当时，埃拉神（“歼灭者”）——奈格尔的一个绰号——释放了核武器，这些预言成为现实。

第五章

审判日倒计时

随着乌尔南模于公元前 2096 年悲剧般的不合时宜的死亡，公元前 21 世纪的灾难开始了。由于众神的原因，在 72 年（确切地说是一个岁差）后的公元前 2024 年发生的大灾难更是无比空前；假如说这个大灾难只是一个偶然的巧合，那么这也只是同期一系列巧合中的一个……

在乌尔南模悲剧般死亡后，他的儿子舒尔吉继承了王位。由于不能申明自己半神的身份，他宣称（在他的碑文中），自己的出生本来是神的旨意：月神兰纳命乌尔南模与恩利尔的高级女祭司在位于尼普尔的恩利尔神庙中结合，从而怀上了舒尔吉，所以“这个可以继承王位的‘小恩利尔’便诞生了”。

这是一个不可轻视的家族宣言。首先，乌尔南模的母亲是一个女神，根据早些时候的规定，乌尔南模本人是一个 2/3 神。虽然不知道舒尔吉的母亲的名字，但从她的特殊身份可以得知，她也同样有神的血统，因为她是一个国王的女儿，她被选作了女祭司；而且，据记载，从第一个王朝开始，乌尔城的国王们都是半神。月神兰纳安排两人在位于尼普尔的恩利尔神庙中结合也是很重要的，根据以前的记载，这是在乌尔南模统治下，第一次发生尼普尔地区的教士和另一个城市——乌尔城的教士结合的事件。

当时在苏美尔及其周边发生的事情被收录到了《日期公式》——皇室记录国王统治下每年发生的主要事件的档案。在舒尔吉知道更多的事情后，他留下了其他的或长或短的碑文，包括一些诗歌和情歌。

这些记录显示了舒尔吉在登上王位后不久，便废除了他父亲的尚武政策——也许只是为了不重蹈他父亲在战场上的命运。他也向边远的统治地区（包括叛乱之地）派遣了远征军，但他的“武力”只是为了贸易与和平，还有他女儿的婚礼。他把自己看成是吉尔伽美什的继承者，他远征的两个目的地便是那两个著名的英雄之地：位于南方的西奈山半岛（航天发射降落场所在地）和位于北方的降落场。留意到了第四区域的圣洁，舒尔吉在半岛上布满了丝带，并且在一个被描述为“众神的重点防地”的地界线上表达了对神的敬畏。从死海的西面向北行军，他在“名神之地”——一个我们知道叫耶路撒冷的地方停下来拜祭，还在那里为“审判之神”（这大概是乌图/沙马氏的绰号）修建了一个祭坛。在北面的“覆盖着雪的地方”，他也修建了一个祭坛并且供奉了祭品。经过这个与航天相关的“降落基地”，他又顺着“肥沃的新月地”进发（地图上标明的一条和水流方向一致的从东向西的弓形的贸易和迁徙路线），然后从底格里斯河—幼发拉底河平原继续向南，回到了南部苏美尔地区。

当舒尔吉回到乌尔后，他便有了一切的理由认为他为众神和人类带来了“我们的和平时代”（用现代的类比法）。众神尊认他为“阿努的主教，月神兰纳的使者”。乌图/沙马氏也向他示好，并且给予他以伊南娜/伊师塔的个人关注（在他的情歌里自夸，她尊他为她神庙里的阴户）。

但是当舒尔吉从着力于完成事务到开始自满时，那些“叛乱之地”还在持续的动荡之中。

当时他尚无军事准备，于是他请求与他结盟的埃兰国给予军事援助，承诺他将把女儿嫁给埃兰国王，还将苏美尔地区的一个城拉尔萨作为嫁妆。受雇的埃兰国军队作为远征军的主力部队，受命去平定西部的“罪恶城市”；军队到达了众神位于第四地区边界的防地。舒尔吉在他的碑文中吹嘘这个胜利，但事实上，不久后他便修建了一道坚固的隔离墙，用于抵御来自西方和西北方向的外族对苏美尔的侵扰。

《日期公式》将其称作西方长城，学者们认为，它是从幼发拉底河开始一直延续到底格里斯河北部（现在的巴格达所在地），阻塞了侵略者对两条大河间的大片富饶土地的侵扰。这项防御工程几乎早于中国为了类似目的而修筑的长城2000年!

公元前2048年，在众神有了足够的关于舒尔吉对国家的失利和他个人的放荡生活的罪证后，在恩利尔领导下，众神以“不守神规”的罪名判决舒尔吉“死刑”。我们不知道那是一个什么死刑，但历史事件告诉我们，在这一年里，他在乌尔城的王位被他的儿子阿马尔辛取代，从阿马尔辛的碑文中我们可以了解到，他接连进行了两次远征，以镇压北方的叛乱和反抗西方5个国家的联盟。

世事反复，但都有一个根本的原因，有时会回到过去的某一个时刻，有时又会回到过去的某一个事件。在亚洲的土地和诺亚的儿子闪的领地中的这些“叛乱区域”，混居着各种迦南人（《圣经》里面说是迦南人的后裔），尽管他们有着共同的祖先哈姆（来自非洲），但他们仍然占据了闪大量的土地（《创世记》，第十章）。古埃及的文献中，记载了关于对地中海西岸的这个存在争端的“西方之地”的苦战，是何璐斯与塞思在西奈山区域进行的空战。

值得注意的是，乌尔南模和舒尔吉为了征服和惩罚西方的“叛乱之地”，他们的远征军都曾到过西奈山半岛，但却都是在没有进入第四地区之前便折返了。那里最著名的便是一个叫作胡麻门区（一个发射基地，阿努纳奇人在后洪积世时代的航天发射降落场）的地方。几场金字塔之战结束后，中立的宁马赫（后来更名为 NIN.HAR.SAG——“山峰女神”）接管了神圣的第四地区，但航天发射降落场实际的指挥权被掌控在乌图/沙马氏的手里（见图 29，他穿着带翅膀的衣服；见图 30，手握指挥航天发射降落场使用的“人鹰令牌”）。

这看起来似乎是在为改变日益增强的霸权而努力。许多苏美尔文献和“神的名录”开始试图将胡麻门区和马杜克的儿子恩舍格/那布神联系起来。很显然，恩基也与这个有联系，因为有一个文献讲到，他和宁忽尔萨格决定把这个地方分配给马杜克的儿子：“让恩舍格成为胡麻门区的统治者吧。”

古代的资料显示，从这个神圣的区域的保险装置里面可以得知，那布冒险在地中海沿岸地区和城市甚至一些地中海岛屿上，到处散布马杜克成为至尊的消息。他是一位半神，一位埃及人与一位阿卡德先知（依然是一位半神，神与平凡女人的儿子）的儿子。

很显然，恩利尔家族是不能接受这个事实的。所以阿马尔辛在舒尔吉之后登上乌尔的王位时，对乌尔第三次远征的目的和战略目标，更改成了重新让恩利尔家族掌控胡麻门区，以切断“叛乱之地”与神圣区域之间的联系，然后用武力使这些地方脱离那布和马杜克的影响。从公元前 2047 年开始，神圣的第四地区成了恩利尔家族对抗马杜克和那布的标靶和赌注；《圣经》和美索不达米亚文献都显示，这场战争是古代最大的“世界大战”。希伯来人亚伯拉罕也卷入其中，“战争之王”的称号把他推到了这场国际事件的中心。

公元前 2048 年，这位一神教的创立者亚伯拉罕和阿努纳奇人马杜克的命运，在一个叫哈兰的地方碰在了一起。

图29

图30

※

哈兰这个“商道”自古以来就是哈提(希泰族的土地)地区重要的贸易中心，位于主要的国际贸易和军事线路的交会口。它也坐落于幼发拉底河上游，它还是位于下游的乌尔城在上游的水运中心。富饶的草地围绕着这里，幼发拉底河的支流巴利克河和哈布尔河包围着这里，使之成为一个牧羊中心。著名的“乌尔商人”来这里买哈兰羊毛，同时也把用这里的羊毛在乌尔做成的羊毛衣服卖给他们。这里同时也经营用金属、皮毛、皮革、木材、陶为原料的制品。(从耶路撒冷流放到哈布尔地区的先知以西结曾提及：在哈兰，“商人可以任意挑选这里的纺织品、镶边的蓝色斗篷还有许多五颜六色的地毯”。)

哈兰（今天在土耳其仍然有一个城镇叫这个名字，它接近叙利亚边境，我于 1997 年去那里旅游过）在古代被誉为“远方的乌尔”；在其中心有一个供奉兰纳／辛的大神庙。公元前 2095 年，即舒尔吉登上乌尔王位那年，他从乌尔派了一名牧师去管理这个位于哈兰的神庙。这位牧师带上了他的家属，包括他的儿子艾布拉姆。我们从圣经里可以知道这位名叫德拉的牧师、他的家属和他们从乌尔搬到哈兰的事迹：

> 下面这些是德拉的后代：
> 德拉生下了艾布拉姆、拿鹤和哈兰，
> 哈兰生下了罗得。
> 哈兰在他出生的卡尔迪亚王国乌尔城死了，
> 是在他父亲之前死的。
> 艾布拉姆和拿鹤都娶了妻——
> 艾布拉姆的妻子名叫萨来
> 拿鹤的妻子名叫米克哈……

德拉带着他的儿子艾布拉姆和
他儿子的儿子罗得，
他的儿媳萨来，
还有国王的公告从卡尔迪亚王国的乌尔
途经迦南；
最后到了哈兰并且居住了下来。

——《创世记》11：27－31

这些诗句是《希伯来圣经》中关于亚伯拉罕（他最初的苏美尔名是艾布拉姆）最重要的叙述。之前我们曾说到过他的父亲，其祖上可追溯到诺亚（大洪水中的英雄）的大儿子闪；这个家族里的几代人都比较长寿——闪活到了600岁，其子阿尔帕克沙德活到了438岁；后来的几代男性后裔也分别活到了433、460、239和230岁。德拉的父亲诺亚活到了148岁；在70岁的时候生下艾布拉姆的德拉则活到了205岁。《创世记》第十一章说到，阿尔帕克沙德及其后裔生活在后来称为苏美尔和埃兰的地方，还有其周边区域。所以，亚伯拉罕（艾布拉姆）是一个真正的苏美尔人。

这条家谱信息还表明，艾布拉姆是这个家族中一个特别的祖先。他的苏美尔名字AB. RAM意为“父亲心爱的人”，父亲70岁时才终于有了他这个儿子，给他取这个名字非常适合。他父亲的名字德拉是源于一个苏美尔绰号替尔胡；这个绰号特指一个圣贤的牧师——一个能观察天象或者从一个神那里得到神谕，并将其解释或传达给国王的牧师。艾布拉姆妻子的名字萨来（后来在希伯来语中为莎拉）意为“公主”；拿鹤妻子的名字米克哈意为“女王般的”；它们都表明她们是有皇室血统的。亚伯拉罕的妻子——萨来或者叫萨拉，其实是他的半个妹妹（与他同父异母），他说，她的母亲有皇室血统。这个家族属于苏美尔地区的最高阶层，它是由具有皇室或者神族血统的人组成。

可以确定，这个家族历史的另一个重要线索是亚伯拉罕本人接二连三的自述，这些自述是他作为“一个希伯来人”时，在遇到迦南和埃及的统治者们时留下的。“希伯来”这个词源于阿波尔，意为偶遇并穿过，所以研究《圣经》的学者们便猜测，他的意思是他曾经从幼发拉底河的美索不达米亚那边到了另一边。但我认为，这个词的含义应该不止于此。尼普尔，这个词用来称呼苏美尔的“梵蒂冈城”，是从原先的苏美尔名字 NI.IBRU 的阿卡德语翻译而来，意为“交叉口的壮丽之地”。在《圣经》的《希伯来书》中，艾布拉姆及其后裔，属于一个自称为“伊布鲁”——尼普尔人的家族。这就是说，德拉最初是一个尼普尔的牧师，然后搬到了乌尔，最后又搬到了哈兰，并且一直把家人带在身边。

通过与《圣经》同时代的苏美尔和埃及的年表，我们将公元前 2123 年作为亚伯拉罕的出生年。公元前 2113 年，众神决定，将兰纳 / 辛的朝拜中心乌尔定为苏美尔王朝的首都并立乌尔南模为王。其后不久，尼普尔的神父们和乌尔开始联合起来；很可能正是在那之后，在尼普尔的牧师德拉带着他的家人，包括 10 岁大的艾布拉姆，来到了乌尔的兰纳教堂工作。

在公元前 2095 年，当时亚伯拉罕 28 岁并已结婚，德拉带着家人去了哈兰。而正是在同一年，舒尔吉继承了乌尔南模的王位，这绝不可能是一个巧合。据新发现的文档显示，不知何故，这个家庭的搬迁与那个年代的地理政治学事件有了联系。确实，当亚伯拉罕执行神的旨意离开哈兰去向迦南时，伟大的马杜克神实施了迁向哈兰的关键一步。公元前 2048 年发生了两次搬迁：马杜克来到哈兰，亚伯拉罕离开哈兰去了遥远的迦南。

我们从《创世记》得知，艾布拉姆 75 岁时（公元前 2048 年），被神告知，“将你赶出你的国家、你的出生地、你父亲的房子”——离开苏美尔、尼普尔、哈兰，一直走，“直到我指示给你的地方”。对于马杜克，有一个被称为马杜克预言的文献，这是马杜克给哈兰的人民的演讲稿（写在泥版上，见图 31）。

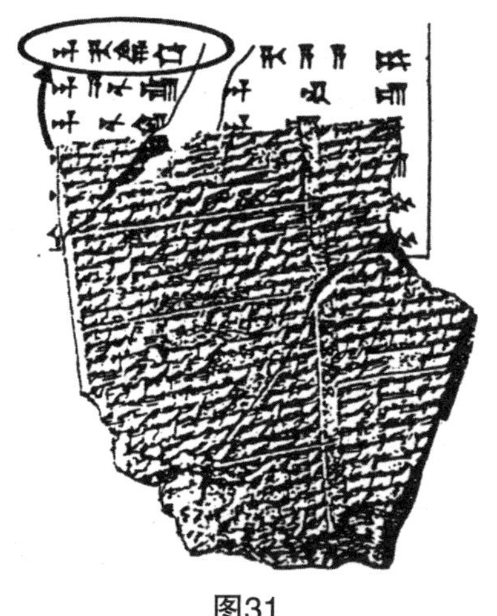

图31

这为确定该事实和他迁去哈兰的时间提供了线索。我们没有办法不将这两次搬迁联系起来。

但也正是在公元前 2048 年，恩利尔家族的众神决定处决舒尔吉，判处他以“死刑”——标志着“和平方式”的结束和暴力冲突的回归；同样，没有办法说这仅仅是一个巧合。不，这三次搬迁——马杜克来到哈兰，亚伯拉罕离开哈兰去迦南，颓废的舒尔吉被免职——不得不相互联系起来：神的棋局上，三个同时而又相关的棋步。

它们是，就像我们将会看到的，世界末日倒计时的其中几步。

※

接下来的 24 年——从公元前 2048 年到公元前 2024 年——是一个宗教狂热和充满动乱的时代，是一个国际外交的阴谋时代，是一个军事联合与军队冲突的时代，是一个努力实现战略优势的时代。西奈山的航天发射降落场及其他连接太空的着陆点，一直都是发生这些事件的核心位置。

令人惊奇的是，各种各样古老的书面记录得以幸存。它们不仅为我们提供了事件的概要，而且还有大量关键细节：关于战争、策略、商讨、争辩、参与者，以及他们的搬迁和那些导致从洪水期以来，地球上最深刻的剧变。

通过《日期公式》分析并参考其他文献资料，我们可以知道，那些生动的事件主要来自《创世记》的相关章节；被称作《马杜克预言》的马杜克自传；在大不列颠博物馆的"斯帕托集"中被称作《荷岛拉么文》的一大叠刻字泥版；一本由奈格尔神口述的具有历史自传性质的书，这本书很长，是由一个他信得过的记录员记录的，被称作《埃拉史诗》。我们都知道，在电影里——通常是犯罪电影——各种各样的见证者和负责人对同一事件有着不完全一样的描述，但真实的故事可以从中浮现出来，同样，在这种情况下，我们也能够获取相同的结果。

马杜克在公元前2048年主要的一步棋，是在哈兰建立自己的战地指挥所。由此他从兰纳/辛手中得到了这个重要的北方十字路口，从希泰人的北部为苏美尔地区提供边防。除了军事意义外，这次搬迁，还使苏美尔失去了作为重要的经济贸易地的地位。这次搬迁，也使那布能够"整顿他的城市，向大海建立他的航线"。那些文献中的地名显示，幼发拉底河西边的主要城市，包括首要登陆地，完全或部分地处于这对父子的控制之下。

亚伯拉罕被派去的地方，正是西部地区移民最多的地方迦南。他带着妻子和侄子罗得离开了哈兰。他迅速向南走，仅在预定的神圣之地停下来朝拜。他的目的地是西奈山半岛上的一个干旱区域内盖夫。

他在那里没有停留多久。公元前2047年，阿马尔辛继承了舒尔吉在乌尔的王位，他把艾布拉姆派到了埃及。艾布拉姆到达埃及后，立刻被带去见了当时的法老，被赐予了"羊、牛和驴，还有男仆、女仆和骆驼"。《圣经》上没有解释，为何艾布拉姆会受到这样的皇家待遇，只是暗示，有人告诉法老，萨来是艾布拉姆的妹妹。我们推断，她是在一个谈判中被作为筹码与法老结婚的。

在艾布拉姆和埃及国王之间进行过这样高级别的国际谈判，看起来似乎很合理，因为艾布拉姆在埃及待了七年后回到内盖夫的这一年，即公元前2040年，正是上埃及的底比斯王子打败下埃及王朝并建立统一中央王朝的时候。这岂非是另一个地理政治学巧合！

艾布拉姆恰好是在这个时候带着强大的人力和驼队回到了内盖夫，现在他的使命很明确了：保卫位于第四地区的航天发射降落场。据《圣经》里面的描述，他现在有一支精锐的武装名为 Ne'arim——通常翻译为“年轻人”，但是美索不达米亚文献用一个相似的术语骑兵（那尔人）来表示武装的骑兵。我认为，亚伯拉罕在哈兰的时候，曾经从发生在希泰人地区的军事行动中学到卓越的战略策略，他从埃及获得的是一支骑骆驼的骑兵。他在迦南的基地是邻近西奈山的内盖夫。

他是这样做的，不但用恩利尔家族辖区王国组合的强大的联合军队去征服和惩戒了那些忠贞于“其他神灵”的“罪恶城市”，而且还保卫了航天发射降落场。

※

从有关阿马尔辛、舒尔吉的儿子及其继承者的苏美尔文献中，我们可以知道，公元前2041年，他为征服归顺马杜克-那布的一个西方部落，进行了最浩大（也是最后一次）的远征。这次无比空前的国际大联盟，不仅袭击了人类居住的那些城市，还袭击了许多神灵的据点以及他们的后代。

这是一个空前的事件，以至于《圣经》中用了长长的一章（《创世记》第十四章）来描述这件事情。研究《圣经》的学者们把这次袭击叫作“君王们之间的大战”，因为这场战争的高潮是“东方诸王”的军队与五个“西方王国”联盟之间进行的大战，亚伯拉罕迅雷般的骑兵，在这个高潮中发挥得非常出色。

《圣经》开始讲述这场国际大战时，首先列出了这些“来到西方并发动战争”的东方国王及其王国：

> 就这样过去了
> 这一时期有叙内阿尔的国王阿拉菲尔，
> 埃拉国王爱瑞阿克苏，
> 埃兰国王荷岛拉么，
> 还有戈印国王泰得古拉。

1897 年，伦敦维多利亚研究所的亚述研究者西奥菲勒斯首次在学术论坛上公开了一些名为《荷岛拉么文》的碑文。这些碑文清楚地记载了与《圣经》中《创世记》第十四章所描述的那场国际大战相同的事件，而且比《圣经》中所述更为详细；所以，很可能《圣经》的原始资料便是这些碑文。通过这些碑文，可以确定“埃兰国王荷岛拉么”正是在史册上有记载的埃兰国王库杜尔-拉格玛。“爱瑞阿克苏”则可以被认定为统治着拉尔萨地区（《圣经》中的“埃拉”）一个城邦的“月神的使者”。

关于“叙内阿尔国王阿拉菲尔”的身份，却多年以来都存在争议；有许多人甚至认为，他是几个世纪之后的巴比伦国王汉谟拉比。叙内阿尔是《圣经》中称呼苏美尔的专用名词，而不是用于称呼巴比伦的，那么谁又会是亚伯拉罕时期的国王呢？我在《众神与人类的战争》这本书中，已经很让人信服地说明了这个希伯来人的苏美尔名字艾玛尔派尔（AMAR.PAL，AMAR.SIN 的变体，他的《日期公式》显示，他确实在公元前 2041 年发动了诸王之间的战争）应该被写作 Amra-Phel，而不是 Amar-Phel。

根据《圣经》所说，这个肯定存在过的联盟，是由埃兰人领导的——进一步的证据是，美索不达米亚文献盛赞了尼努尔塔在这次战争中再次回到了领导者的位置上。《圣经》还标明了荷岛拉么这次入侵的时间，是在埃兰人入侵迦南的 14 年后——又一个与舒尔吉时代的资料相符合的细节。

但是这次入侵的路线却不同：他们穿过一个沙漠延伸处的危险关口，从而缩短了与美索不达米亚地区之间的距离；通过从约旦河东岸行军，从而避开了人口密集的地中海沿岸地区。《圣经》中列出了这些战役发生的地点，以及恩利尔家族的军队在那里是与谁开战；这些信息表明，他试图与他的老对手——近亲通婚的伊吉吉的后裔，甚至篡位的祖（他曾大肆地支持过针对恩利尔家族的起义）清算旧仇。但是他没有忘记他的终极目标：航天发射降落场。入侵队伍顺着圣经时期的“国王的路线”，在约旦东部地区从北向南前进。但是当转向西进通过西奈山的关卡时，他们遇到了阻碍：亚伯拉罕和他的骑兵（见图 32）。

当提到西奈山半岛这个《圣经》里称作卡德什巴尔内亚的通关城市杜尔马哈拉尼（“众神武力大大加强了的地方”）时，荷岛拉么文献这样清楚地描述那里被阻塞的路线：

> 牧师的儿子，
> 接受众神的洗礼，
> 夺取受到了阻碍。

“牧师的儿子”接受神的洗礼，我认为正是牧师德拉的儿子艾布拉姆。

一个属于阿马尔辛的《日期公式》双面泥版（见图 33），自吹他摧毁了“Ibru'um 的领地”。但是，实际上在通往航天发射降落场的关隘上并没有进行对战；一小队艾布拉姆的骑兵说服了这些入侵者返回——去到更富有和更有利的目标。不过，根据名称来看，如果这个论述确实是写艾布拉姆的话，那么

亚伯拉罕的战场
太空相关站点
海路
国王的快速通道
国王的随员
亚伯拉罕的追踪路线
黎巴嫩
迦巴勒（比布鲁斯）
贝丝-谢梅
（巴勒贝克）
西顿
大马士革
提尔
米吉多
色目
大海
阿斯杜德
阿斯卡隆
希伯伦
死海
加沙
别是巴
南地
索多玛
佩鲁希昂
埃及小河
埃拉特湾
赫利奥波利斯
吉萨
孟菲斯
埃及
尼罗河
伊拉思
西奈
苏伊士湾
埃拉特湾
Gulf of Suez
Gulf of Elat
红海

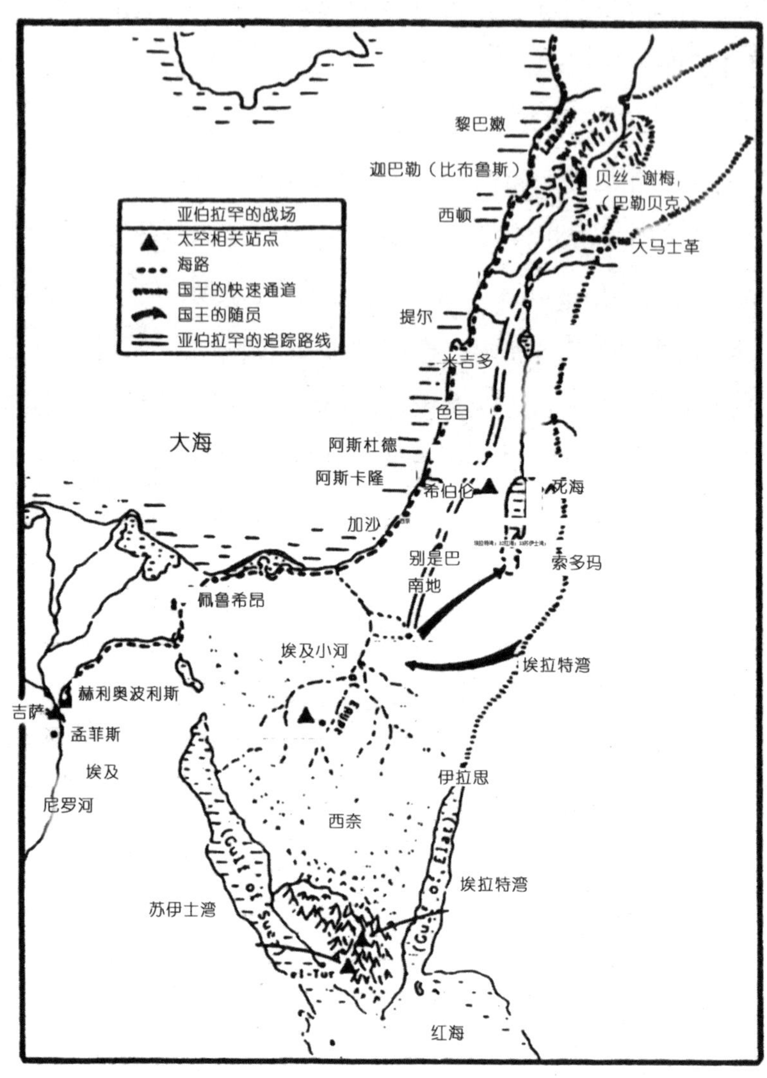

图32

Ibru'um的领地被摧毁的年份

图33

不管是谁宣称得到了胜利，都又一次为我们提供了《圣经》之外的特殊的家族记录。

这支东方的部队在进入西奈山受阻后便转而向北进发。当时死海已经变浅；南部半岛已经不再被水淹没，这里变成了富裕的平原，有农场、果园、商贸中心。这里的移居地包括五个城市，其中包括不太著名的罪恶之地和罪恶之都。入侵者们向北走，遇到了《圣经》里面称为“五个罪恶之城”的这个军事联盟。《圣经》里讲到，正是在这里，四个王国的联盟抗击和抵御五个王国的联盟。这些入侵者抢劫了这些城市并且带上了俘虏，然后返程，这时他们在约旦的西部。

《圣经》里面分析了入侵者返回从而使这些战争结束的原因，可能是因为居住在罪恶之地的艾布拉姆的侄儿被俘虏了。当一个来自罪恶之地的难民告诉艾布拉姆那里所发生的事情时，“他召集了380名训练有素的士兵进行追击”。他的骑兵一路北上，在大马士革附近（见图32）赶上了这些入侵者，营救了罗得并且获得了战利品。《圣经》里是这样记录这个功绩的，艾布拉姆“沉重地打击了荷岛拉么以及与他随行的国王们”。

历史记录分析，为压制马杜克－那布而进行的诸王之战失败的原因，是他们太鲁莽、自大。我们知道，阿马尔辛是在公元前 2039 年死的，但是他不是死于敌人的长矛，而是死于蝎子的咬伤，他被他的弟弟于公元前 2038 年取代。据他在位九年期间的文献记载，他进行过两次北伐，但没有一次西征；这些记载几乎都在讲述他的防御工程。他主要通过修建新的“西方长城”区段来抵御亚摩利人的侵袭。这个防御工程建筑不断向苏美尔的心脏地区靠近，乌尔王朝所控制的版图在持续收缩。

当时乌尔三世的下一代（也是最后一代）伊比辛登上了王位，在苏美尔地区，来自西方的埃兰入侵者们冲破了这道防御墙，与乌尔王朝的谈判也宣告破裂。领导和激励这些西方入侵者攻下这个觊觎已久的目标的是那布。他的父亲马杜克则正在哈兰等待拿下巴比伦。

众神进行了一次紧急磋商，通过了一个永远改变未来的特别方案。

第六章

随风而来

“大规模杀伤性武器”在中东的释放，预示着末日预言就要实现了。而令人悲伤的事实是，就在此地，4000 年前一场发生在众神间的战争，已经导致了核武器的使用。那场战争令人唏嘘不已，带来了最意想不到的结果。

这是事实而非虚构：核武器第一次在地球上使用，并不是在公元1945年，而是在公元前 2024 年。许多古代文献描述了那次战争，依靠上下文关系，我们可以从文献中勾画出那场战争，看出它如何发生、为何发生、有何人参与。这些古代的文献包括《希伯来圣经》，上面说：希伯来人的始祖亚伯拉罕亲眼目睹了那场可怕的灾难。

为征服“叛乱区域”而发动的众王之战失败了，这打击了恩利尔的族人，大大增强了马杜克族人的信心。但那次战争带来的结果不只这个。依照恩利尔的命令，尼努尔塔忙着在地球的另一边修建另一个空间设备，修建地点就是现在的秘鲁。文献中记载，恩利尔自己也离开了苏美尔相当长的时间。因为这两个神都不在苏美尔，所以最后两个苏美尔王舒辛和伊比辛对他们的忠诚开始动摇，并去了恩基在苏美尔的居所埃利都向恩基致敬。神的缺席，同时也削弱了对盟国埃兰军队的控制，文献中有关于埃兰军队“渎神”的记载。神和人类对此感到越来越厌恶。

这激怒了马杜克，从他所珍爱的巴比伦不断传来关于掠夺、毁灭、渎神的消息。我们回忆起，马杜克上一次被他同父异母的兄弟奈格尔说服，在“天时间”到达公羊宫之前，平静地离开了巴比伦，而没有侵扰与亵渎巴比伦。然而，马杜克接到他的神殿被“卑劣的”埃兰人亵渎的消息：“他们在巴比伦的神殿里为狗群造窝；神殿里群鸦乱飞、高声尖叫，把粪便撒在神殿里。”

马杜克在哈兰向上天大声喊道：“直到何时？”时间还未到来，他在其自传中追问道：

啊，伟大的上天，知道我秘密的上天
就像我束紧我的腰带，我记得
我是神圣的马杜克，一个伟大的神
因为我的罪孽
我被抛弃到群山
在这许多土地上，我是个游荡者
我去过日出与日落之地
去过希泰的高地
在希泰，我询问神谕
我问：“直到何时？”
……

“在哈兰，我居住了 24 年，”马杜克说道，“我的日子已经圆满！”他说时间已至，他来到他的城市巴比伦，“重建我的神殿，重建我永恒的居所”。他说他看见神殿 E.SAG.ILA（“拥有崇高顶点的神殿”）在巴比伦平原上升起，如一座高山，他把它叫作“我的立约之所”。他预见，巴比伦将不朽，他所选的国王将安居于此，巴比伦将充满喜乐，被阿努保佑。马杜克预言，弥赛亚的钟声将“赶走罪恶与不幸，把慈爱带给人类”。

马杜克在哈兰逗留了 24 年，到了公元前 2024 年：从马杜克决定离开巴比伦去等待神谕的那一年到现在，时间过去了 72 年。

对上天的神来说，马杜克的“直到何时？”不是个无用的问题。无论是在正式或非正式的场合，阿努纳奇人的统治者们一直在商议这个问题。恩利尔被糟糕的事实所警醒，急忙赶回了苏美尔。看见连尼普尔的情况都已变得如此糟糕，恩利尔惊呆了。他把尼努尔塔召了回来，让他解释埃兰人犯下的错误，但尼努尔塔把责任都推给了马杜克和那布。于是那布又被询问。他的主要原告是沙马氏，沙马氏描述了这可怕的情形，说“一切都是那布造成的”。在他父亲面前，那布指责尼努尔塔；他又控诉奈格尔，控诉他应对洪水时代之前的监控设备的消失负责，控诉他未能预料到巴比伦现在发生的渎神事件。他与奈格尔两人相互大叫，并“对恩利尔表现了不尊敬……他说‘这里没有公正，毁灭是已经预谋好的，恩利尔反抗巴比伦，使得罪恶被纳入计划之列’”。这是以前从未听说过的对指挥之主的指控。

恩基大声抗辩，但这不是为恩利尔申辩，而是为他儿子。马杜克和那布到底被指控了什么？他问。他把愤恨直接发泄到了他儿子奈格尔身上，“你为何一直与我作对？”他问道。他们是如此针锋相对，以至于到最后恩基咆哮着让奈格尔离场。于是，众神的会议在混乱中结束。

但所有这些争论、指控以及反控，都在反对一个日益被了解的事实。这事实便是马杜克所提到的“天时间”：时间流转，当因为岁差而发生的关键改变，即金牛座时代——恩利尔的黄道时代，已经走到了尽头，而白羊座时代——马杜克的时代，正在到来。尼努尔塔可以在他拉格什的神殿（为古地亚所建）中看到它的到来；透特可以从他在地球上竖立的巨石阵中确信它的到来；

这已是众所周知的了。

后来，被马杜克与那布辱骂，又被父亲恩基吼出去的奈格尔“自作主张”，打算使用“毁灭性武器”。不过，他不知道这些武器藏在何处，但确信它们就在地球上，被锁藏在地下一个秘密之处（依照一种文献的目录 CT-xvi,44—46 行，这个地点在非洲，在他兄弟吉比尔的领土上）：

> **这七个，它们藏于山上；**
> **藏于土地中的洞穴里。**

基于我们现有的技术，这些武器可以描述为七种核装置：“它们直冲向前，带着恐怖，带着骇人的光芒。”它们被无意从尼比鲁带到了地球，长久地藏在了一个秘密的地方，一个恩基和恩利尔都知道的地方。

众神间的战争会议驳回了恩基的意思，依照奈格尔的建议，给了马杜克以惩罚和打击。地球和阿努的交流一直在进行：“地球向阿努请示，阿努向地球发话。”他清楚地表明，对于这项空前的行动，他只赞成剥夺马杜克在西奈的太空船升降场，但这对神与人都没有什么损害：“阿努，众神之主，同情地球。”古代文献这样记载。众神选择了奈格尔与尼努尔塔去执行这项任务，并向他们交代清楚了任务的限制和范围。

但结果并非如此。大灾难让我们见识了“非预期后果法则”的可怕。

※

灾难造成了无数人的死亡与苏美尔的荒芜，奈格尔指派了一个书吏按他的观点来记述整个事件，试图为自己洗脱罪责。这个文献被叫作《埃拉史诗》，因为在其中，奈格尔被称为埃拉（“歼灭者”），尼努尔塔被称作以舜（“焚烧者”)。把它和苏美尔的其他文献以及阿卡德人的文献，还有《圣经》放在一起参照，我们就可以还原真实的故事。

我们发现，当奈格尔急忙赶到吉比尔在非洲的统治地去找到武器时，决定已经做出了，没有等尼努尔塔的到来。让尼努尔塔感到沮丧的是，奈格尔忽视了这目标的限制，并不加选择地使用这一武器向人类报复：“我将消灭儿子们，让父亲们把他们埋葬；然后我将杀死父亲们，此时无人来把他们埋葬。”奈格尔自吹道。

当他们两个争执时，消息传来，说那布已经行动了：“从他的神殿到马歇尔，他在他的所有城市都留下了足迹，一直延伸到大海；他进入大海，建立起并不属于他的王座。”那布不仅使西方的城市改变了信仰，还侵占了地中海的岛屿，成为它们的统治者！奈格尔（歼灭者）于是争辩道，毁灭太空船起落场是不够的：那布，以及叛归他的城市，都必须受惩罚，被毁灭！

现在，有了两个目标，奈格尔－尼努尔塔集团发现了另一个问题：太空船起落场的“剧变”会不会为那布和他有罪的跟随者敲响警钟，使之逃跑呢？再三思酌后，他们决定分别行动：尼努尔塔负责攻击太空船起落场，奈格尔负责攻击附近“有罪的城市”。但当这一切都取得一致时，尼努尔塔却有另外的想法：他坚持，不仅操纵这些空间设备的阿努纳奇人需要预先警告，而且需要预先警告某些人类。他对奈格尔说道：“你要将善良和罪恶的人一起剿灭吗？你要将有罪与无罪的人一起摧毁吗？”

古代文献记载，奈格尔（歼灭者）被说服了：“‘焚烧者’的话语对‘歼灭者’来说像是一剂良药。”于是，一个早晨，带着七种核武器，他们俩执行了他们的终极任务：

……

于是，英雄的“歼灭者”冲向前

带着"焚烧者"的忠告
"焚烧者"紧随其后
把说过的言语
谨记于心……

已有的文献甚至告诉我们，谁负责什么目标："'焚烧者'去了山上的至高点"（从《吉尔伽美什史诗》中我们知道，太空船起落场是依山而建的）。"'焚烧者'举起了手：山被夷平……为飞向阿努而建的起落场被烧焦了，满目疮痍，一片荒芜。"在一阵核武器攻击中，这座太空船起落场及其设备，就被尼努尔塔的手弄得面目全非了。

这篇古代文献描述了奈格尔做了什么："仿效'焚烧者'，'歼灭者'跟随国王之路，他干掉了这些城市，颠覆了它们，使之一片荒芜。"他的目标是"有罪的城市"，这些城市的国王们结成了联盟，对抗居于死海南部平原的东方国王。

于是，在公元前 2024 年，核武器在靠近死海平原的西奈半岛上释放，太空船起落场和五座城市一起灰飞烟灭。

※

亚伯拉罕和他在迦南的任务正如我们所说，是不足为奇的，《圣经》和美索不达米亚文献，同时将其记载在天启事件中。

我们从美索不达米亚文献关于此事的相关记载中得知，监护太空船起落场的阿努纳奇人事先得到了警告："这两人（奈格尔和尼努尔塔），让其守卫站在一旁；此地的神已放弃此地，它的保护者已跑上高天。"但文献同时也说道："这两人让保护者们逃走，逃离这炙人的灼热。"关于是否预先通知了这些有罪城市里的人类，文献的记载却不明确。而《圣经》提供了关于这个问题的答案：我们在《创世记》中读到，亚伯拉罕和他侄子罗得确实同时得到了预先警告，但城里的其他人却没有。

这篇《圣经》中的文章，不仅阐明了这个事件带来的“剧变”，而且包含了关于神以及他们与亚伯拉罕的特殊关系的细节。这个故事从《创世记》的第十八章开始：在一个炎热的正午，99 岁的亚伯拉罕坐在他帐篷的入口处“抬眼而望”，突然，看见“三个人站在他的上面”。虽然他们被亚伯拉罕称作“人”，但他们却有一些特别之处：因为亚伯拉罕冲出帐篷，俯伏在地，以仆人自称，为他们洗脚、给他们食物。这就表明，这三人其实是神。

这三人走后，他们的领导者（现在被称作上帝），决定告诉亚伯拉罕这三人的任务：决定所多玛和蛾摩拉是否是罪恶之城，消灭它们是否正义。当其中两人离开，向所多玛去时，亚伯拉罕走近上帝问道：“无论善恶，你都要剿灭吗？”（《创世记》18：23）这里的记载与美索不达米亚文献一致。

接下来，是人和神之间的讨价还价。“假若那城里有 50 个义人，你还剿灭那地方吗？不为城里这 50 个义人饶恕这座城吗？”亚伯拉罕问上帝。当上帝说了会为这 50 个义人饶恕这座城后，亚伯拉罕又继续说，如果只有 40 个呢？只有 30 个呢？一直问到如果只有 10 人呢……“耶和华与亚伯拉罕说完话就走了；亚伯拉罕也回到自己的地方去了。”

另外两个神（在第十九章中，他们被称为 Mal'achim，即“使者”之意，又可翻译为“天使”）晚上到达了所多玛。在那里发生的事情证明了那里的人的罪恶，在黎明时，这两个天使叫罗得带着他的全家逃离此地，因为“耶和华将毁灭这个地方”。罗得家请求延迟一点时间，好让他们有足够的时间逃到安全的高地，其中一个天使同意了他们的请求。

“亚伯拉罕清早起来……向所多玛和蛾摩拉的平原地区看去，那地方烟气上腾，如同烧窨一般。”

亚伯拉罕那时99岁，他生于公元前2123年，那年便是公元前2024年。

美索不达米亚文献关于所多玛和蛾摩拉毁灭的描述与《圣经》一致，是《圣经》中关于亚伯拉罕的特别地位和身份描述的真实性的一个最重要的证据；但它同时也被神学家和学者们避而不谈，因为它还记述了前一天发生的事情：三个神（长得像人一样的天使）造访亚伯拉罕——这听起来就像是一个关于"古代宇航员"的故事。那些只是把《圣经》与美索不达米亚文献当作神话故事的人，试图将所多玛和蛾摩拉的毁灭归因自然灾难，然而《圣经》两次确认它们是被"火与硫黄"给毁灭的，不是自然灾害，而是一个预谋的、可延期的、甚至是可取消的事件：亚伯拉罕曾经与耶和华讨价还价，叫他饶恕此城而不要无论善恶一并剿灭；他侄子罗得也获得了延期的时间。

在从太空拍摄的西奈半岛的照片（见图34）中，我们看见巨大的洞穴和裂缝，这是核爆炸留下的痕迹。这片土地至今仍散布着被烧黑的碎石（图35），这些石头中铀235的含量特别高，在专家眼中，这是由核能的突然且巨大的释放造成的。

死海平原城市的毁灭引起了死海南岸堤坝的崩溃，使得这片曾经肥沃的土地洪水泛滥。我们在今天所见被一屏障所分离的"El-lissan"（"舌头"之意），如同死海之舌，这便是洪水留下的遗迹（见图36）。以色列的考古学家在这里

图34

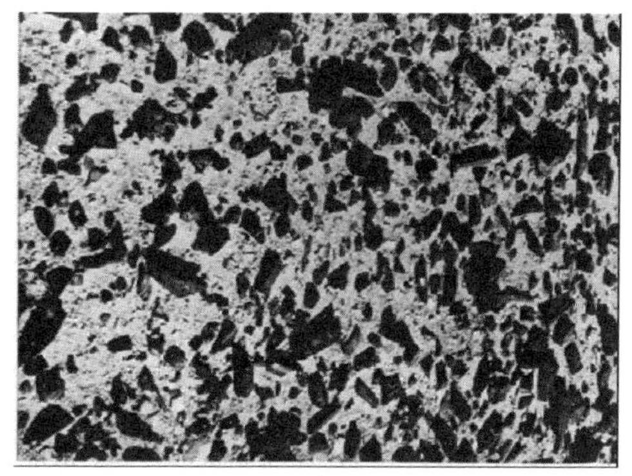

图35

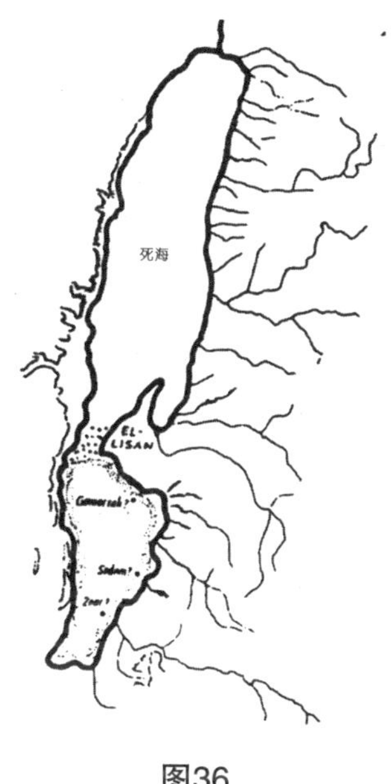

图36

的海床中，发现了谜一般的水下废墟，但废墟所在地属于约旦，约旦停止了进一步的考古工作。有趣的是，与之相关的美索不达米亚文献确证了这地形的改变，甚至提出死海的形成是由于核爆炸：“歼灭者，挖开大海，将其分开；居于其中的，甚至包括鳄鱼，统统死亡。”

他们两个，正如文献所说，不只毁灭了太空船起落场与有罪的城市。作为核爆炸的结果：

咆哮的暴风，邪恶的暴风

在天空盘旋

然后，非预测后果的连锁反应开始了。

历史记载，在公元前 2024 年，建立于乌尔，在伊比辛统治下的苏美尔文明，在其统治的第六年崩溃了。我们记得，这一年亚伯拉罕正好满 99 岁……

学者们起先猜测，苏美尔的首都乌尔，是被“蛮族的侵略军”给摧毁的；但并没有找到这种毁灭性入侵的证据。之后，一篇名为《对乌尔毁灭之哀歌》的文章被发现。该文使学者们感到迷惑，因为它不仅为乌尔的毁灭而哀悼，而且为其被“放弃”而哀悼：居住在此的神放弃了它，居住在此的人类离开了它，它已成一座空城；庙宇、房屋、羊圈都完好无损，立于原地，只是已经空空荡荡了。

其他哀悼的文献也相继被发现，除了乌尔，它们对整个苏美尔都表示了哀悼。它们再次提到了“放弃”：不仅是乌尔的神兰纳、宁迦尔，就连恩利尔——这“野性的公牛”，也放弃了在尼普尔他深爱的神殿，他的夫人林利尔也离开了；宁马赫放弃了她的城市科什；伊南娜，“埃里克的女王”，放弃了埃里克；尼努尔塔放弃了他的神殿埃尼奴，他的夫人巴乌也离开了拉格什。一个接一个的苏美尔城市被放弃了，城市里再也没有了众神、人类和动物。学者们苦苦思索着这“可怕的灾难”，这个谜一样的灾难改变了整个苏美尔。到底是什么灾难呢?

在文献中，这个谜的答案正是：随风而来。

不，这里不是在用那本著名的书的名字玩弄辞藻。这是那些哀悼作品重复着的词语：恩利尔放弃了他的神殿，他“因风而离开”；林利尔离开了他的神殿，“因风而离开”；兰纳放弃了乌尔——他的羊圈，“因风而离开”；等等。学者们假定，这种重复是文学上的构造，重复这词语，以突出哀悼者的悲伤。但这并不是文学的发明，而是事实：因为一阵风，苏美尔和它的城市变得空空荡荡。

一阵“邪恶的风”,《哀歌》中说道，狠狠地刮，使得“巨大的灾难，让人类感到陌生的大灾难，降临于此地”。这阵邪恶的风，“使得城市荒芜，房屋没有人烟，畜栏与羊圈空空如也”。这里荒凉，但并未毁灭；空荡，但并未崩溃：城市还在，房屋还在，畜栏和羊圈还在——只是已没有人烟。就连苏美尔河流里的水都是苦涩的，曾经肥沃的土地长满野草，牧场里的牧草全已枯萎。”所有的生命都已离开。这是场之前从未有过的灾难：

苏美尔的土地上，灾难降临
人类所不知的灾难
从未有过的灾难
无法抵挡的灾难

邪恶的风带来了死亡，无处幸免的死亡：死神“在街上漫游，在路上巡弋……最高最厚的墙壁无法阻挡；没有一扇门可以将其关于门外。藏于门后的死于门后，跑上屋顶的死在屋顶”。这是看不见的死神：“它就站在人们身边，却无人可见；它闯进门后，却不显露身形。”这是可怕的死亡：“咳嗽和黏痰使胸腔虚弱，口中充满唾沫，人们变得又聋又哑……无法抵抗的哑病……头痛。”当邪恶的风抓紧它的牺牲品时，“他们的嘴被鲜血湿透”。死亡无处不在。

文献中这样描述，邪恶的风“使城市一个接着一个变得阴暗”，这不是一场自然灾害，而是产生于神做出的消灭的决定。它产生于“阿努安排的暴风，恩利尔内心的决定”。它是某一次事件的结果——“在闪电之后，接踵而至”——这个事件发生在遥远的西方：“它从崇山峻岭中来，从不值得怜悯的平原上来……如同神苦涩的怨恨，它从西方来。”

邪恶的风是由西奈半岛上的核爆炸引起的，这一点在文献中已经清楚地阐明了。文献宣称，众神们知道它的来源和起因——一次爆炸：

邪恶的爆炸引来了不幸的风暴

爆炸是它的前戏

勇敢的子孙们啊

却是瘟疫的使者

《哀歌》的作者，即众神自己，给我们生动地记录了当时的情况。当毁灭性武器被尼努尔塔和奈格尔从天上投下，“它们放出可怕的光，像火一般灼烧一切”。接下来，风暴“在闪电中生成”。一块“带来毁灭的密云”——核爆炸产生的蘑菇云——升到天空，紧跟着是“急速的风……烧焦了天穹的狂风”。这是难忘的一天：

在那天

当天穹被碾碎

土地遭受重击

它的脸庞被巨大的漩涡删改

当天空黑暗

如同被黑影覆盖

在那天

邪恶的风产生

多种文献都把这恶毒的风暴归因于发生在“众神起落场”的核爆炸，归因于太空船起落场的消灭，而非有罪之城的毁灭。它在那里，“在群山之中”，核蘑菇云在一片光芒中升起——它从那里而来，压倒一切的狂风从地中海而来，带着可怕的核蘑菇云向东而行，刮向苏美尔。在苏美尔，它没造成破坏，而是带来了无声的歼灭，用带有放射性的空气，将所有生命带向死亡。

所有相关的文献都证实，除了对使用核武器表示了反对和警告的恩基外，没有一个与此事相关的神预料到结果会是这样。他们大多出生在地球，对他们来说，尼比鲁上的核武器传说是老辈人的故事了。阿努，应该知道得更多些，是否以为这武器被埋藏了太久，所以很难发挥其功效或者已失效了呢？恩利尔和尼努尔塔（他俩都来自尼比鲁）是否以为这阵风将把核蘑菇云刮向阿拉伯半岛无人的沙漠呢？这里没有满意的答案；文献只是记载："这暴风的巨大威力使众神面色苍白。"可以确定的是，当风向和这核爆炸的威力被认识到后，警报在暴风经过的路线上拉响——神和人都为了活命而仓皇出逃。

警报一拉响，恐惧、惊慌与混乱便征服了苏美尔，这在哀悼的文献中有生动的描述。这些文献包括《乌尔哀歌》《哀悼苏美尔及乌尔之毁灭》《乌鲁克哀歌》，等等。按书上的描述，神基本上都是"自顾自"，用尽各种方法，从空路，从水路，试图逃离这邪恶之风的魔爪。众神在逃跑前，为人类敲响了警钟。《乌鲁克哀歌》描述道："快起来，逃命吧！躲到草原去！"人类在深夜被叫醒。"被恐惧攫住，乌鲁克忠诚的公民"争相逃命，但在邪恶的风中，无人幸免。

当然，各地的情况有所不同。在首都乌尔，兰纳（辛）拒绝相信乌尔的命运已变得晦暗。他长久而深情地向他父亲恩利尔请求，希望他转移灾难，这被记载在《乌尔哀歌》中（由兰纳之妻宁迦尔创作）。以下是恩利尔生硬的回应：

乌尔被授予王权——

但一个永久之地是不可能存在的。

由于不愿接受这不可避免的命运，以及太爱乌尔的人民而不愿抛弃他们，兰纳和宁迦尔决定坚守原地。邪恶之风是在白天到达乌尔的；"我至今为那天感到战栗，"宁迦尔写道，"在那天，虽有恶劣的气味，但我们并未逃离。"如同末日来临，“乌尔遍地是痛苦的哀哭，但我们并未逃离”。他们夫妇俩在噩梦中度过了夜晚，他们藏身于“铅做的屋子”里，一间深藏于他们金字塔的地下密室。清晨，当这邪恶之风“从这座城市飘走”时，宁迦尔发现兰纳已经病倒了。于是她急忙穿上外衣，带着兰纳，离开了他们深爱的乌尔。

至少还有一个神也为这邪恶之风所伤，她是尼努尔塔之妻巴乌，她独自待在拉格什（她丈夫忙着去毁灭空间船起落场了）。人们爱戴她，称她为“巴乌母亲”，她作为康复医师不忍离开。《哀歌》中记载：“在那天，风暴追上了巴乌女士；追上了她，就像追上一个人类。”这里并不清楚她受伤有多重，但由苏美尔的一系列文献看来，从那以后，她很久都未恢复。

恩基的城市埃利都在最北边，处于恶风路径之边缘。我们从《埃利都哀歌》中得知，恩基之妻宁基从埃利都逃走，逃往了恩基在非洲的冥界之屋：“宁基，这伟大的女士，像个鸟儿般飞走，飞离了她的城市。”但恩基自己只是躲到了足够避开恶风的位置：“埃利都之主待在他的城市外……为它的命运而哭泣。”埃利都的许多民众跟随着他，在安全的地方安营扎寨，整整两天一夜，他们看着暴风“用它的魔爪对埃利都施暴”。

令人惊讶的是，这片土地上受到最少伤害的大城市是巴比伦，它坐落在风暴北方的边缘。当警报敲响时，马杜克向他父亲求助。“巴比伦的人民应该怎么做？”他问。“能逃的应该逃向北方，”恩基告诉他，“依照那两个‘天使’告诉罗得和他全家的那样做：离开所多玛时，不要回头。”依照恩基的教导，马杜克告诉他的跟随者“不要转身，也不要回头”。逃跑不了的，则在地下寻求避难所：“让他们躲进黑暗中的地下密室。”马杜克听从了恩基的建议。由于风向，巴比伦和那里的人们安然无恙。

当邪恶之风吹过（我们知道，它的残余向东最远抵达了伊朗的扎格罗斯山脉），苏美尔变得一片荒凉与衰败。“风暴使城市与房屋荒凉。”尸横遍野，无人掩埋。“在日光下，死者如同油脂般溶化。”而在牧场，“大小牲畜都变得稀少，一切生物都已死亡”。羊圈“交给了邪恶之风”。沃土变焦土；“在底格里斯河及幼发拉底河两岸，只有苍白的野草生长，芦苇烂在沼泽中，发出了恶臭”。“无人再踏上公路，无人找得到路”。

“噢，乌尔兰纳的神殿，你的荒芜太令人心碎！”《哀歌》中如此哀悼，“噢，宁迦尔，你的土地已荒芜，使你泪如雨下！”

这城市已变得陌生
已无人能在这城市里生存
房屋也装满了泪水
它使我心碎
乌尔和它的神殿都已
被这邪恶之风掌控

于是，就这样，历经了2000年的伟大的苏美尔文明随风而逝了。

※

近年来，考古学家联合地理学家、气候学家以及其他地球科学的专家组成多学科专家组，想要弄清发生在公元前2000多年的苏美尔和巴比伦的巨变。

由七个科学家组成的多学科的一个国际小组，在2000年4月出版的科学期刊《地质学》上发表了一篇文章，名叫《气候变化与阿卡德帝国的崩溃：来自死海的证据》，这篇文章代表了一种学术倾向。在研究中，他们采集了古代的地质层进行了放射学和化学的分析，这些地质层采集于近东的不同地方，但主要是采集于阿曼海湾的海底。他们的结论是：在邻近死海的地方发生了一次不寻常的气候变化，这次变化造成了尘暴，大量的尘埃（不同寻常的“大气矿

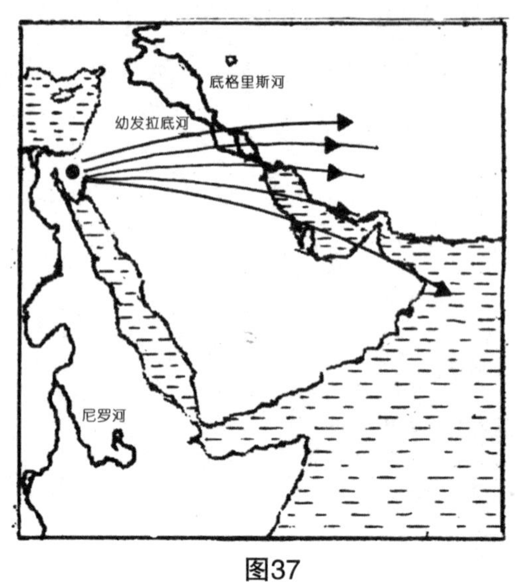

图37

物尘埃”）被风携带，笼罩了美索不达米亚平原之南，一直飘到了波斯湾（见图 37）——如同我们所描述的邪恶之风一样！对这不寻常的“辐射微尘”进行碳定年表明，这一切是“由发生在距今约 4025 年的不同寻常的戏剧性事件造成的”。这一年便是公元前 2025 年左右——正是我们指出的公元前 2024 年。

有趣的是，研究者在研究报告中说道：“死海海平面在那时突然地下降了 100 米。”他们没有对这一点做出解释，但显然，如我们所述，死海南岸防洪堤的裂口与平原上发生的大洪水，解释了当时发生了什么。

2001 年 4 月 27 日发刊的《科学》杂志，用全刊的篇幅讨论了全球地质气候。在讨论美索不达米亚发生的事件的版面中，它提到了来自伊拉克、科威特和叙利亚的证据，把在两河流域发生的“对冲积平原的大范围放弃”，归因于“发生在距今 4025 年前的”尘暴。研究没有对这次“气候突变”做出解释，但它也认为是那一年：与公元 2001 年相距 4025 年。

这决定性的一年，经现代科学证实，正是公元前 2024 年。

第七章

天命有 50 个名字

在公元前 21 世纪末，诉诸核武器的行为——可以说，“随着一声巨响”——导致了马杜克时代的来临。几乎从所有方面来看，这都的的确确是一个新的时代，甚至术语的使用方式也有所改变。新时代带给我们的影响直至今日。

马杜克的新时代来自不正当的权力，他的野心得逞了，预言也实现了。但付出的代价——苏美尔的荒芜，神灵的离去，人民被屠杀——却不是他所为。如果说有什么是他所为的话，那也是因为受苦的人们妨碍了天命。那些不可预见的核风暴、那些放射性毒风，以及那些好像被一只无形的手所指引的事，只说明天堂在宣布：马杜克的时代，白羊座的时代已经来临。

在马杜克的家乡埃及，金牛座时代向白羊座时代的转变被特别地庆祝和纪念过。关于天堂的天文学描写（比如说在但德端庙，见图 20），显得白羊座像是黄道圈的焦点。在苏美尔，黄道星座的名单不是始于金牛座，而是始于白羊座（见图 38）。给人印象最深刻的，便是羊头的斯芬克斯，站在通往卡尔纳克神庙的圣途边（见图 39）。斯芬克斯由新成立的中间王朝的法老所建，它建造的开始时间，刚好是在马杜克升为最高统治者之后。那些法老的尊名是带有

1. 白羊座
2. 金牛座
3. 双子座
4. 巨蟹座
5. 狮子座
6. 处女座
7. 天秤座
8. 天蝎座
9. 人马座
10. 摩羯座
11. 宝瓶座
12. 双鱼座

图38

图39

神性的“亚蒙”，所以国王和神庙一样，都以亚蒙——“不可见者”的身份献身于马杜克。因为马杜克不在埃及，他选择了美索不达米亚的巴比伦作为他永恒的城市。

马杜克和那布都太太平平地躲过了核旋涡。虽然那布本人曾经是奈格尔／埃拉的攻击目标，但他显然是躲在地中海的某个岛屿上逃过了一劫。后来的史料指出，在美索不达米亚，他得到了自己的礼拜中心博尔西巴，那是靠近他父亲的巴比伦城的一座新城。然而他还继续前行，在西方，在他最喜爱的土地上，又得到了人们的崇敬。他在那里和美索不达米亚所获得的崇拜，来自以他的荣耀命名的圣地——比如约旦河畔的尼泊山（后来摩西死于那里）——和神圣的王族名字（比如奈波波尔阿萨，Nabo-pol-assar；奈波查德热尔，Nebo-chadnezzar，以及其他许多名字），一些巴比伦的著名国王就用过那些名字。而且正如我们提到的那样，他的名字成了“预言家”和古代近东预言的同义词。

当那致命的事情发生的时候，马杜克还在他位于哈兰的指挥所，询问“到什么时候结束”？在他的自传体文本《马杜克预言》中，他预想到了一个弥赛亚时代的来临。那时诸神和人民将会承认他的至尊地位，和平将取代战争，富足将驱走苦难，他指派的国王“将使巴比伦最先”通过埃萨吉拉庙“朝向天堂”（“埃萨吉拉”正是这个意思）——

> 一位国王将在巴比伦出现；
> 在我的城市巴比伦，在它的中央，
> 他将使我的神庙升向天堂；
> 他将使山脉般的埃萨吉拉得以复兴，
> 他将为山脉般的埃萨吉拉绘制
> 天堂——人间的蓝图；

天堂的大门将被开启。

在我的城市巴比伦，一位国王将会出现；

他将居住在富足的地方；

他将抓紧我的手，

他将带我走进队伍中

到我的城市和我的神庙埃萨吉拉

为了不朽，我将进去。

可是，新的巴别塔不是刻意（像第一个那样）用作发射塔的。最高统治者马杜克意识到，新的巴别塔不仅是为了在物理层面上占据空间连接点，而且与天堂有关——黄道历时间，天体的位置和运动，以及天上的卡卡布（星/行星）。

因此，他预想将来的埃萨吉拉会是占统治地位的天文台，它将使尼努尔塔的埃尼奴和透特立起的各式各样的石柱成为多余。埃萨吉拉最终建成了一座巴比伦式的金字塔。它的建造依据了详细而精确的计划（见图 40）：它的高度，它七层之间每一层的间距，它的朝向——大约在公元前 1960 年，直接指向 IKU 星，白羊座占领导地位的恒星。

核战争的灾变和它意外造成的结果，导致一个时代的突然结束和关于“那时是谁的黄道时代”的争论。“天时间”是马杜克的时代，但是诸神的行星尼比鲁，却仍然指向了“神圣时间”——后来马杜克的注意力也转向了它。正如他的预言书解释的那样，他预想天文学家从巴比伦金字塔的台阶上扫描天空，搜寻“埃萨吉拉对应的行星”：

知道征兆的人，开始去举行宗教仪式，

后来将升到中间。

左与右，在相对的两侧，
他们将分别站着。
那时国王将到达；
他将观察到
埃萨吉拉对应的行星卡卡布
越过土地。

一个星宗教产生了。他们的神——马杜克——成为一颗星；一颗星（我们称之为行星）——尼比鲁——成了“马杜克”。宗教变成了天文学，天文学变成了占星术。

为了与新的星宗教一致，《伊奴玛·伊立什》在巴比伦的译本做了些修改，使之同意了马杜克成为天上的一员：他不是来自尼比鲁——他就是尼比鲁。在

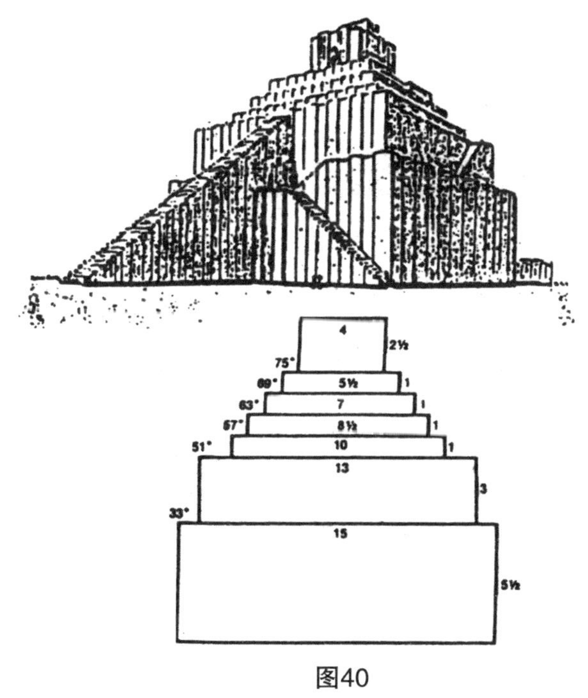

图40

外层空间
拉赫姆（火星）
拉哈姆（金星）
太阳
提亚马特
穆木（水星）
基莎
（木星）
佳佳
（冥王星，
当时还
是土星
的卫星）
安莎
（土星）
阿努
（天王星）
艾（海王星）
马杜克
马杜克进入太阳系后受影响而更改的轨道
马杜克原本的轨道

图41

第十二个行星（马杜克）
彗星
小行星带
（打造出的手镯）
地球（域）
月亮（基里恩）
朝向北方的风
提亚马特最初
的路径
碰撞之后

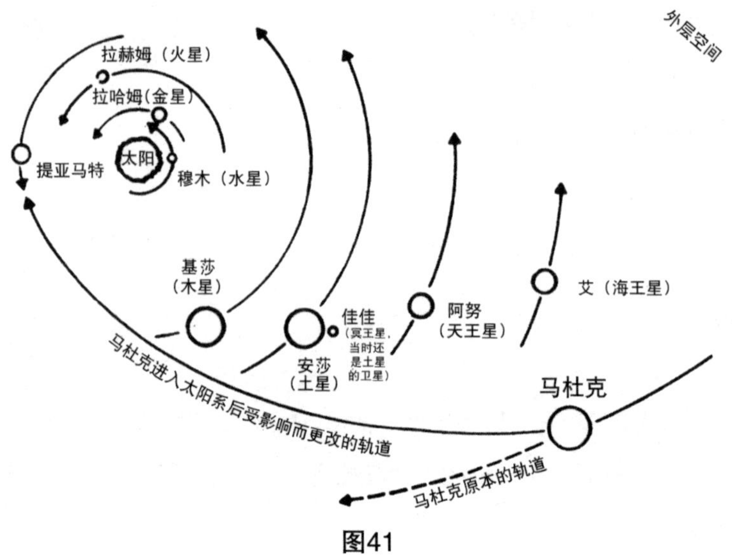

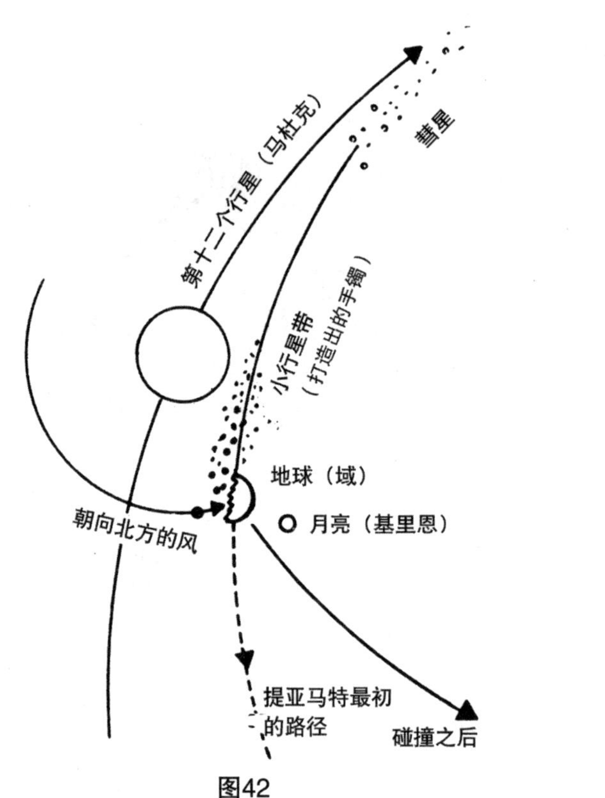

图42

巴比伦地区的阿卡德语（闪族语的前身）中，人们把马杜克和阿努纳奇人的故乡尼比鲁星等同了起来，而且，他们把一颗从外层空间过来报复天上和地上的艾的星体（见图 41）也称作“马杜克”。这使得“马杜克”像在人间一样，在天堂也成了统治者。在他天上的轨道里，他的命运是所有天神（其他行星）中最伟大的一个；相应地，他也是在地球上的阿努纳奇诸神中最伟大的一个。

在新年的第四个夜晚，《创世史诗》被公开宣读过。它记载了马杜克在创造地球（见图 42）和改造太阳系（见图 43）的太空战役中，击败了“怪兽”

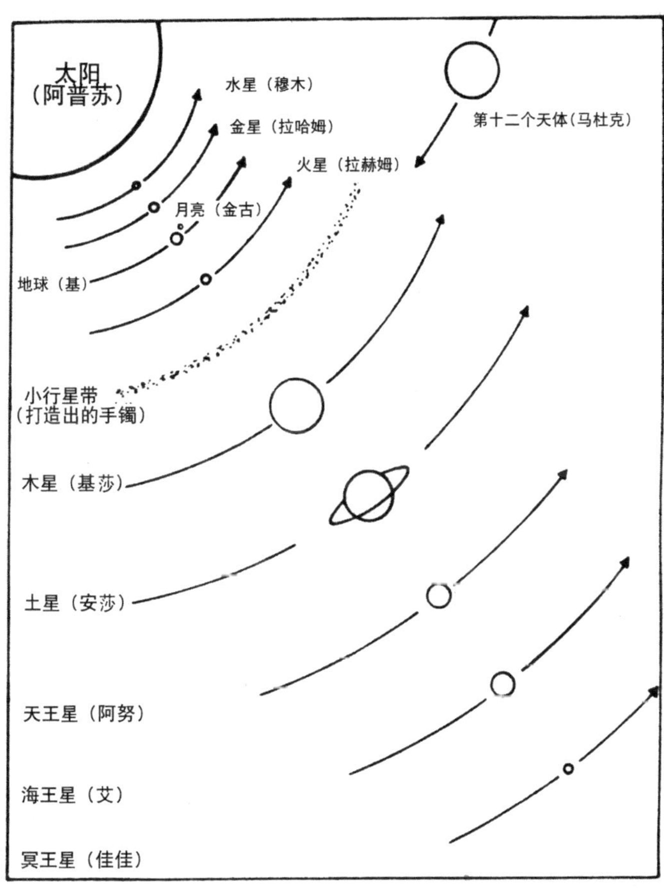

图43

提亚玛特——所有这些功绩，在原来的苏美尔译本中都归因于尼比鲁星，被当作是自然的宇宙演化。新译本还以“人类”的形象，巧妙地修饰了马杜克，说他发明了历法，并选择巴比伦作为“世界的中心”。

元旦节——一年中最重要的宗教事件——开始于尼散月的第一天，与春分日是一致的。在巴比伦又被称为阿基提节，它从苏美尔的十日阿基提（降生于人间）节，发展成了长达 12 天的庆祝。庆祝的过程采用了精密设计的仪式和典礼，重新演绎了尼比鲁的故事（在苏美尔），阿努纳奇人来到地球的故事，以及马杜克的故事（在巴比伦）。它包含了金字塔战争的一段情节：当时，他在一个密封的坟墓中被判死刑，后来，他活着从坟墓中出来，他又复苏了；他逃亡了，成了不可见者；后来他又凯旋。队伍来了又走，出现又消失，甚至生动且真实地上演了救世主受难剧。剧情中，马杜克像一位受难的神面对着人民——虽然在人间受难，但通过天堂中他的对应者，取得了最后的胜利并夺取了至尊地位。（新约中耶稣的故事与此极为相似，所以在一个世纪以前，欧洲的学者和神学家们曾讨论过马杜克是否为“耶稣的原型”。）

典礼由两部分组成。第一部分涉及马杜克驾着一叶孤舟跨过河流并到达一个叫作“阿基提的家园”的建筑的事情；另外一部分就发生在这个城市里面。单独的那一部分，显然象征着马杜克从他在外太空的故乡来到内太阳系的太空旅行——一次乘船在水上走的旅行，这与星际空间是原始的“水一样的深渊”，从而要靠“天船”（太空船）来穿梭星际的概念是一致的——这也是在埃及艺术中描绘的一个概念，在那些艺术品中，天神们都是用“太空船”穿梭于星际的（见图 44）。

公众的节日在马杜克从遥远而孤独的阿基提的家园成功返回之前就开始了。公众们愉悦的庆典，开始于众神在码头边恭祝马杜克的到来。此时，陪伴他的是一支庄严的队伍，国王和牧师们也在其中，周围是拥挤的人群。对这些

图44

过程和路线相当详尽的描述，指导着考古学家如何去发掘古巴比伦。从刻在泥版上的文字和城市的地形来看，城中有七个站点，队伍在经过站点的时候将会停下来，举行事先制定好的典礼仪式。这些站点的名字，既带有苏美尔性质又带有阿卡德性质。它们（在苏美尔语中）象征阿努纳奇人在太阳系中的穿行（从冥王星到地球的七个行星）和（在巴比伦）马杜克的故事：在“净土”降生；他生来具有的权力和他的至尊地位是如何被否定的；他如何被判死刑；又怎样被掩埋（活在大金字塔中）；他是如何被救出而后又复兴；他又是怎样被流放充军；以及最后，为何连阿努和恩利尔这样伟大的神灵也会向命运低头，并宣称马杜克具有至高无上的权力。

原本的苏美尔创造史诗写了六块泥版（记录了《圣经》中上帝造物的六天）。在《圣经》中，上帝在第七天休息了，用来回顾他的功业。史诗的巴比伦修订版增加了第七块泥版。这块泥版全部用于赞颂马杜克，并授予了他50个名字——这象征着他得到了“50”这个排位，原本这个排位是恩利尔的。

从他传统的名字马杜克（净土之子）开始，他的苏美尔式名字与阿卡德式名字交替出现。这些名字从“万物的创造者”到“引领天堂与人间的主”；还有关于对提亚玛特的太空战和关于创造地球与月亮的名号——“众神之首”，“通往伊吉吉和阿努纳奇的施令者”；以及作为人类的掌控者——“延续生命之神……复活死者之神”，“一切土地之主”；他也是用坚毅与仁慈支撑人类的神，他是为人类普降甘霖、润泽庄稼、分配田野，并“堆积丰粮”的“农耕赐予者”。

最后，他被赐名为尼比鲁，“他将控制天堂与人间的穿越”：

天上的卡卡布星光闪耀……
那是似水深渊在不停地流动——
赐予他名为“穿越”吧！
或许他将支持星辰在太空的运转，
或许他会像放羊一样牧着天神。

这篇篇幅很长的文章在结论中表述：“众神称他为‘50’，并把他奉为至高无上的神。”

当对第七块泥版的通宵阅读结束时——那时差不多也就黎明了——主持典礼仪式的牧师将发表以下事先拟定好的声明：

让 50 个名字铭刻于心……
让智慧与知识探讨它们。
让父亲把这些名字背诵给儿子听，
让牧羊人的耳朵打开。
让他们为马杜克，神灵中的“恩利尔”而欢欣，
他令出如山，
他的意见，没有任何神可以改变。

当马杜克出现在人们的视线中，他身着华丽的外套，使苏美尔和阿卡德旧神们简单的羊毛外衣显得极不入眼（见图 45）。

图45

※

虽然在埃及，马杜克是位没出现过的神，但对他的接受与崇拜在那里迅速蔓延开了。一首对拉－阿蒙的赞歌也效法马杜克的50个名字，用许多的名号来赞美神灵。这首赞歌称拉－阿蒙为“在地平线中央的众神之主”，“创造整个地球”的天神，在地球上“创造了人类和野兽，创造了果树，给予牛羊生命并赐给了他们牧草”的神，“用第六天为他庆祝”的神。美索不达米亚的创世故事与圣经的创世故事之间的相似性，已经相当明了了。

根据宗教信仰的表述，在埃及，马杜克是一位见不到的神灵，因为他的主要住所在别处——有一首很长的赞歌实际上提到了巴比伦是众神为他庆祝胜利的地方（也有学者认为，赞美诗提到的不是美索不达米亚的巴比伦，而是一个名为巴比伦的埃及城镇）。在天堂里，他也是见不到的，因为“他是远离天堂的”，因为他跑到了“地平线的背面”。埃及的统治象征——侧面被大毒蛇环绕的有翅膀的圆盘——被普遍解释为太阳轮，“因为马杜克即是太阳神”；但事实上，这是在古代到处存在的尼比鲁的标志（见图46），而且现在尼比鲁已经成了一颗看不见的星星了。

因为马杜克不在埃及，所以在埃及，他的星宗教被表达成了埃及人自己

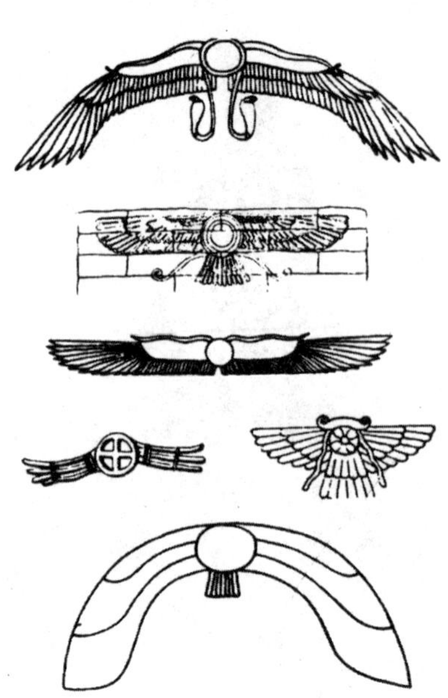

图46

的形式。在那里，阿托恩（古埃及太阳神），那个“几百万年的星体”，代替了马杜克。也因为他“远离了天堂”，因为他到达了“地平线的背面”，从而成了不可见者。

※

在恩利尔家族的地盘，向马杜克的新时代和新宗教的过渡并不顺利。首先，放射性风经过的南美索不达米亚和西部地区，必须从冲突中恢复。

人们将回忆起发生在苏美尔的那次灾难，它不是核爆炸，而是接下来的放射性风。风过之后，城市空空如也，只剩下断壁残垣。水染上了毒性，但可以很快被两条大河清洗干净。土壤也吸收了放射性毒物，不过这需要更长的时间来恢复和改良。如此，人们才可以在荒凉的土地上缓慢入住。

在被毁坏的南方，最早被记录的行政官是一位来自马里的统治者，马里是一座处在幼发拉底河西北岸的城市。我们知道，“他不是苏美尔人”；他的名字，伊什比埃拉，事实上是个闪族名字。他在伊辛城建立总部，在那里，他努力促进其他主要城市的复兴，不过复兴的进程很缓慢、很艰难，有时甚至很混乱。后来，他复兴城市的功业由他的几个继承者继承了下去，成了一个拥有闪族名字的王朝，即所谓的“伊辛王朝”。加起来，他们用了将近一个世纪来复苏苏美尔的经济中心乌尔城和传统宗教的心脏尼普尔。但后来，城市复苏进程却变成了应对那些来自当地统治者和对原苏美尔残疆破土的挑战。

甚至连不在毒风路径上的巴比伦，如果它想拥有皇城规模与状态，也需要进行修复和使居民重新入住。而且，在马杜克预言的时刻，它还没有达到马杜克预言的那般庄严宏伟。用了多于一个世纪的时间，史称巴比伦第一王朝的一个正式政权，才被真正建立起来（约公元前 1900 年）。又过了一个世纪，一位实现了伟大预言的国王才坐上巴比伦王座，他的名字叫作汉谟拉比。他因他的《汉谟拉比法典》而闻名天下，那部法典被镌刻在石柱上，后来被考古学家发现（现在收藏于巴黎卢浮宫）。

后来还用了大约两个世纪，马杜克关于巴比伦的预言才实现。从灾难期间（有学者称这是指乌尔城邦灭亡之后的那段时间，这也是美索不达米亚历史上的一个黑暗时代）留下来的种种残迹，要求马杜克发动其他神灵（甚至是他的对手）一起来修复各自原本的礼拜中心，并恢复人口；但是，其他神灵接到马杜克的邀请时，都显得犹豫不决。修复和重建工作由伊什比埃拉在乌尔开始，但是没有提及兰纳 / 辛和宁迦尔回到乌尔。有记载称，尼努尔塔偶尔会出现在苏美尔，特别是在亚兰国和古提姆军队的驻地，但是，没有记载提到过他或是他的配偶巴乌曾经回到过他们心爱的拉格什。经过长达 72 年的时间，伊什比埃拉及其继任者们修复礼拜中心和神庙的成就，在尼普尔达到了登峰造极的地步，然而，却没有记载提到恩利尔和林利尔又回到那儿去居住过。

他们又去了哪里呢？一条探索这个谜团的道路就是去确定马杜克——现

在是至尊者和向一切阿努纳奇人发号施令的人——为他们制订的计划。

那个时代的文本和其他证据都显示，马杜克升为至尊者并没有结束多神教。相反，他的权威需要维持多神教，因为要把自己的权力凌驾于其他神灵之上，就显然需要其他神灵的存在。他们的特权在他的控制之下，马杜克就非常乐意让其他神灵长期存在下去；一块巴比伦记事板（在其未损坏的部分）记录了一串归属于马杜克的神性：

尼努尔塔	是	属于马杜克的农耕之神
奈格尔	是	属于马杜克的进攻之神
扎巴巴	是	属于马杜克的战斗之神
恩利尔	是	属于马杜克的贵族统治之神
辛	是	属于马杜克的黑夜照明神
沙马氏	是	属于马杜克的正义之神
阿达德	是	属于马杜克的雨神

剩下的那些神灵，他们原有的神性，现在也成了马杜克给他们的恩准。他让人们对其他神灵的崇拜延续了下来；南方的临时统治者伊什比埃拉（“埃拉的牧师”）巩固了这项宽容政策。但是马杜克所期望的，是把所有的神请到他眼皮底下的巴比伦，来和自己待在一起——有人或许会说，那些神灵会成为关在金色笼子里的囚犯。

在他的自传体预言中，马杜克明确提出了他对其他神灵，也包括他的对手的意见：他们应该来到他身边，巴比伦圣区。为辛和宁格尔修建的临时住所被特别提到过——“将与他们的财产在一起”！文中描述的巴比伦和考古学家在那里的发掘与马杜克的愿望是一致的，巴比伦的圣区同样包括供奉宁马赫、阿达德、沙马氏，甚至尼努尔塔的圣殿。

当巴比伦在汉谟拉比的领导下最终上升成皇权中心时，他的金字塔神庙也事实上触及了天堂；预言中的伟大国王及时坐上了王座；但是，在牧师云集的圣区，其他神灵却没有集结起来，新宗教运动并没有发生。

看看刻有《汉谟拉比法典》的石柱（见图 47），我们可以发现，汉谟拉比只从沙马氏那里接受法律，根据上面提到的内容，他是属于马杜克的正义之神；而且石柱上的导言援引了阿努和恩利尔，他们是马杜克封的“贵族统治之神”，在这里作为马杜克感谢的对象：

高高在上的阿努啊，
你是从天堂到地球的众神之主，
还有恩利尔，天地之主
是决定人间命运的神，
为恩基的第一个儿子马杜克，
恩利尔管理着所有人。

在马杜克的时代开始两个世纪之后，马杜克不断给恩利尔家族的诸神授权，这反映了一个真实的情况：他们在马杜克的圣区从不退休。一部分跟随他

图47

们的随从远离苏美尔，到达了大地的四个角上；其他的留在附近，与他们的新老随从一起，面对向马杜克的新的挑战。

苏美尔不再是家乡，在核爆炸的前夜，这种意识被清晰地传达给尼普尔的艾布拉姆，从而使他的名字闪族化，成了亚伯拉罕，他的妻子也从萨来变成了萨拉，并使他永久定居于迦南。亚伯拉罕和他的妻子并不是唯一需要新的避难所的苏美尔人。核灾难引发的移民运动，其规模之大，是前所未有的。第一波移民浪潮，是人们从受影响的土地上离开；他们带着苏美尔的遗迹分散到各地，造成了重大而深远的影响。第二波移民浪潮，就是人们从四面八方涌入已被废弃的土地。

无论是从哪个方向进来的移民，他们都继承了苏美尔文明 2000 年来的成果，而这些文明成果，又伴随着他们走过了下一个 2000 年。事实上，虽然苏美尔的实体已经不复存在，但它的文明成就却伴随我们直到今天——就看看一年 12 个月的日历制度，看看你的手表吧，那里还保留着苏美尔的 60 进制，还有我们用轮子运输东西，这都源于苏美尔。

在分散过程中，苏美尔人把他们的语言、文字、象征物、习惯、天文知识、信仰和神灵传播到了各地，这些成了苏美尔人散居各处的多种形式的证据。与一般性相比——各地多神教中不同神灵的地位是一样的，神灵们在不同语言中的称谓意思是一样的，各地的天文学知识都包括众神来自一个母星，黄道有 12 宫，各处的创世故事和被学者们当作“神话”的神与半神的故事，在本质上都是一样的——还有许多令人难以置信的相似性，只能解释成苏美尔文明的残存。尼努尔塔的双鹰标志（见图 48），被解释成苏美尔文明在欧洲的传播；三种欧洲语言——匈牙利语、芬兰语和巴斯克语——事实上都只与苏美尔语同族；吉尔伽美什空手击败两只凶恶狮子的故事，在全世界广为流传，甚至流传到南美（见图 49）。

在远东，苏美尔楔形文字与中国、朝鲜、日本的文字之间也有明显的

图48

图49

相似性。这种相似性不仅体现在书写上：一些相似字的读音和意义也是一样的。在日本，文明起源于一群神秘的祖先，阿伊努人。皇族被认为是太阳神的后代，在新国王的登基仪式中，国王要秘密地与太阳女神独处一夜——这是一个仿效古苏美尔圣婚典礼的仪式，在圣婚典礼上，新国王将与伊南娜／伊师塔共度一夜。

在以前的 4 个区域，由核灾难和马杜克的新时代触发的移民浪潮，像暴雨之后泛滥的洪水一样，用王朝更替、城邦兴衰填满了接下来的几个世纪。后来，从远近不同地方来的新移民，又走到了苏美尔荒野上；他们的中心舞台，仍然是《圣经》中记载的地方。事实上，在现代考古学出现之前，对于过去的事，人们几乎什么都不知道，除非提到《希伯来圣经》；它不仅记载了那些各式各样的人，还记载了各族的“族神”——还有以这些神的名义而进行的战争。

但那时的民族，比如说希泰；国家，比如说米坦尼；或是皇城，比如说马里、迦基米施和苏萨，都曾疑云重重。依照文献描述，现在它们都得到了考古发掘；在那些遗址上，人们不仅发现了史前的古物，还发现了数以千计的写字泥版，这些泥版既证明了古国古城的存在，也使我们看清了它们与苏美尔的继承关系。事实上，在任何地方，后来的文化都是在苏美尔的科技、文艺、政治和宗教的基础上发展起来的。在天文学方面，苏美尔的术语、轨道方程、行星表和黄道概念，都被保留了下来。苏美尔的楔形文字还被继续使用了 1000 年。他们的语言被传习了下来，他们的词典被编译，他们关于神和英雄的史诗也被抄下来，并翻译成了其他文字。而且各民族的那些语言一旦破译，也会让人们发现：他们的神灵，还是原本的阿努纳奇众神。

当苏美尔的宗教信仰移植到遥远的他乡的时候，恩利尔家族的众神还和他们的追随者在一起吗？对此，资料没有明确的记载。但是，我们可以确认的是，历史上，在新时代的前两到三个世纪里，一些从马杜克那里退下来的人，在巴比伦尼亚的周边地区建立了新的宗教关系：民族国家宗教。

马杜克可以拥有 50 个圣名；但从那时起，他也不能阻止“以上帝的名义”进行的民族之间的战争和人们之间的杀戮了。

第八章

以神的名义

如果公元前 21 世纪的预言和弥赛亚似的期望，对于今天的我们，看起来很熟悉的话，那么，随后几个世纪的战斗号角听起来也就不会很奇怪。如果在第三个千年是神与神使用人类军队作战，那么在第二个千年就是人与人“以神的名义”作战。

马杜克时代开始后，仅仅几个世纪就证明，他伟大的预言是不容易实现的。显然，阻碍并不是来自被分散的恩利尔家族的神，而是来自人类，一群忠诚的崇拜者！

核爆炸之后又过了一个多世纪，巴比伦（城市）才在历史舞台上出现，第一个朝代是巴比伦尼亚。那时，南美索不达米亚——古苏美尔人——正在伊辛的统治下复兴，在他之后是拉尔萨。他们的神分别是黎皮特 - 伊师塔、乌尔 - 尼努尔塔、瑞姆 - 辛、恩利尔 - 巴尼。他们最大的功绩就是在核浩劫整整 72 年之后，重建了尼普尔的神庙——对神灵的忠诚以及对黄道时间计数的执着的另一个证明。

那些非巴比伦的统治者是来自一个叫作马里的城市的苏美尔王室的子孙。

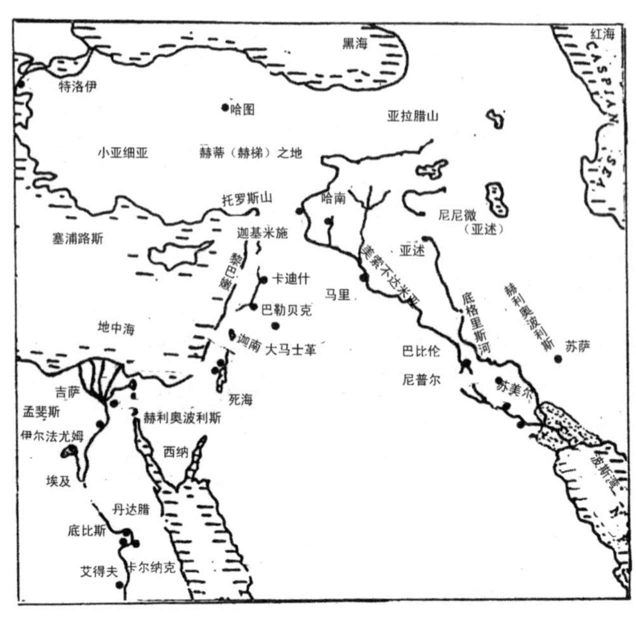

图50

当你从一张显示公元前第二个千年上半叶各个国家的地图（见图 50）看时，就可以清晰地看到非马杜克国家在大巴比伦周围形成了一股强大的力量，从东南和东部的埃兰和古提姆，到北部的亚述和希泰，再到幼发拉底河中部的马里，像一条锁链向西伸出一个锚。

在他们之中，马里是最大的“苏美尔人”聚居地，甚至曾被设为苏美尔的首都，苏美尔的首都是由各大城市轮流担任的，马里排第十个。马里是幼发拉底河畔的一个古港口城市，是东部的美索不达米亚，西部的地中海地区和西北部的安纳托利亚之间的人员、货物和文化的交叉点。那里的纪念碑是苏美尔雕刻作品中最好的例子，它巨大的中心宫殿点缀着壁画，有着令人惊骇的艺术成就，那是用以敬拜伊师塔的（见图 51，关于马里以及我游览马里遗迹一事，可以在《地球编年史》其他几部中读到）。

数以万计的陶土板做成的王室档案揭示着马里的财富，以及马里和许多

图51

其他城邦的联系，那些城邦起先被使用，在巴比伦出现后又背叛。在马里王室第一次实现南美索不达米亚的复兴之后，巴比伦的国王们——假装和平，却无缘无故地——把马里当作了敌人。在公元前1760年，巴比伦国王汉谟拉比进攻、洗劫、摧毁了马里，以及它的神庙和宫殿。之后，汉谟拉比每年都自夸是借用了“马杜克的神秘力量”。

在马里垮台之后，“群岛”——围绕着低海（波斯湾）的苏美尔人沼泽地区——的首领带领部下向北侵袭，控制了神圣的尼普尔城。但那只是暂时的胜利，汉谟拉比确信，他攻克马里，完成了巴比伦对过去的苏美尔和阿卡德的政治和宗教统治。他所在的朝代，被学者们命名为巴比伦第一朝代，在他之前已经开启了一个世纪，然后由他的子孙又延续了两个世纪。在那个动乱的时代，这是一个了不起的成就。

历史学家和神学家一致赞同，汉谟拉比是在公元前1760年自称“四个地区之王”，并“把巴比伦放在世界地图上”，而且开启了马杜克独特的星宗教。

※

当巴比伦的政治和军事霸权由此确定之后，就该是断言和夸大它的宗教统治的时候了。这个城市，它的杰出在《圣经》中被赞美，它的花园被认为是

图52

古代奇迹之一，神圣的地域，连同城市中心的埃萨吉拉金字塔神庙，被围墙和大门保护着。里面，游行的通道被腾出，用于宗教典礼，神殿为其他神（马杜克认为是他不想见到的客人）而建造。当考古学家挖掘巴比伦时，他们不仅发现了城市的遗址，还发现了那些绘有这个城市的图景和地图的“建筑图板”；尽管很多建筑是后代的遗迹，但这个对圣区中心（见图 52）的艺术构想，给了马杜克的宏伟总部一个好的想法。

像天主教的“梵蒂冈城”一样，巴比伦的圣地也被一群牧师驻守着，他们可以从不同的宗教、仪式、行政、政治和服务任务的群体、派别中选取。

在底层的是服务人员，也就是“守门人”——清扫神殿和邻近建筑，提供其他牧师需要的工具和器具，担当除了羊毛线以外的总供给的仓库储蓄人员，羊毛线专门委托给舒乌路牧师。只要不需要玛舒纳夫操作蛇群，专门的牧师就会像玛舒希普和穆里卢一样，执行净化仪式。乌满路，手艺人，在艺术化的宗教物品流行的工场工作；热布是一群女性神职人员，是准备饭菜的厨师。其他女祭司在葬礼上担当一些专门的哭泣者；贝克特知道如何去伤心地流泪。然后由“牧师”监管整个神殿的运行、典礼的流畅执行、接收和处理祭品，或者负责众神的衣物，等等。

常住神的个人“管家服务”的供应，是由一个小的专门选择出来的精英牧师群操作的。罗摩负责圣水洗礼仪式（也就是为神沐浴），丽莎库倒掉用过的水。给神涂以“圣油”仪式——一种精致的专门的芳香油混合物——要用专门的人员，从混合油膏的阿巴纳库开始，到执行仪式的佩西舒（如果是女神，这些牧师就都是太监）。然后有其他的牧师和女牧师，包括神圣的唱诗班——纳儒是唱歌的，拉拉路是歌手和音乐家，还有职责是哀悼者的穆纳布。每组都有一个拉布——主管、负责的人。

站在马杜克的角度看，一旦他的埃萨吉拉金字塔神庙朝天抬起，它的主要功能将是不断地观察天空；事实上，神庙牧师最重要的职责就是观察天空，跟踪恒星和行星运动，记录特别的现象（比如行星相连或者日食），考虑天空是否预示了什么征兆；他们还要解释预示的是什么。

天文牧师，一般被称作玛舒玛舒，有着不同的类别：例如卡鲁牧师，专门观察金牛座，拉革路的职责是记录每天的观察结果，然后把信息转达给解释牧师的主管，这些能解释征兆的牧师，包括阿希普，征兆专家，能读懂征兆的玛夫和能“理解神秘非凡的征兆”的巴鲁——“真理解释者”，组成了上层牧师层。专业牧师，扎奇曲负责转达这些超凡的解释给国王。在这些天文占星牧师之上是阿瑞杰卢，大师级牧师，他是一个神圣的人，一个魔术师和一个医师，他的白色制服在边缘精巧地点缀着很多颜色。

人们发现了大概由 70 块泥版组成的一个连续的观察序列，这些泥版还记录了这些观察的意义，它们的命名总是以伊奴玛、阿努、恩利尔为首词，揭示了苏美尔人天文学的转变，解释了神谕规则的存在。当时一群占卜者、梦解析者、算命者等都加入了这个阶层，但他们是为国王服务而不是为神服务的。当时观察天空已被降级为替国王和国家占卜征兆——预测战争、和平、颠覆、长寿或死亡、富饶或瘟疫、神佑或神怒。但最初对天空的观测则是纯粹的天文学，或者是出于对马杜克的原始兴趣，而且只会延伸到国王和人民。

卡鲁牧师专门观察恩利尔的公牛座以预示一些不幸现象，其观察的主要目的是跟踪黄道带天空，密切注视天时间。发生在核爆炸之前的 72 年间的重要事件，后来还在继续（详见以上章节），暗示着黄道带时钟继续被观察和追踪，在黄道带时钟上 72 年会有一个一度的岁差。

从巴比伦的天文和占星的记录来看，很明显，它的天文牧师保留着苏美尔人把天空分为三条轨道的习惯，每条轨道占天弧的 60 度：北边天空的恩利尔轨道，南边天空的恩基轨道和中间地带的阿努轨道（见图 53）。后来黄道星座也定位在那里，那里也是“地球连上了天空”的地方——地平线。

或许因为马杜克达到了与天时间，即黄道时间一致的至尊地位，所以它的天文牧师们才不断地仔细浏览着地平线处的天空，即苏美尔的“天堂底部”。不过，仰望苏美尔的“天堂顶部”，是看不穿的。因为在这个顶点上，作为“恒星”尼比鲁的马杜克，消失不见了。

作为一颗运行的行星，尽管现在还看不到，但它却正要回来。尼比鲁等价于马杜克，埃及版的马杜克星宗教公开承诺：当这个神星或星神像阿托恩一样归来时，一个新的时代将会来到。

正是马杜克星宗教的这个方面——终结回归——直接挑战了巴比伦的恩利尔家族对手，把这场冲突的焦点转移到了对复苏的弥赛亚的期待上。

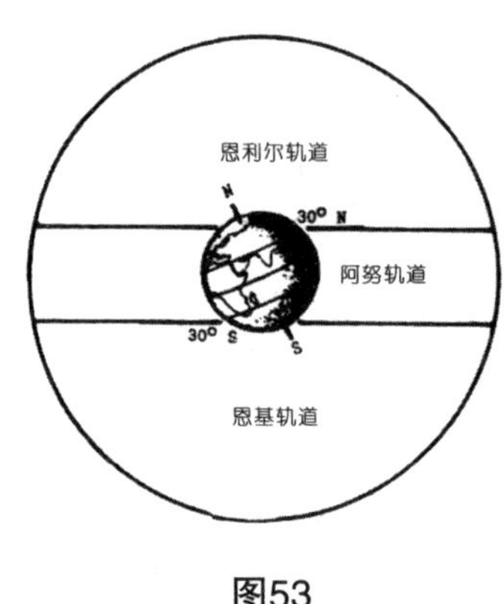

图53

※

在旧大陆的舞台上扮演角色的前苏美尔名人中，有四个最终发展为帝国的势力，在历史上留下了最重的脚印：埃及、巴比伦尼亚、亚述和希泰；其中各自都有自己的“国神”。

前两个属于恩基－马杜克－那布阵营，其他两个属于恩利尔－尼努尔塔－阿达德阵营。他们的国神分别叫作拉－亚蒙和贝尔／马杜克，阿舒尔和特舒卜，正是以这些神的名义，不断延续的残酷的战争才打响的。历史学家也许可以解释说，这些战争是由一些普通原因导致的，比如资源、领土、贫困或者贪婪；但是描述这些战争和军事远征的王室年报，却把它们描述为宗教战争。在这之中，己方的神被美化，而对方的神被丑化。然而，这种对“归来”的海市蜃楼式的期待，却把这些战争变为了以专门地点作为目标的领土战役。

根据所有这些大陆的王室年报所述，这些战争一般是被国王“按神的指令”来发动；这些战役都是根据一个不知来自何方的“神的上谕”来实施的；通常，胜利是在不可战胜的武器的帮助下，或者是在神的直接帮助下获得的。一个埃及国王在他的战争日记里写道，正是“爱我的拉，支持我的亚蒙”，指引着他“向着拉憎恨的敌人”前进。一个亚述国王在记录打败一个敌人的国王时也自夸道，他在城市的神殿里，把城市之神的肖像换成了“我的神的肖像，并且宣布，他们从今以后开始敬拜我们国家的神”。

这些战争之宗教方面的一个典型例子——也是专门选出来的例子——可以在希伯来《圣经·列王纪》第十八和十九章中找到，那里描述了耶路撒冷被亚述国王西拿基利围攻的事情。在包围城市并且切断外界联系之后，亚述指挥官实施了心理战，目的就是为了使城里的抵抗者投降。他们用希伯来语把亚述国王的话喊出来，以使得所有在城墙上的士兵都听得懂：不要被你们的领导者所谓的“你们的神耶和华会保护你们”的话语欺骗了；“有哪个国家的神曾经从国王阿舒尔手中营救过他们的土地？哈马特和亚珥拔神都到哪里去了？西法瓦音、希拿和阿瓦都到哪里去了？撒玛利亚的神们都到哪里去了？所有这些土地的神里，有哪个曾经从我的手里救过他的土地？耶和华神会从我的手里解救耶路撒冷吗？”（耶和华神在历史上确有记载）。

这些宗教战争是关于什么的？这些战争和以他们的名义打仗的国神们根本没有意义，战争冲突的核心就在于苏美尔人叫作“天地接合部”的地方。古老的文字一遍又一遍地讲述着当地球和天空分开时——当连接它们的太空站遭到毁灭时——的大灾难。这些核灾难造成的后果中一个无法回避的问题便是：谁——哪个神和他的国家——可以声称，他就是现在地球上负责处理与天庭关系的神／国家？

对神来说，在西奈山半岛的太空站的损坏，只相当于一个需要更新的设备上一块材料的损失而已。但是谁又可以想象得出，他们对人类的影响——精神和宗教影响是什么样的呢？突然间被顶礼膜拜的宇宙之神从天庭分离……

排除掉西奈山太空站，还剩下三个连接太空的着陆点依然留在旧大陆上：雪松山脉的着陆点；尼普尔的大洪水之后的任务控制中心；锚定着陆走廊的埃及的金字塔。随着西奈山太空站的毁灭，其他的那些站是否仍然与天庭有联系并且因此而有一种宗教意义呢？

在某种程度上，我们也许是知道答案的，因为所有这三个站点仍然坐落在地球上，它们朝上对着天堂，用它们的神灵与种种谜团挑战着人类。

这三者之中，最熟悉的便是金字塔和它在吉萨的同伴（见图 54）；它的大小、几何精度、内部复杂性、天象阵列和其他令人惊异的方面，给它的建造缘由——为吉奥普斯法老而建——蒙上了厚厚的疑云，因为在金字塔内部有一处用象形文字刻着他的名字，所我们认为这座金字塔是为他而建的。在《通往天国的阶梯》一书中，我提供了证据来证明那些标记是现代人伪造的，而且那本书以及其他大量的文献和图示证据，都可以解释怎么和为什么阿努纳奇人设

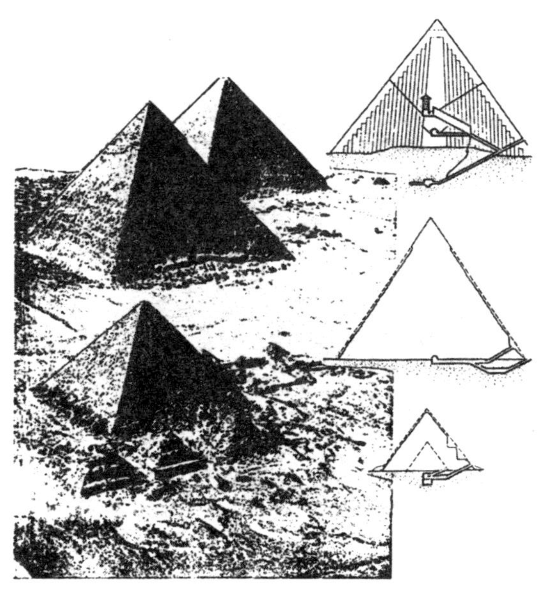

图54

计并建造了那些金字塔。在神之战中被剥夺了辐射指挥设备后，金字塔和它的同伴继续作为着陆走廊的自然灯塔而发挥作用。

在雪松森林的着陆点有一个异常的记录。吉尔伽美什目睹了一个火箭舰船在那里起飞，他在核灾难之前差不多 1000 年左右去过那里；坐落在地中海沿岸的毕博罗斯附近的城里，腓尼基人在一枚铸币（见图 55）上描述了一个事实：一只装载火箭的舰船，安置在一个围有围栏的专用基地上——这差不多是核事件之后 1000 年的事了。所以，不管有没有太空站，着陆点都依然运行着。

黎巴嫩的巴勒贝克（“巴力大裂谷”）存在着一片古老的西北角铺满石头的辽阔平台（大约 500 万平方英尺），其西北角有着数不尽的朝天耸立的石头结构。由于是用雕好的每块重 600—900 吨的厚重大石块建造而成，它西面的墙可以说是用地球上最重的石块专门加固过的，包括三块巨石——每块重量达到难以置信的 1100 吨（见图 56）。有关那些巨大石块的一个令人惊异的事实就

图55

图56

图57

是，它们是从大概两英里以外的山谷中挖出来，然后搬到这里来的。那里的石头并没被采完，你可以看到依然有相似的石块从地面伸出来（见图57）。

希腊人从亚历山大时代起就把这个地方当作太阳神之城来崇拜；罗马人也在那里为宙斯修建神殿。拜占庭帝国则把它变成了一座大教堂；他们之后的穆斯林又在那里修建了一座清真寺；现在马龙派基督教徒，把这个地方当作巨人时代的遗址来敬仰。（到此地及其遗址的一次游历和它如何作为一个灯塔而发挥作用，均在《地球编年史》中有所描述）。

迄今为止最庄严神圣的，是一个作为任务控制中心的地方——"诸神之城"，亦即：耶路撒冷。那里也有一块大的石头平台留在一块岩石基底上，还有一堆有着三个石柱的西面的围墙，每个石柱都重达600多吨（见图58）。就跟巴力大裂谷的一样，只不过没那么大。在上述存在的平地上，所罗门国王建造了耶和华神殿，它把最神圣的约柜放在地下室里一块圣石上。罗马人也打算

图58

图59

在耶路撒冷建造一个神殿，不过是为丘比特神建造而不是为耶和华，他们曾经在巴力大裂谷为丘比特建造过神殿。如今神殿山被穆斯林建造的石头圆顶屋（见图 59）占据；它的镀金圆屋顶起初起始于巴力大裂谷的穆斯林神殿——联系这两个着陆点的证据依然存在。

在核灾难之后的年代里，马杜克的“诸神之门”，能否取代古老的连接太空的着陆点呢？马杜克新的星宗教能否为困惑的人们提供一个答案呢？

对一个远古答案的搜索，似乎已经延续到了我们自己的时代。

※

巴比伦最无休止的对手是亚述人。他们位于底格里斯河上游的城堡，在苏美尔时代被叫作沙巴图，它在苏美尔和阿卡德地区的最北边。在语言和种族起源上，他们似乎与阿卡德区的萨尔贡有血缘关系，以至于当亚述变成一个王国和帝国时，一些最著名的国王也会把他们的王室叫作萨鲁 - 金 - 萨尔贡。

所有这些，在过去两个世纪的考古学发现中被收集，并且确证了一些陈述（《创世记》第十章），其中涉及:《圣经》里列出的苏美尔后代中的那些亚述人，亚述首都尼尼微，以及其他从叙内阿尔（苏美尔）“冒出来”的——也可以说是成长和壮大起来的——主要城市。亚述人的万神殿也就是苏美尔的万神殿，他们的神是苏美尔和阿卡德地区的阿努纳奇人；亚述国王和高官中有字义为神的名字，这个事实暗示了他们对阿舒尔、恩利尔、尼努尔塔、辛、阿达德以及沙马氏等诸神的敬重。那里有这些神的神殿，也有女神伊南娜 / 伊师塔的神殿，因为这位女神也被广泛地膜拜；对他们最有名的描绘之一是在阿舒尔城的神殿中发现的，他们看起来就像一个个戴着头盔的飞行员（见图 60）。

那个时期的历史文献表明，从北面来的亚述人，是第一个挑战马杜克的

图60

巴比伦军队的民族。历史上有记载的第一个亚述国王伊里舒姆，大约在公元前1900年，带领了一支所向披靡的军队南下远征底格里斯河，一路南下到埃兰边境。后来他的碑铭上写着：他的目标是“为乌尔和尼普尔博得自由”；事实上，他确实没用多久，就从马杜克的手中征服了这些城池。

那次远征只是亚述和巴比伦尼亚在冲突中的首次会面，这场冲突持续了一千多年，一直到双方都灭亡。在这场斗争中，亚述国王经常是侵略者。由于相互毗邻，讲相同的阿卡德语，并且双方都继承了苏美尔人的根基，亚述人和巴比伦尼亚只能通过一个最关键的不同点来区分，那就是：他们的国神。

亚述被当地人称作“阿舒尔神的土地”或者直接叫作阿舒尔，他们以国神来为自己的国王命名，那时的人们把宗教方面的问题看得极其重要。他们的第一个首都叫作“阿舒尔之城”，也有时候直接叫作阿舒尔。这个名字的意思是“看别人的那个人”，或者“被别人看到的那个人”。然而，虽然有数不清的赞美诗、祈祷文和其他文章提及阿舒尔神，但在苏美尔－阿卡德的万神殿中，他到底是哪个神，我们仍然弄不清楚。在诸神列席中，他和恩利尔具有同等地位；也有人认为他是尼努尔塔，是恩利尔的儿子和继承人；但是他的配偶被列出或者提及时，总是被称作林利尔，这个说法就慢慢变成了亚述人所谓的"'阿舒尔神'就是恩利尔"的观点。

据历史记载，亚述是一个征服和侵略过许多别的国家和别国神灵的民族，他们数不清的军事战役到处蔓延，并且毫无疑问，也是"以神阿舒尔的名义"展开的，"依照我们的神阿舒尔——我的主人——的指令"，是亚述国王们军事战役记录中的惯常开场白。但是当与巴比伦作战的时候，亚述人进攻的令人惊异的一面则是他们的目标：不只是挫败巴比伦的影响，更进一步，是要把马杜克从他自己的巴比伦神殿中赶走！

夺取巴比伦然后把马杜克囚禁起来的愿望最终被实现了，然而，却不是由亚述人，而是由他们的北方邻居希泰人实现的。

大约在公元前 1900 年，希泰人开始从他们北部偏中的、位于安纳托利亚（今天的土耳其）的要塞向外扩张，很快变成了一支强大的军事力量，然后加入了恩利尔家族的民族国家之列，反对马杜克的巴比伦。在一个相当短的时间内，他们建立了帝国，他们的领土向南延伸，甚至覆盖了《圣经》上记载的迦南领土的大部分。

希泰人以及他们的城市、记录和语言的发现，在考古学上是一件令人震惊和兴奋的事，它使我们猛然清醒，并且找到了迄今为止只有从《希伯来圣经》中才能读到的那些人和地方。希泰人在《圣经》中不断地被重复，但是《圣经》却没有丝毫对异教神的崇拜者表示过轻蔑和鄙夷。整个希伯来民族成长的历史，都提到了希泰人的存在。他们在哈兰是亚伯拉罕的邻居，正是从耶路撒冷南面的希布伦的希泰地主手里，亚伯拉罕买来了麦比拉的埋葬洞穴。拔示巴原来也是希泰军中一位首领的妻子，后来嫁给了耶路撒冷的大卫王；而且正是从希泰农民手里，大卫王买来了在摩利亚山上建造神殿的平台（希泰农民们以前是用这块平台来晒小麦的）。所罗门国王还从希泰王子们手里买来了战车战马，并娶了他们的一个女儿做妻子。

《圣经》认为，希泰族在宗谱和历史上属于西亚人种；现代学者则相信，他们是从别处来到小亚细亚的移民——大概是从高加索山脉的另一边来的。因为他们的语言被译解后，发现是属于印欧语系的（既像希腊语又像梵语），所以，他们被认为是非苏美尔的“印欧语系”。但是，一旦安定下来之后，他们就把苏美尔人的楔形文字，原原本本地添加到他们自己的独特的文字中，并在术语上也吸纳了苏美尔人的“外来语”，他们还研究和复制了苏美尔人的“神话”和史诗传说，使用了苏美尔人万神殿，还有 12 位“奥林山神”。事实上，一些最早期的关于尼比鲁诸神和来源于尼比鲁诸神的传说，都只能在他们的希泰译本中发现。希泰诸神无疑是苏美尔诸神，纪念碑和王室的封印总是以带翼圆盘（见图 46）的通用符号来标注的，而这些符号本来是代表尼比鲁的。有时候在希泰文字中，这些神由他们的苏美尔或者阿卡德名字来称呼——我们发现阿努、恩利尔、恩基、尼努尔塔、伊南娜／伊师塔和乌图／沙马氏被多次提到。在其他一些例子中，诸神又在用希泰名字称呼；领导诸神的是希泰的国神——特舒卜，即“风神”或叫“暴风雨之神”。他正是恩利尔最年轻的儿子伊希库尔／阿达德。在希泰人的描述中，他经常手持闪电螺钉作为武器，站在一头公牛之上（见图 61）。那头公牛是他父亲的天庭星座的象征。

《圣经》中所提到的希泰族的广袤地域和军事威力，已经被针对希泰聚居点的某些考古学发现和其他民族记载证实。值得关注的是，希泰族南方的疆土囊括了着陆点（今天的巴力大裂谷）的两个太空站和大洪水之后的任务控制中心（耶路撒冷）；它还把恩利尔家族的希泰神灵带到了埃及的势力范围内，埃及是拉／马杜克的地域。这两个站点，因此都卷入了武装冲突之中。而最最重要的是，这两个国家之间的斗争，包括了古代世界一些很有名的、以神的名义而打的战争。

希泰族并没有攻击埃及，而是向东方发起了一个突袭。也许是因为他们

图61

第一次在作战中引进了马力战车，在公元前1595年，希泰军队完全出乎意料地横扫了幼发拉底河，攻占了巴比伦，把马杜克囚禁了。

尽管人们希望可以发现那个时代和事件的更多详尽记录，但是已知的记录已经可以显示，希泰进攻者没有打算接管和统治巴比伦：他们打破这座城池的防线后不久就撤退了，他们只是进入它的圣地并把马杜克带走，但没有伤害他。他被关押在一个叫作哈拿的城里——存在于推测中的一个地区（待挖掘），坐落在幼发拉底河沿岸。

马杜克从巴比伦如此羞辱地消失，持续了24年——和五个世纪之前马杜克在哈兰充军的时间完全相同。数年的混乱之后，一个叫作喀西特的朝代掌管了巴比伦，修复了马杜克的神殿，“找到了马杜克”，并且把他接回巴比伦。尽管如此，希泰族涌入巴比伦的事件，还是被历史学家认为，标志着辉煌的巴比伦第一朝代和旧巴比伦时代的终结。

※

希泰族对巴比伦的突然袭击和马杜克暂时的离开仍然是一个没有解决的历史疑案，一个政治和宗教谜题。有没有可能，抓捕马杜克的目的，是为了羞辱和打击马杜克——削弱他的自负，让他的追随者迷茫，或者还有一个更深远的目的，或者在他身后还有什么其他的缘由？

有没有可能，马杜克沦为难民，正是印证了那句谚语："搬起石头砸自己的脚。"

第九章

福地

在巴比伦抓住马杜克并把他带走，是具有地缘政治影响的，这使得重心在几个世纪里从美索不达米亚向西转移到地中海沿岸。用宗教术语说，这相当于一场构造地震：马杜克让所有神聚集于他庇护下的伟大期望，以及其追随者的所有救主式的期望，在突然的打击中，像一阵烟一样消失了。

但从地缘政治及宗教意义上说，其最大的影响可以概括为三座山的故事——这三个连接太空的着陆点，都将福地放在了其中心位置：西奈山、摩利亚、黎巴嫩。

在巴比伦的这场史无前例事件后的所有事件中，最重要并且最持久的一件事，就是以色列人从埃及的出走。直到此时，这些地点才开始委托给百姓，而此前，都是神为中心的。

当抓获马杜克的希泰人从巴比伦收兵时，他们留下了混乱的政治和一个宗教谜团：这事是怎样发生的？为什么发生？当不幸降临时，人们会说神在发怒；那么，当不幸降临到神——马杜克的身上，又怎么说呢？难道这里存在一个比最高神还高级的神吗？

对巴比伦自身来说，马杜克的最终释放和回归并没有提供一个答案；事实上，这增加了喀西特人的神秘感，欢迎被捕的马杜克回到巴比伦的喀西特人并非巴比伦人，而是陌生者。他们称呼巴比伦为“Karduniash”，他们具有诸如 Barnaburiash 和 Karaindash 等类的名字，但除此之外，就很少有人了解他们及他们的初始语言。时至今日，人们并不清楚他们来自何处，以及为什么在大约公元前 1660 年，他们的国王被允许去替代汉谟拉比王朝，从公元前 1560 年到公元前 1160 年统治巴比伦。

现代学者将马杜克蒙羞后的时代视为巴比伦历史上的“黑暗年代”，不仅是因为由此造成的混乱，而主要是因为那段时期有关巴比伦的书面记录极为匮乏。喀西特人很快就将他们自身融入了苏美尔－阿卡德文化，包括语言和楔形文字，但这些记录并非来自苏美尔人一丝不苟的史官，也不是出自像先前的巴比伦王室年鉴的编写者那类人。事实上，喀西特国王的少量王室记录的绝大部分并不是在巴比伦，而是在埃及发现的——从记有王室相应部分里的阿玛纳档案泥版上发现的。从这些泥版上显然可以看出，喀西特国王称埃及法老为“我的兄弟”。

这种比喻并非不当，埃及与巴比伦一起分享着对拉－马杜克的崇敬，并且也像巴比伦王国一样，经历了一个“黑暗年代”——学者们称之为第二中间期，大约开始于公元前 1780 年中王朝的灭亡，持续到公元前 1560 年。就像在巴比伦一样，其特征是被外国国王“希克索斯”统治。我们同样也不能确定他们是谁、从哪里来，以及他们的王朝如何能够统治埃及超过两个世纪。

第二中间期的时间点（以及许多难解的方面），刚好与巴比伦从汉谟拉比胜利的顶峰（公元前 1760 年），滑落到马杜克的被捕以及对其崇拜的恢复（大约公元前 1560 年）相呼应，这可能既非偶然也非巧合：在马杜克主宰的土地上同一时期发生类似事情，是因为马杜克是搬起石头砸自己的脚——真正的原因是他对霸权的热衷造成了他的毁灭。

这石头就是马杜克自身起初所持的观点：他在地球上的霸权时代已经来临，因为在天堂，白羊座时代——他的时代，已经来临。但随着黄道钟滴答声的持续，白羊座时代开始缓慢而又悄然地流逝。来自那些费解时期的物质证据仍然存在，并且能看到，在底比斯——上埃及的古埃及首都。

除了吉萨雄伟的金字塔外，古埃及最宏伟、最令人印象深刻的古迹，就是在南埃及（上埃及）的卡纳克及卢克索的庞大的神庙。希腊人将此地称作忒拜，它源于词语——底比斯；古埃及人称之为亚蒙城，因为那些神庙是供奉这个不可见的神的。人们在神庙的墙壁、方尖碑、塔门及圆柱上（见图 62）的象形文字和绘画颂扬神，并赞美法老——他修建、扩大、延伸神庙并使神庙保持着变化。两排相望的狮身人面像（见图 39）宣告了白羊座时代的到来，这些神庙特殊的布局揭示了拉 - 亚蒙 / 马杜克的埃及追随者们隐秘的窘境。

有一次，我跟随一群爱好者参观这些地方，我站在一个神庙的中央像交警一样挥手，吃惊的旁观者道："这个疯子是谁？"于是我试着向我们这群人指出：事实上，底比斯神庙，由连续多代的法老修建，并一直改变着它们的朝向（见图 63）。在 19 世纪 90 年代，诺曼 · 洛克耶爵士第一次掌握了这些建筑

图62

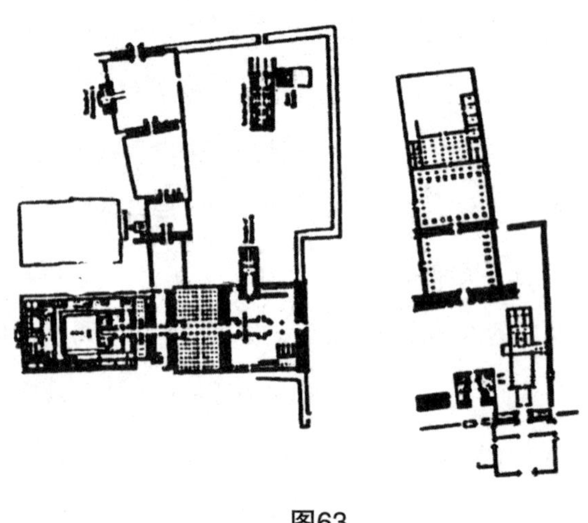

图63

在建筑学方面的重要意义，由此产生了一门称作考古天文学的学科。

像在耶路撒冷的所罗门神庙（见图64）——以及在罗马梵蒂冈的圣彼得长方形基督教堂——一样，神庙指向二分点，永远面向东方，年复一年而又不改向地在春分、秋分迎接着日出。但像在底比斯的埃及神庙或在北京的天坛一样，神庙指向二至点，需要周期性地重新定位，因为由于岁差，在几个世纪的时间跨度内，日出地在至日会有非常轻微的偏移——正如史前巨石柱那样，罗克伊尔在这里应用了他的发现（见图6）。拉/马杜克的追随者所竖立的用以颂扬他的神庙表明，天堂并不能确定拉/马杜克及其年代的持久性。

马杜克自己，在先前的一千年里宣称他的时代已经到来时，是非常清楚黄道时间的，他试图通过宣扬"马杜克即尼比鲁"的星宗教来转移宗教信仰的焦点。但是他的被捕和蒙羞，使得人们现在产生了对这个看不见的天上之神的疑问："马杜克时代会持续到什么时候？"如果神圣的马杜克是这个看不见的尼比鲁，那么什么时候它将揭示自身，重现并"归来"？

正如其揭示的事件所表明的，宗教及地缘政治学两者的焦点，均从公元前的第二个千年的中期转向到了《圣经》称之为"迦南"的地方。"尼比鲁的

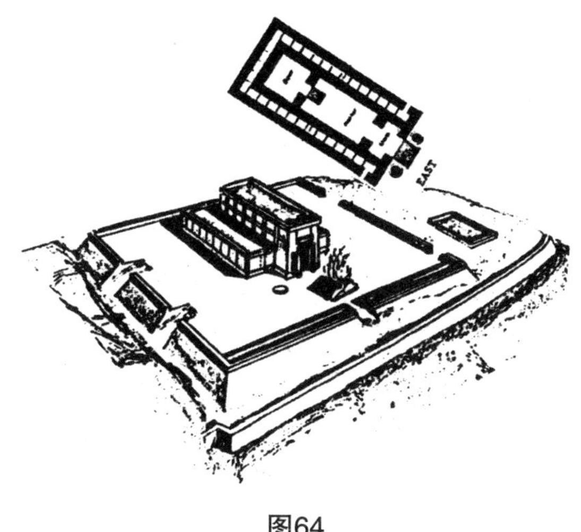

图64

归来”开始作为宗教焦点而出现，“连接太空的着陆点”也同时受到了强烈的关注，在地理上，“迦南”既是登陆地，也是以前的使团控制中心的坐落地。

历史学家用民族国家的起落及帝国间的冲突来讲述后面的事件。大约公元前1460年，被遗忘的埃兰王国及安珊王国（后来众所周知的波斯，位于巴比伦王国的东方及东南方），联合形成了一个新兴强国，以苏萨（Susa，《圣经》里称之为Shushan）为国家首都，以国家神尼努尔塔作为“众神之主”。这个新的十分自信的民族国家，在结束巴比伦及马杜克霸权的过程中起着决定性的作用。

或许并不是巧合，在同一时期，在马里曾经统治过的幼发拉底河地带，崛起了一个新兴民族，《圣经》里称为何利人（学者称他们为胡里安人）。他们形成了一个强国叫米塔尼王国——“阿努的武器”，占据了现为叙利亚及黎巴嫩的土地，并对埃及从地缘政治上及宗教上形成了挑战。挑战受到了非常野蛮的反击，由埃及法老图特摩斯三世发起，历史学家将其描述为一个“埃及的拿破仑”。

困扰大家的是以色列人从埃及的出走，那个时期的导火索事件，因为它在人类宗教上、社会及道德准则上以及耶路撒冷的中心性上，对人类影响至今。它发生的时间并非偶然，因为所有事件的发展均关系“当尼比鲁的归来发生时，谁将控制这些连接太空的着陆点”。

※

如前几章所述，亚伯拉罕并不是碰巧成为希伯来人始祖，而是一个被选中的主要国际事务的参与者，他的神话带给我们的这些地点——乌尔、哈兰、埃及、迦南、耶路撒冷、西奈、所多玛和蛾摩拉城，是早期神与人的普遍故事中的主要地点。在逾越节，以色列人将回忆起他们从埃及的出走，这同样也是对遍布在那些古老土地上的事件的一个集中表现。《圣经》自身，并没有把出埃及仅仅作为一个“以色列人”的故事，而是很明显地将其放在埃及历史的背景下，并置于那个时期的国际事务中。

《希伯来圣经》在其第二本书《出埃及记》中，通过提醒读者在公元前 1833 年，当雅各布（一个天使将其改名为“以色列”）和他另外 11 个儿子投靠他在埃及的儿子约瑟夫时，以色列人在埃及就开始出现了。至于约瑟夫如何与家庭分开、如何从一个奴隶跻身总督，如何将埃及从毁灭性的饥荒中拯救过来——这个完整故事，在《圣经》的《创世记》最后一章也有记载。同时，我关于约瑟夫如何拯救埃及的见解和现在还存在的证据，在《地球编年史》中也有讲述。

在提醒读者以色列人如何及何时在埃及开始出现后，《圣经》清楚地表明，出埃及时，以前的一切已经过去并被遗忘了：“约瑟夫和他所有的兄弟，以及那一代所有人都已经消失了。”不仅是他们，甚至与那些时代相关的埃及国王们的王朝也同样一起消失了。一个新的王朝崛起了：“在这里诞生了一个并不叫约瑟夫的新国王。”

准确地说，《圣经》描述了埃及政权的更替。位于孟菲斯的中王朝消失了，在经历了第二个千年时期的混乱时期后，底比斯的诸侯建立了新的王朝。事实上，在那里诞生了终结埃及的全新王国——新的王朝在新的首都，“并且他们不是约瑟夫”。

忘记了以色列人对埃及幸存的贡献，一个新法老现在看到了以色列人存在的危险。为反对以色列人，他下达了一系列压迫命令，包括杀害所有的男婴。下面是他的理由：

> ……
>
> 他向他的人民说道：
>
> “看，一个民族，以色列的儿女，比我们强大而有力；
>
> 让我们理智地安排他们，以免他们人数增加，
>
> 并且，当战争来临的时候，他们将
>
> 加入我们的敌人，对抗我们，并离开这块土地。”
>
> ——《出埃及记》1：9-10

《圣经》学者一直想当然地认为，对“以色列的儿女”民族恐惧的原因是以色列人在埃及的旅居。但这既不与《圣经》给定的数目吻合，也不与《圣经》的文字措辞一致。《出埃及记》以一系列诸如雅各布及其儿女的名字开始——雅各布及其儿女去埃及投靠约瑟夫，并表明“所有雅各布的后裔，除了已在埃及的约瑟夫外，总计 70 人”（算上雅各布和约瑟夫，总数为 72，这是个有趣的需要深思的细节）。“旅居”持续四个世纪之久，根据《圣经》所言，离开埃及的以色列人总数为 60 万；没有法老会认为，如此一群人“比我们强大而有力”（因为法老与把摩西当儿子抚养大的“法老的女儿”是一致的，见《神圣的遭遇战》）。

叙述性的措辞记录了法老在战争时期的恐惧，以色列人将“加入我们的敌人，对抗我们，并离开这块土地”。这并不是对来自埃及内部的“第五纵队”的恐惧，而是恐惧埃及的贫困和“以色列的儿女”离开并增援与他们相关的敌

国——在埃及人眼里，所有的恐惧来自“以色列的儿女”。但是埃及国王在谈论哪个国家和哪场战争呢？

多亏了那些对古代冲突及当时的一些王室记录的考古发现，我们现在才知道，新王国的法老在忙于对抗米坦尼的持续战事。从大约公元前 1560 年法老阿赫莫西斯开始战争，阿蒙诺菲斯一世和阿蒙诺菲斯二世持续了战事，以及公元前 1460 年，在阿蒙诺菲斯三世的强化下，埃及军队突入迦南，并向北挺进对抗米坦尼。埃及那些战役的编年史频繁把那哈尔——哈布尔河地区称为终极目标，《圣经》里称此地为阿拉姆 - 拿哈兰（“两河流域的西部陆地”），那哈尔的主要城市中心是哈兰。

在那里，《圣经》学者将看到，当亚伯拉罕行进到迦南时，其兄弟拿鹤将停留于此。亚伯拉罕的儿子艾萨克的新娘丽贝卡来自那里，新娘丽贝卡事实上是拿鹤的孙女。艾萨克的儿子雅各布（又叫以色列）又到哈兰找了一个新娘——最终娶了他的表妹，他母亲丽贝卡的兄弟拉班的两个女儿（利亚和雷切尔）。

在埃及的“以色列的儿女”，与停留在那哈尔 - 拿哈兰的“以色列的儿女”（即雅各布的儿女）的直接家庭联系，在《出埃及记》的第一篇中写得很明显：与雅各布一起来到埃及的儿子中，有最小的儿子便雅悯，他是约瑟夫唯一的亲兄弟，因为他们俩均系雷切尔所生的雅各布的儿子（雅各布其他的儿子系利亚与其两个妾所生）。我们从米坦尼泥版中知道，哈布尔河流域中最重要的部落叫作便雅悯，约瑟夫兄弟的名字因此成了一个米坦尼部落的名号。难怪，埃及人将在埃及的与在米坦尼的“以色列的儿女”，看成一个“比我们强大而有力”的联合民族。

那就是埃及人所关注的战争和埃及军队担心的原因——不是这小部分在埃及的以色列人是否停留，而是如果他们离开埃及并占领埃及以北的区域所带来的威胁。事实上，防止以色列人离开已经成为《出埃及记》发展中的戏剧的中心主题——这里反复出现摩西对在位的法老的恳求“让我的人民走吧，”法老再三拒绝同意那个请求——不顾神的连续十个惩罚。为什么？为了得到一个看起来有道理的答案，我们需要向这个展开的戏剧插入空间联系。

在他们向北推进的过程中，埃及人通过海路穿过西奈半岛行军。一条沿地中海海岸穿过神的第四区域的通道（后来罗马人称作“通过玛丽斯之路”），实际上并未进入西奈半岛。然后，经过迦南向北前进，埃及人多次抵达黎巴嫩的雪松山，并在卡叠什——“圣地”发生战斗。我们认为，那些战役是为了控制这两个神圣的连接太空的着陆点——在迦南以前的使团控制中心（耶路撒冷）和黎巴嫩的登陆地。例如，法老图特摩斯三世在其战争史中谈到过耶路撒冷，他将其视为“到达地球外部尽头的地方”——一个“地球之脐”——而派兵镇守。他将他的战役描述得还要向北一点，他记录了在卡叠什和那哈尔的战役，并且谈到拿下雪松山——“支撑天堂神柱”的“神地之山”。通过它们的空间相关属性，这些术语明白地确认了这两个地点，他要求占领这两个地点“是为了伟大的神，我的父亲拉／亚蒙”。

出埃及的目的何在？用《圣经》里上帝自己的话说，是为了恪守他向亚伯拉罕、艾萨克和雅各布许下的誓言，以将以下土地作为福地授予他们的后代作为“永恒的遗产”（《出埃及记》6：4-8）：“从埃及小河到这伟大的幼发拉底河”；“迦南的整块陆地”（《创世记》15：18，17：8）；“西山……迦南和黎巴嫩的陆地”（《申命记》1：7）；“从这沙漠到黎巴嫩，从幼发拉底河到西海”（《申命记》11：24）——甚至“到达天堂的神圣之地”，其中“安纳吉姆的后代”——阿努纳奇人——仍居住下来（《申命记》9：1-2）。

在 Har Ha-Elohim（“神圣之山”），以色列人的第一次停留之地，神重申了向亚伯拉罕的誓言。《圣经》里反复提及（《诗篇》48：3），以色列人的使命就是去固定下来并占有其他两个连接太空的着陆点，一个在耶路撒冷，《圣经》里将该山——锡安山称作 Har Kodshi，“我的神圣之山”，以及另外一个，在黎巴嫩的顶部，《圣经》里称为 Har Zaphon，“神秘的北山”。

福地显然包含那两个连接太空的着陆点；其沿 12 个部落分开，耶路撒冷区域授予了便雅悯和犹太部落，现在这块地域从黎巴嫩一直延伸到阿叙尔部落。摩西死前，在给这些部落的遗言中，提醒阿叙尔部落，北方连接太空的着陆点就是在他们自己的土地上——而不是在别的地方，他说他们将看到“云骑士向天堂飞升”（《申命记》33：26）。除了分配领土外，摩西的话还暗示此地的功能，在将来会用于向天堂飞升。

清楚而特别强调的是，以色列的儿女将是阿努纳奇人这两个剩下的连接太空的着陆点的管理者。在西奈山，在有记录的最伟大的神出现的情况下，神重申了与挑选执行此次任务的人们的盟约。

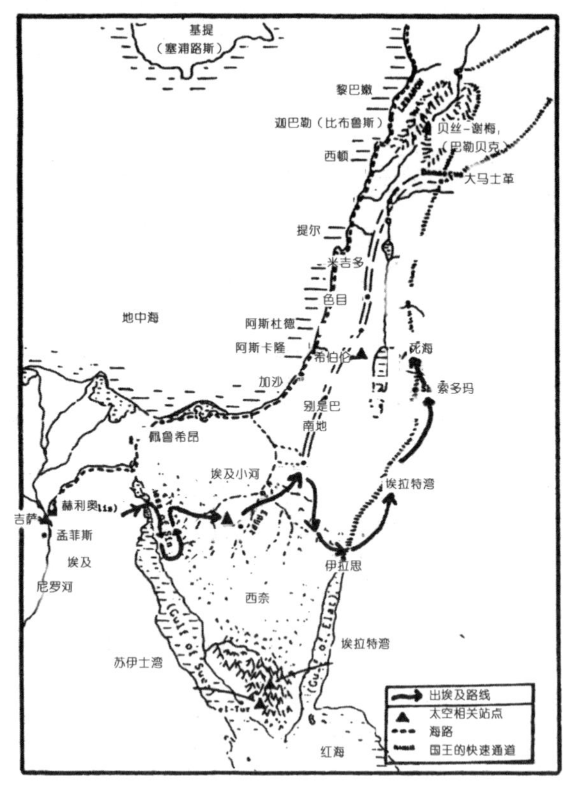

图65

当然，神在那里的出现并非偶然。从《出埃及记》的开篇起——当神拜访摩西并委派他出埃及的任务时——在西奈半岛的那个地点就占据了中心位置。我们从《出埃及记》3：1 中了解到这件事发生在“神圣之山”——与阿努纳奇人有关的一座山。出埃及的路线（见图 65）是由神决定的，以色列人民“白天用烟柱，夜晚用火柱”标示出了这条路线。《圣经》清楚地表明，以色列的儿女“根据耶和华的指示在西奈的荒野旅行”；在旅行的第三个月，他们“抵达了此山的对面并在此扎营”；三天后，耶和华通过他的卡博德（荣耀之意）“从西奈山上下来，并将所有人民收入眼帘”。

同样是这座山，火箭船升起并降落于此，到达这里的吉尔伽美什称之为“马舒山”；也同样是这座山，拥有“通向天堂的双扇门”，埃及法老穿过此门，也就踏上了在“数百万年行星”上的仙班之列的天国之旅。此山横跨以前的太空站，而且是神向挑选出去守卫那两个剩下的连接太空的着陆点的人们重申盟约的地方。

※

在摩西死后，当以色列人正准备跨过约旦河时，神向新首领约书亚重申了福地的边界。包含连接太空的着陆点的边界，显然包括了黎巴嫩。《圣经》里的神向约书亚说道：

> 现在出发跨过约旦，
> 你和所有的人民，以色列的儿女，
> 到达我一定会给你们的土地。
> 我已经把你们的脚即将踏上的每块土地给了你们，
> 正如我已向摩西说过的那样：

从这沙漠到黎巴嫩，

从这伟大的河，在希泰国的幼发拉底河，

到这伟大的海，太阳落下的地方——

那将是你们的边界。

——《约书亚》1：2-4

在《圣经》里的这块土地发生了如此多的政治、军事及宗教冲突，《圣经》自身也在过去及将来起了关键作用。必须指出《圣经》里上帝关于这块福地的警告。从南方的荒野之地到北方的黎巴嫩区域，从东方的幼发拉底河到西方的地中海，上帝将这个边界再次向约书亚确认了一遍。上帝说："那些区域是许诺给你的。"但要成为实际授予的土地，必须通过占领的方式获得。类似于最近探险家的"插旗标记"，以色列人占领并保持了他们实际涉足的土地——"用他们的脚掌标记"；因此，神命令以色列人不要去等候及拖延，而要跨过约旦并且勇敢而有序地定居在这块福地。

但是，当在约书亚领导下的12部落将迦南人征服并安居下来时，他们仅仅占领了约旦东部的部分区域。如果考虑到这两个连接太空的着陆点如此地远，那么它们的故事将完全不同：耶路撒冷——（《约书亚》12: 10, 18: 28）特别列出的——牢固地掌握在便雅悯部落的手中。但是他还在犹豫是否向北行军，进而获得在黎巴嫩的登陆地。后来涉及这个地点的《圣经》称其为"乍缝之巅"（"神秘的北方之地"）——在这块区域的居民，迦南腓尼基人也这样称呼（迦南史诗相信它是神阿达德——恩利尔的小儿子的神圣之地）。

在"耶利哥的对面"，在几个奇迹帮助下，以色列人横跨了约旦河。设防的城市耶利哥（约旦西部）是以色列人的第一个目标。其城墙被攻破及其陷落的故事在《圣经》里被提及：尽管戒律不准拿走战利品，但一个以色列人仍抵挡不住诱惑而去"保持一个有价值的希纳尔（希伯来语中称苏美尔人为希纳尔）的外貌”。

耶利哥及其南方的 Ai 城的攻陷，打开了以色列人通向其最重要的目的地耶路撒冷的通道，使团控制中心曾位于此处。亚伯拉罕及其后裔的任务和上帝与他们订立的盟约，绝没有忽视那个地点的中心性。正如上帝向摩西所言，他的俗世居所将是在耶路撒冷；现在这个预言能够实现了。

攻下通往耶路撒冷的路上的城市以及环绕耶路撒冷的丘陵城镇，出乎意料地艰难，首先因为其中一些，尤其是希伯伦，居住着“安纳吉姆的儿女”——阿努纳奇的后裔。我们将回想起，当西奈太空站在至少六个世纪前就被铲平时，耶路撒冷也停止了作为使团控制中心的功能。但是根据《圣经》记载，已定居于此的阿努纳奇人后裔，仍然居住在迦南的那个部分。与其他四个城市王结盟，耶路撒冷王亚多尼比色阻止了以色列人的前进。接着发生在耶路撒冷正北阿亚兰山谷的吉比恩战役，正好发生在很特别的一天——地球静止日。那天较好的方面是，“太阳停止，月球静止”，使以色列人能够赢得那场关键的战役（此地夜间多持续了 20 小时，而在地球另一侧的美洲，此时发生了相反的状况。我们在《失落的国度》讨论过这件事）。在《圣经》看来，上帝自己确信，耶路撒冷将落入以色列人手中。

在大卫的王位确立后不久，神就命令大卫去清理摩利亚山顶的平台以将它献给耶和华神庙。自所罗门在那里修建神庙以来，耶路撒冷／摩利亚山／圣殿山就一直保持着唯一的神圣性。事实上，并没有其他的解释说明为什么耶路撒冷——这个既不在交通要道，也远离水道，而且还缺乏自然资源的城市——能够自古代就被垂涎及神圣化，被认为是一个独一无二的城市，一个“地球之脐”。

在《约书亚》第十二章中给出的攻陷城市的名单中，耶路撒冷排在第三，排在耶利哥和 Ai 之后，成为牢牢地掌握在以色列人手中的城市。但在北方，连接太空的着陆点的故事却不大一样。

黎巴嫩的雪松山分为两个山脉，西部的黎巴嫩山脉和东部的前黎巴嫩山

图66

脉。分开两山脉的贝卡山谷，自迦南时期就以“上帝的裂缝”或者巴力贝卡著称于世——因此，登陆地（面对山谷，在西部山脉的边缘上）的当前名称为巴力贝克。当《约书亚》中列出的“北山”国王被击败后，以色列人夺取了“在黎巴嫩山谷中”的一个叫巴力卡德的地方，但“在黎巴嫩山谷”的巴力卡德是否只是巴力贝卡的另外一个名字就不好确定了。《士师记》1：33 告诉我们，拿弗他利部落并没有剥夺伯示麦（“太阳神沙马氏居所”）居民的继承权，这能给那个地点一些参考，因为后来的希腊人称此地为太阳城（尽管后来在大卫和所罗门的领导下，疆域扩展到包括伯示麦，但这只是暂时的）。

以色列人在北方的连接太空的着陆点确立霸权的初始失败，使得该地点对其他人而言“可以获得”。在出埃及一个半世纪后，埃及人试图占领那块“可以获得”的登陆地，但遭到了希泰族军队的反抗。这场大规模的战役在卡纳克神庙的墙上有文字和插图记载（见图 66），这就是著名的卡叠什之战，以埃及的胜利结束。但这场战争耗尽了两国国力，以至于将登陆地留给了当地统治提尔、西顿和比布鲁斯（《圣经》里叫迦巴勒）的腓尼基国王。（先知以西结和阿莫斯将登陆地称作“神地”，又称作“伊甸园之居”，并认为它属于腓尼基人。）

公元前 1000 年的腓尼基国王十分清楚登陆地的重要性和意义——从来自比布鲁斯的一枚腓尼基硬币上的描述可以证实（见图 55）。先知以西结（28：2，14）告诫提尔国王说：你不要以为你到过圣地耶洛因，你就傲慢地认为自己已经变成了神：

……

你已到了一座神圣的山，

像一个神一样，你在炙热的石头里移动……

你变得傲慢，说：

“我是一个神，我在耶洛因之地”；

但你只是一个人，不是神。

此时先知以西结在哈布尔河的哈兰附近的“古老之国”流放，看到了上帝的圣像和天上的战车，一个“飞碟”，但这个故事必须放到后面的章节再讲。这里最重要的就是要注意那两个连接太空的着陆点，只有耶路撒冷被耶和华的追随者保留着。

※

《希伯来圣经》的前五卷书，即《摩西五经》（“教义”），涵盖了从创世、亚当和诺亚到《创世记》里的始祖和约瑟夫的故事。其他四卷书——《出埃及记》《利未记》《民数记》和《申命记》——一方面讲述了出埃及的故事，另一方面列举了耶和华新宗教的规章制度。一个拥有新的、“僧侣”似的生活方式的新宗教旗帜鲜明地登台了：“你们既不应像你们在曾生活过的埃及那样生活，也不应习惯于我带给你们的迦南的这块土地；你们既不应该像他们一样生活，也不应该遵守他们的法令。”（《利未记》18：2—3）

建立起信念基础（“除了我之外你们不可有其他的神”）以及仅仅用《摩西十诫》就建立起伦理道德准则后，后面逐页详细讲述了饭食要求、祭祀仪式规则及祭衣、医学教导、农业指令、建筑规章、家庭及性举止规章、财产及刑法等等。它们事实上展现了在每个科学学科方面的非凡的知识，对五金及纺织品加工的专业化，对法律系统及社会问题的熟知，对土地、历史、海关和其他民族的神的通晓——以及一定的数字逻辑和参数选择。

以“12”为主题——就像以色列的 12 个部落或者以 12 个月为一年——是十分明显的。对“7”的偏好也是很明显的，尤其在节日及宗教仪式方面最显著，确立 7 天为一周并将第 7 天作为安息日用于祭祀。“40”是个很特别的数字，因为摩西在西奈山上度过了 40 个日日夜夜，或者说，命令以色列人在西奈的荒野上游荡了 40 年。从苏美尔人的传说中，我们熟悉了这些数字——太阳系的 12 个天体和尼普尔的 12 个月历法；7 是地球的行星数（将在外侧的阿努纳奇计算在内），并且恩利尔为地球的统治者；40 为恩基的等级数字。

数字“50”也出现了。50，正如读者所知，具有很多“敏感”的方面——它是恩利尔的初始等级数字以及他的继承人——尼努尔塔的等级；更重要的是，在出埃及的日子里，它对马杜克和他的 50 个名字具有象征意义。另外还需注意的是，我们发现“50”被赋予了特别的重要性——用于创造一种新的时间单位，50 年，“大赦年”……

当尼普尔历法被明确地采纳为节日和其他以色列宗教仪式的历法时，对第 50 年做了特别的规定，取了个特别的名字，即“大赦年”：“你将迎来一个神圣的 50 年”（《利未记》25 章）。在这一年里，人们将获得空前的自由。在 7 个 7 年里，人们将统计 49 次新年赎罪日；在其后这年——第 50 年的赎罪日，公羊角的号声将响彻大地，向这块土地及所有居住在这块土地的人民宣告自由：人们应该回到家中，财产应该回到它们的初始主人那里——所有的土地及房屋销售应该赎回及撤销，奴隶（在所有时候都被当雇用的帮工对待！）应该释放，以及通过在那年休耕，让土地本身得到自由。就像“自由之年”的概念是如此地新奇与独特，选择 50 作为历法单位看起来也同样古怪（我们采用

100——一个世纪——作为一个便利的时间单位）。给这个 50 年一次的年的名字就更加有趣了，在《希伯来圣经》里，翻译成“50 年”的词“Yovel”，意为“公羊”。所以你可以说颁布的是“公羊之年”，通过公羊角的号声宣布。选择 50 作为新时间单位及其名字的选择，带来了一个不可避免的问题：在涉及马杜克及其公羊年代的后面有隐情吗？

以色列人被告知去保持计数“50 年”，直到某些重要的神圣事件发生，这些神圣事件或涉及公羊年代，或涉及 50 等级的持有人——就在那时，万物应该转向一个新的开端？

在那些《圣经》的章节里找不到明显的答案时，人们就不可避免地在世界的另一侧，追踪有意义的及十分类似的年单位来寻找线索：不是 50，而是 52。这是中美洲羽蛇神的秘密数字，羽蛇神根据阿兹特克及玛雅神话给予中美洲人以文明，包括他们的三种历法。在《失落的国度》里，我们已将羽蛇神与埃及神透特同等看待，羽蛇神的秘密数字是 52——一个基于历法的数字，因为它代表了在一个太阳年的以 7 天为一周的 52 周。

三种中美洲历法中最古老的是长历：从学者们已确认的公元前 3113 年 8 月 13 日作为“第一天”开始计算天。除这个连续而又线性的历法外，这里还有两种循环历法。一种是哈伯历，该太阳年历具有 365 天，分成每月 20 天的 18 个月外加年末附加的特殊的 5 天。另一种是卓尔金历，一种具有仅仅 260 天的宗教历法，以 20 天为单位循环 13 次。这两种循环历法随后融合在一起，像两个啮合的轮子（见图 67），创造了 52 年的宗教轮回，两种计数回到它们共同的起点时，又重新开始计数。

52 年一“捆”，这是一个最重要的时间单位，因为它关系羽蛇神的许诺，羽蛇神在某一时刻离开中美洲，在他的宗教年归来。中美洲人因此习惯于每 52 年聚集在山上去期待着许诺的羽蛇神的归来（在一个宗教年，公元 1519 年，一个面容苍白、长有胡须的西班牙人赫南多·科尔特斯在墨西哥尤卡坦半岛海

图67

岸登陆，阿兹特克国王蒙特苏玛把他当归来的神欢迎。这是一个昂贵的误解，正如我们现在所知）。

在中美洲，“捆年”用于对许诺过的“归来之年”的倒计时，那么问题是，“50 年”也是用于类似的目的？

在探索答案时，我们发现，当线性的 50 年时间单位与黄道循环单位 72 相乘时——时间要求一度的偏移——我们得到 3600（50×72 = 3600），这是尼比鲁（数学上）的轨道周期。《圣经》中的上帝会说：“当你进入福地，就开始了归来的倒计时”，是通过将 50 年历法和黄道历法与尼比鲁的轨道相联系？

两千年前的某个时候，在弥赛亚狂热时期，公认 50 年是一个神圣得令人鼓舞的时间单位，可以用于预知未来——用于计算啮合的时间之轮什么时候将宣布归来。这个公认，对最重要的后圣经书之一——《禧年书》奠定了基础。

尽管现在只能得到它的希腊语版本和后来的译本，但最初它是用希伯来语写的，这从在死海古卷中发现的碎片可以确定。基于稍早时期的另外论述和神圣的传统，它根据基于 50 年为时间单位的历法，重写了《创世记》和部分的《出埃及记》。所有学者都同意，《禧年书》是在罗马人占领耶路撒冷的时候，希伯来人期待救世主的一个产物，其目的就是提供一种方法，预知弥赛亚何时归来——世界末日何时发生。

这正是我们曾从事的任务。

第十章

地平线上的十字架

在以色列人出埃及后约 60 年，非同寻常的宗教进展在埃及发生了。一些学者认为，这些进展是为采用一神教而做的尝试，这也许是在西奈山启示的影响下而发生的。学者们知道的是，在法老阿孟和蒂四世统治期间，法老离开了底比斯和它的神殿，放弃了对亚蒙神的礼拜，而宣称阿托恩是唯一的造物主。

但我们将表明，这并不是一神论的附和声，而是预期中的归来——十字架行星的归来——的另一个先兆。

被讨论的法老王有个更出名的名字——“阿托恩的仆人”，这个名字是他自己取的。他所建立的新首都与宗教中心名叫阿凯特阿顿（意为“地平线上的阿托恩”），它现在的名字特勒阿玛纳更为人所知，在此地，人们发现了著名的古代王室间的通信存档。

古埃及著名的第十八代王朝的子孙阿肯纳顿的统治，从公元前 1379 年持续到公元前 1362 年，他的宗教革命没能持续。底比斯的亚蒙神僧侣反对宗教革命，大概是因为革命剥夺了他们已有的权力与财富；当然，也可能是出于他们真诚的宗教信仰，因为阿肯纳顿的继任者（名叫 Tut-Ankh-Amen）恢复了在名字中包含“拉／阿蒙”来表示名字的神性。阿肯纳顿一去世，新首都连同其神殿和庙宇一同被夷为平地。不过，考古学家发现的残存遗迹，使阿肯纳顿和他的宗教展现在人们面前。

认为对阿托恩的崇拜是一神论形式——崇拜宇宙唯一的造物主——的观点，主要根植于已发现的一些对阿托恩的赞美诗。它们包含像这样的句子：“噢，唯一的主，你是唯一的主……你创造了世界。”事实上，与埃及文化相悖，严厉禁止以人的形象来代表神的说法，听起来就像耶和华在《摩西十诫》中的诫令，诫令中反对“雕刻偶像”以崇拜。更明显的是，阿托恩赞歌的一些部分，读起来就像圣经《圣歌》的克隆：

噢，不朽的阿托恩
你所造的何其多！
它们藏在人类的视线之外
噢，唯一的神，除你之外，别无他神！
你造出了地球，依照你的意愿
你是唯一的神

著名的埃及古物学者詹姆斯·H. 布雷斯特德把上述诗句与圣经《诗篇》第 104 篇做对比，其中写道：

噢，伟大的主
你所造的何其多！
都是用你的智慧造的
遍地是你的财富

这种相似性，不但体现为埃及赞歌与圣经《诗篇》的相互雷同，而且因为两者所赞美的都是同一个天神——苏美尔的创世史诗中的神、来自尼比鲁的神，他创造了天地，给予了地球“生命的种子”。

事实上，每本关于古埃及的书都将告诉你，阿肯纳顿使之成为崇拜对象的“阿托恩”，代表着仁慈的太阳。但这样一来，以下事实将显得很奇怪：埃及的神殿建筑是以东南—西北向修建，从而朝向至日点的，而阿肯纳顿使阿托恩神殿建在东—西轴上，并朝向西方，背对着日出方向。如果他期望天神从与日出方向相反的方向降临，这个神便不会是太阳神。

对赞美诗仔细研读后可以发现，阿肯纳顿所崇拜的“星神”不是作为“不可见者”，即亚蒙神的拉，而应该是另一种拉：它是“从远古而来……重生了”的天神，它在其光辉中重现，它是“远去并归来”的天神。以日作为时间单位，这些话确实可以代表太阳，但如果时间单位取得更长，这话便应该是将尼比鲁描述成了拉：正如赞美诗所言，它确实是变得看不见，因为它“消失于天际”，因为它去了“地平线之后，九天之上”。现在，阿肯纳顿宣布，带着它的全部荣耀，它归来了。阿托恩的赞美诗预示着它的重现：它归来，“美丽地出现在地平线上……闪闪发光，美丽而强壮”，引导“和平而仁爱的时代”来到。这些话清楚地表明了弥赛亚预言与太阳无关。

多种对阿肯纳顿的描述被用来证明“阿托恩就是指太阳”的解释；他们展示他和他夫人向一颗发光的恒星祈祷，被它保佑（见图 68），这颗星便是太阳。大多数埃及古物学者认为，赞美诗确实把阿托恩当成了拉，相信拉代表太阳的古埃及学者便认为阿托恩代表了太阳；但如果拉是马杜克而天神马杜克是尼比鲁的话，那么阿托恩便代表尼比鲁而非代表太阳了。更多的证据来自天体图，它们中的一些被画在棺材盖上（见图 69），这些画清楚地描绘了黄道十二宫，闪耀的太阳，以及其他太阳系成员；但是行星拉，这个“数百万年的行星”被描绘成了一颗额外的行星，在巨大的三桅帆船之间，居于太阳之上，并在其中

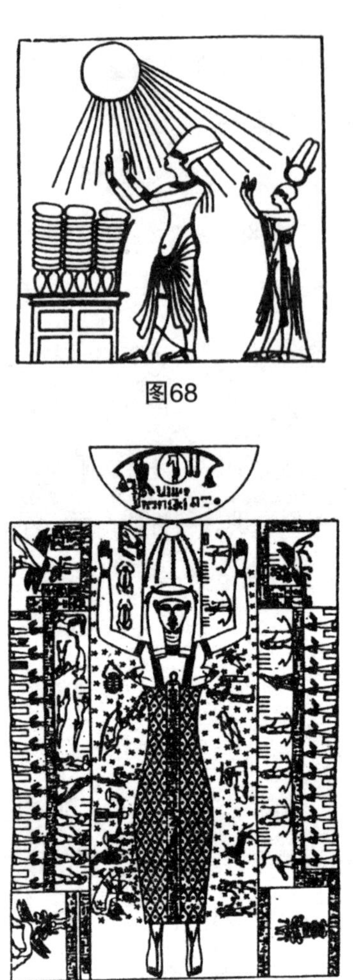

图68

图69

写有象形文字“神”—— 阿肯纳顿的“阿托恩”。

那么，阿肯纳顿对官方正统宗教的变革，或者说背离是什么呢？在本质上来说，他的“背离”和发生在720年前的古老争论相似。于是，问题归结为：马杜克/拉代表至高权力的时代来了吗？白羊座时代来临了吗？阿肯纳顿把天时间（黄道时间）改成了神圣时间（尼比鲁的运行时间），于是问题变为：不可见的天神何时得以重现——“在地平线上美丽地出现”？

在亚蒙神的僧侣眼中，阿肯纳顿的异端行为有以下事实来判断：他竖起

图70

了一个特别的纪念碑，以示对本本石的尊崇，本本石是数代前被人尊崇的拉来到地球用过的（见图 70）。这是一个暗示，我们相信，暗示了他所期望的是重现与归来，不是神的行星的归来，而是神们自己的降临！

我们必须做出结论：这个暗示便是阿肯纳顿所做出的变革。他挑战已有僧侣阶层的权威，并在他们那里过早地宣称了弥赛亚时间的来临。而阿肯纳顿发表阿托恩回归的声明，更加重了这种异端行为，他越来越把自己看作神的后代，看作先知，“降生于神的体内”，他独自的神圣计划被透露了：

无人知晓你
除了你的儿阿肯纳顿
你使他明晰你的计划

这，对底比斯亚蒙神的僧侣们来说，是不能接受的。当阿肯纳顿去世后（他的死因并不清楚），他们恢复了对亚蒙神——这个不可见者的崇拜，打碎了阿肯纳顿所造的一切。

※

在埃及发生的这段关于阿托恩的插曲，正如大赦年的前奏“白羊座之年”

一样，显示了对天神归来之期待的激动之情，而这在另一个提到白羊座的圣经文献中有明确记载，在另一本《归来倒计时》中也表现得很明显。

这本书记录的是在以色列人出埃及快要结束时发生的一个不寻常的事件。这是个充满了疑问的传说，它以一个神授的幻境结束，在幻境中，有物来临。

《圣经》不停宣称，通过用检查动物内脏、与灵魂交流、占卜、施魔法、咒语以及撰写命书等方式而作的预言，都被"耶和华所憎恶"，这些行为都被其他国家采用，但却是以色列人必须避免的。同时，它引用耶和华的话宣称，托梦、神谕、显圣需要经由与神交流而得来才合法。这样一个特点，可以解释为什么《民数记》用了整整三大章（第二十二至二十四）来讲述——充满赞许地讲述一个非以色列人先知的故事。他的名字叫巴兰，在英文版《圣经》中写作 Balaam。

这些章节描述的事件，发生在以色列人（在《圣经》中叫"雅各布的儿子"）正离开西奈半岛之时，他们在东边绕死海前行，前往北方。当他们前行到一个占据了死海之东土地及约旦河的王国时，摩西向其国王请愿，希望能让以色列人平安地通过，而这个请求被拒绝了。于是，刚击败了不让他们平安通过的亚门人的以色列人，现在又"在莫阿布平原，约旦河边，对着耶利哥安营"，等待莫阿布人的国王准许他们平安通过其土地。

莫阿布国王巴勒——西拨的儿子——一方面不愿让这"游牧部落"通过，一方面也害怕与之作战，正在为这个矛盾而苦恼时，他突然有了一个好主意。巴勒派遣使者去邀请国际知名的先知，比珥的儿子巴兰，请巴兰"对这些人施以诅咒"，好让他更有可能打败以色列人，将以色列人赶走。

经过多次恳求后，巴兰才接受了这项任务。起初是在巴兰的家里（也许是靠近幼发拉底河的地方），然后是在去莫阿布的路上，上帝的一个天使（在希伯来语中叫作 Mal'ach，意为"使者"）出现并参与了此次行动；他时而现身时而隐藏。这个天使允许巴兰接受此任务，前提是巴兰要答应一些条件。但令人疑惑的是，在莫阿布国王大使及国王本人面前，巴兰都把耶和华称作“我的上帝”。

一系列神谕的设置继而被安排好了。巴勒领巴兰到山顶，使巴兰可以看见以色列营的全貌。巴兰叫巴勒在这里为他筑七座坛，为他预备七只公牛、七只公羊作为牺牲，然后等待神谕。但巴兰并没有诅咒以色列人，而是祝福了他们。

顽固的莫阿布国王又把巴兰领到了另一座山上，从那里可以看见以色列营的边界，并做了同样的事。但同样地，巴兰祝福了以色列人，而非诅咒他们：我看见长有羊角的神保护他们，领他们出埃及，他说，以色列挺身如狮，以色列必要振兴。

坚持要再试一次的国王又领巴兰到一座山上，面对着沙漠，背对以色列营：“也许神会让你在这里发出诅咒。”国王说。在此又筑了七座坛，预备了七只公牛和七只公羊做牺牲。但这次神的灵降临在巴兰身上，他通过“神的眼力”看以色列人和他们的未来。再一次地，他看见以色列人的国家是被保佑的，长有羊角的神领他们出埃及，看见以色列国“像狮一样，必将振兴”。

当莫阿布国王表示抗议时，巴兰说无论给他多少金银珠宝，他都只能遵守上帝的命令。国王沮丧极了，只好让巴兰离开。但此时巴兰给了国王免费的忠告，“让我告诉你未来将发生什么”，他对国王说，“我来告诉你你的国和你的人民日后将受到怎样的对待”。然后，他继续描述了通过“神的眼力”见到的未来情景，这和一颗“星”有关：

> 我看见它，虽不在现在
> 我望见它，虽不在近日
> 有星要出于雅各布
> 有杖要兴于以色列

必打破莫阿布的四角

必毁塞思之子

——《民数记》24：17

巴兰又举目望向以东人、亚玛力人、基尼人以及迦南其他的民族，然后讲出了神谕：在雅各布的神谴中幸免的，将落入亚述之手；亚述的报应也将到来，它终必沉沦。宣称了这个神谕后，“巴兰起来，回他本地去了；巴勒也回去了”。

虽然巴兰的这段故事一直是圣经学者和神学家讨论的话题，但它仍然让人迷惑不解。《圣经》在提到耶洛因（《旧约圣经》中对上帝的称呼之一）时，自然地在复数形式的“神”和耶和华——这唯一的主——之间转换。这是对《圣经》中上帝——带以色列人出埃及的上帝——的“形象禁令”的严重违背，此外，将他描述为“带角的公羊”的形象，也违背了《圣经》的禁令，而这个形象是埃及人对亚蒙神的描述（见图 71）！而且，《圣经》对这个通过占卜、施咒而做预言的先知，采取了赞许的态度，也使人感到这整个故事起初是“非以

图71

色列人”的故事，是《圣经》编入了它，充实了它，所以整个事件必须被看作是以色列人拥有福地的前奏。

文中暗示巴兰是阿拉姆人，居住在靠近幼发拉底河的地方；他预言的内容很广，从雅各布子孙的命运到其他国家的未来都有涉及，他的预言甚至涉及遥远的亚述王国。因而在当时，这些神谕是更广泛的非以色列民族期望的表白。这个故事后，《圣经》将以色列人的命运和人类的普遍前程结合起来了。

巴兰的故事暗示我们，这些前景是通过两种途径引导的：黄道带循环和回归之星的运行。

在以色列人出埃及时，黄道带明显地与白羊座时代有关，并成了像巴兰预测未来般的预言：把公牛和公羊用来代表黄道宫（“预备七只公牛、七只公羊做牺牲”），狮子也被用到（“当王的号角声出现在以色列人中间”，《民数记》第二十三章）。在预言将来时，巴兰用了意义重大的词“完结日”，来作为预言变为现实的时间，分别提到了 12 个以色列部族的这些预言，普遍地认为它们与 12 个黄道宫有关。

而雅各布之星又怎样呢？巴兰清晰地见到了它。

在关于《圣经》的学术讨论中，通常最多以占星学上而非天文学上的意义来看待它，并且经常把“雅各布之星”看成是纯粹的比喻。但为何以一颗运行在其轨道上的“行星”的形象来描述它呢？一颗虽然看不见但预言可见的行星？

如果巴兰像阿肯纳顿一样，提到尼比鲁的归来与重现，那他又讲了些什么呢？我们必须认识到，“归来”是几千年前发生的一件非同寻常的事，那次事件是人神之间关系的分水岭。

※

这不单单是个反问。事实上，这不断演变的事件，暗示着一场不可抵挡的事变就快发生。在出埃及记、巴兰、阿肯纳顿统治的埃及以及巴比伦的故事中，我们找到的大约一个世纪内关于回归行星的预言本身就是证据，证明这个广泛散布的预言，其中最显著的线索便是十字架标志。

在巴比伦，这个时间是在喀西特的朝代，我们在前文提到过它。他们在巴比伦的统治留下的遗迹很少，他们的国王也不善于保存其王朝的档案。但他们的确留下了带有其信息的文字——写在泥版上的与别国的通信。

这个著名的《阿玛纳泥版书信》，发现于阿肯纳顿的首都阿凯特阿顿，这地方现在是为人熟知的埃及特勒阿玛纳。这 380 个泥版，除了三个以外，全部是用阿卡德语书写的，这种语言是那时的国家外交用语。有些泥版是来自埃及朝廷的王室书信复制品，而大多数是从外国送来的原始信件。

这是阿肯纳顿的王室外交存档文件，而这些泥版通信主要是他从巴比伦王那里收到的！

那么，阿肯纳顿是用这些信件跟巴比伦的国王说他新建立的阿托恩宗教么？对此我们真的不清楚，因为在巴比伦王给阿肯纳顿的所有信中，巴比伦王只是抱怨了给他的黄金分量不够，抱怨他的大使在前往埃及的途中被抢劫了，或是抱怨埃及王没有关心他的健康状况。两国间大使经常互访，甚至相互联姻，巴比伦王也把埃及王称作“我的兄弟”。而这些关系使我们确信，巴比伦的僧侣集团肯定对埃及发生的宗教变革很清楚；如果巴比伦想知道“归来之星拉”是什么，那么他们一定能联想到，这和“作为归来之星的马杜克”有关，即与尼比鲁的回归轨道有关。

美索不达米亚的天文学观测传统比埃及深厚且先进得多，所以，巴比伦的御用天文学家当然可以独立得出关于尼比鲁回归的结论，而无须埃及的帮助，甚至比埃及更早得出结论。不管怎样，在公元前 13 世纪，巴比伦喀西特王朝的国王们开始用各种方式发出信号，表明他们的宗教基础发生了变革。

图72

在公元前 1260 年，一个新的国王继承了巴比伦的王位，他的名字叫卡达什曼 - 恩利尔，这个令人惊异的名字包含了对恩利尔的尊崇之意。这样的名号没有消逝的迹象，在下一世纪，继承他王位的喀西特国王们所用的名字不仅包含了恩利尔，还包含了阿达德，这是一个希望调和众神间关系的表示，十分令人惊异。而更加非同寻常的是，在一块叫作库都鲁（意为“圆形的石头”）的纪念碑上发现的证据——库都鲁是作为界碑而竖立的。碑上记有说明边界条约（或领土条约）的条款以及相关宣誓。库都鲁还被天上神祇所作的符号神圣化。这神圣的黄道宫符号——全体 12 个符号——经常被描绘出来（见图 72）；在它们之上运行的是太阳、月亮及尼比鲁的象征符号。在另外的描绘中（见图 73），尼比鲁与地球（第七行星）以及月亮（宁马赫）切断脐带的象征一起出现。

意味深长的是，尼比鲁不再被描绘成有翼的圆盘形象，而是画成了辐射

图73

图74

图75

状十字架——这个形象与苏美尔人在“古昔时候”的描述相符合：一颗发光的行星变成了“十字架状的行星”。

以辐射状十字架来表示长期不可见的尼比鲁的方式，变得越来越普遍，不久之后，巴比伦的喀西特国王们就直接在其王室印章中，用十字架标志代替了有翼圆盘的符号（见图 74）。这个十字架符号，看起来与很久以后基督教的“马尔他十字形”相似，它在研究古雕刻的领域里被称作“喀西特十字形”。如其他描述所暗示的那样，这个十字形所代表的星球和太阳明显不一样，太阳与新月及六星形的火星一起，被单独地描绘出来（见图 75）。

自公元前 1000 年以后，尼比鲁的十字架符号已从巴比伦王国传播到了附近国家的印章设计上。在缺乏关于喀西特宗教与文学的文字记录的条件下，我们只能猜测：弥赛亚的期待已经伴随着这些变化而来。当时的描述强调了巴比伦附近恩利尔家族的国家——亚述、埃兰对马杜克权威的凶猛攻击。这些攻击未能阻止十字架符号在亚述自身被使用。像王室纪念碑展现的那样，这十字架被亚述国王们戴在胸前靠近心脏之处（见图 76），同现在虔诚的天主教徒佩戴十字架的方式一样。无论从宗教意义还是天文学意义上讲，这都是一个明显的

图76

标志。在埃及，这种做法也很普遍，埃及国王也同亚述国王一样，把十字架佩戴于自己胸前（见图 77）。

图77

※

选择十字架标志作为尼比鲁的象征，在巴比伦、亚述以及其他地方，并不是令人惊异的变革。这个标志以前就被苏美尔人和阿卡德人用过。“尼比鲁——让‘十字架’成为它的名字！”《创世史诗》如是说。此后这个符号，十字架，在苏美尔雕塑中被用来表示尼比鲁，但那时它通常表示尼比鲁归来。

《吉尔伽美什》与《创世史诗》，叙述了在经历与提亚玛特间的天穹之战以后，这个侵略者再绕太阳运行一周后，又回到了战斗中。因为提亚玛特是在黄道平面内绕太阳运转的（如太阳系行星的其他成员一般），所以这个侵略者一定会在天穹上回归；在一周又一周地运行后，它又穿越了黄道平面。想表现这一点，一个简单的方法就是画出著名的哈雷彗星的轨道（见图 78），这就像尼比鲁行星轨道的缩小版本：它的倾斜轨道把它从南方、从黄道面之下、从靠近天王星的地方带来，带到靠近太阳之处。尼比鲁的轨道在黄道面上拱起，它对

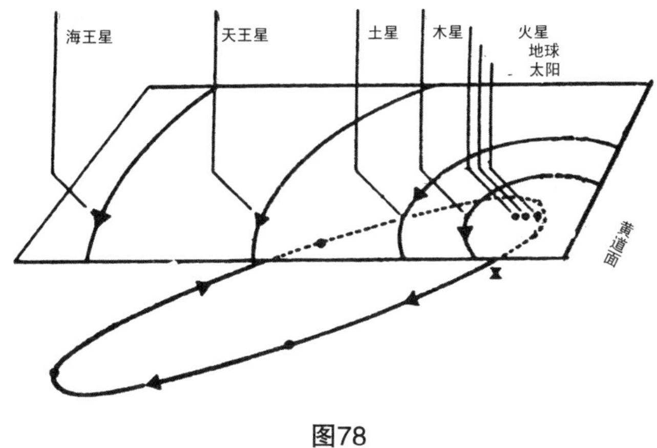

图78

土星、木星及火星打个招呼，然后在太阳处掉头；之后，它向下运行，在靠近尼比鲁与提亚玛特之间的天穹之战发生的地方——这个十字口（标记为“X”），它穿过黄道面，然后离开，在运行一周后，它又会归来。

天穹上的那个地点，就是十字口。于是，《吉尔伽美什》宣称，阿努纳奇人的行星便是十字架行星：

尼比鲁行星啊：
天穹和地球的十字路口
将被你占据……
尼比鲁行星啊：
你占据着中心……
尼比鲁行星啊：
在提亚玛特之中穿越
你从不疲倦
让“十字口”成为你的名字！

叙述了人类传奇中标志性事件的苏美尔文献指出了特别的迹象，这迹象与阿努纳奇人的行星周期性的出现有关，它的周期大约是3600个地球年，它的出现一直是地球和人类历史的关键点。在这特殊时期，这颗行星被称作尼比鲁，以十字架作为它的雕刻形象——甚至在更早的苏美尔时期也是这样。

那个记录从大洪水开始，大洪水与那场分水岭似的灾难相联系。几种与大洪水相关的文献都把洪水和天神尼比鲁的出现联系起来，尼比鲁于狮子座时代出现（大约是公元前10900年）——其中一种文献说道，“它是测量水深的狮子星座”。其他的文献也描述了在大洪水时代，尼比鲁如一颗辐射状的星球出现在人们的视野中，描述如下（见图79）：

图79

当他们喊道：“洪水！”

它是尼比鲁神……

它戴着华丽王冠，装满恐怖

它每天带着雄狮，燃着熊熊大火

这颗行星在公元前8000年时归来、重现，那时人类已经懂得了耕作与畜牧，它成了“尼比鲁”；刻画农业的圆柱图章用了十字架标志去表现尼比鲁出现在地球的天空中（见图80）。

对于苏美尔人最为重大的事件是，在大约公元前4000年，即金牛座时

图80

图81

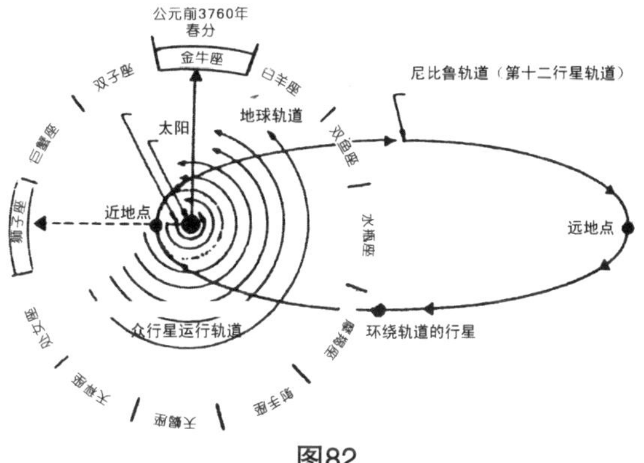

图82

代，当阿努和安图来地球做正式访问时，这颗行星又一次重现。之后几千年，众所周知的城市乌鲁克在他俩的荣光中被建立了起来，一座金字塔形的神塔也被建立起来，在神塔之上，能在黑夜降临时观察到地平线上的行星。当尼比鲁闯入视线时，有人会叫道：“造物主的形象正在升起！”现在这些话语都收进了赞美诗集，以赞美“主阿努的行星”。

尼比鲁在金牛座时代开始时的出现，意味着在太阳升起时，即当黎明已开始而地平线尚黑暗、星辰可见时，天空中的星座是金牛座。但这运行迅捷的尼比鲁，在绕太阳运行时画出拱形，紧接着，它向下运行，在十字口处穿越黄道面。在那里，以狮子星座为背景，这十字形就能观察到。刻在圆筒印章与天文学泥版上的几种图画，用了十字架符号来象征尼比鲁的到来，此时地球正处于金牛座时代，以狮子星座为背景，可以观察到其穿越（圆筒印章将此描绘出来了，见图 81 和图 82）。

然而，从有翼圆盘的符号到十字架标志的变化并不是一个创新；它只是回归了在更早时候描画的天神形象——但只有在穿越黄道面时，它才成为“尼比鲁”。

就如昔日，这复兴的十字架标志代表了重现、重回视线、归来。

第十一章

上帝决战日

在公元前的最后一个千年开始的时候，十字架标志的出现是“归来”的一个征兆。也就是在那时，一座耶路撒冷的耶和华神庙，把历史事件的过程和人类的弥赛亚期待与他的神圣场所永远联系在了一起。时间和地点没有巧合：正在追近的“归来”将揭示过去一个隐秘的控制中心。

与那些日子的强大皇权——巴比伦尼亚、亚述、埃及——相比，希伯来国王只是一个侏儒。与它们宏伟的首都——巴比伦、尼尼微、底比斯及其圣区，金字塔、神庙、游行圣歌、豪华的城门、雄伟的宫殿、刑场、圣水池和河港——相比，耶路撒冷只是一座拥有草草建起的城墙，并且供水还有毛病的小城市。但是，千年之后，又正是耶路撒冷，一座充满生机的城市，一座常常被人们在日常生活中提起的城市，遭到外族的占领，并沦为灰烬与废墟。

耶和华神庙建在耶路撒冷，它的先知们的预言成真了。我相信，他们的预言仍然是我们解读未来的钥匙。

与耶路撒冷有关，特别是与摩利亚山有关的希伯来人回到了亚伯拉罕时代。那时，他刚履行完在列王战争中保卫太空船起降场的任务。在战争中，耶路撒冷的国王莫克热德克问候了他。莫克热德克是“最高神灵的牧师”，因此，亚伯拉罕得到了“掌管地球与天堂的最高神灵”的祝福。也就是在那里，亚伯拉罕的热情投入得到神的检验，他获准与神结盟。后来又用了1000年，在正确的时间和环境下，他建起了耶和华神庙。

《圣经》宣称，耶路撒冷的神庙是独一无二的——事实上它的确是这样的：它被设计用来维护“天地结合处”，苏美尔的尼普尔就曾是这样的装置。

而且它回到过去
在第408年
在犹太人走出埃及之后，
在所罗门统治的第四年的
第二个月，
他将开始修建上帝之所。

因而《圣经》在《列王纪》（6：1）中，记录了所罗门王开始在耶路撒冷修建耶和华神庙的具体日期。这是个至关重要的、决定性的阶段，其结果至今都伴随着我们；其时间，也是必须记住的，正是巴比伦和亚述把十字架标志当作“归来”的征兆的时候。

耶路撒冷神庙的戏剧性的故事并非始于所罗门，而是始于所罗门的父亲大卫国王；而他突然继位以色列国王，揭示了一个神圣的计划：以复兴过去来迎接未来。

大卫的遗产（在40年的统治之后），包括一片向北方一直延伸到大马士革（包括着陆地点！）的大幅扩张后的领土、许多华丽的圣歌，以及耶和华神庙的地基。为把他推上王位并奠定他的历史地位，三个神圣的使者起到了关键作用；《圣经》列出了他们的名字：“先知塞缪尔，预言家拿单，幻想家迦得”。上帝指示约柜的管理者塞缪尔：“年轻的大卫是耶西的儿子。你要把他从羊群中的一只羊带成以色列的牧羊人”，后来大卫被施予涂油礼，成了以色列的统治者。

年轻的大卫管理着他父亲留下的“羊群”，他选择双标志来管理以色列，因为它能唤回苏美尔的黄金时代。他们的国王被称作努戈（“伟人”），他们会努力去争取“正直的统治者”的头衔。我们将看到，只有大卫和神庙的开端是与过去的苏美尔相连的。

起初，大卫在耶路撒冷以南的希布伦开始了他的统治，那也是一个充满历史象征的选择。《圣经》反复指出，希布伦以前的名字是基利亚特·亚巴，即“亚巴的防城”。那么，谁是亚巴？有两个圣经术语指出：“他是安纳吉姆的国王”。从《圣经》的《民数记》开始，《圣经》在《约书亚》《民长记》和《历代记》中记载了希布伦是安纳吉姆后裔生活范围的中心。因此，他们就与《创世记》中的纳菲力姆联系在一起了。纳菲力姆是与亚当的女儿们通了婚的。在大批以色列人走出埃及的时代，亚巴的三个儿子依然居住在希布伦，是杰丰的儿子迦勒占领了这座城市，并使得人民转向约书亚。大卫选择在希布伦继任王位，他建立的王权像是从苏美尔的阿努纳奇人那里一直延续下来的一样。

他在希布伦统治了七年，后来，他把他的首都移到了耶路撒冷。他的王座——“大卫之城”建在锡安山，在摩利亚山之南，只隔一条小山沟（阿努纳奇人的平台就在摩利亚山，见图83）。他用名为米洛的填充物填补两山之间的沟壑，这是在平台上修建耶和华神庙的第一步；但是他获准在摩利亚山上修建的，仅仅是一座圣坛而已。上帝的话通过预言家拿单传了下来：由于大卫在多次战争中进行了屠杀，所以不是他，而是他的儿子所罗门可以修建神庙。

收到预言家的信息后，大卫“在耶和华之前”来到约柜前，并坐了下来（约柜仍然在一个轻便的帐篷里面）。他接受了上帝的旨意，并请求上帝为他的虔诚给予一定奖励：一个保证，确保神庙将由大卫家族修建，并且大卫家族

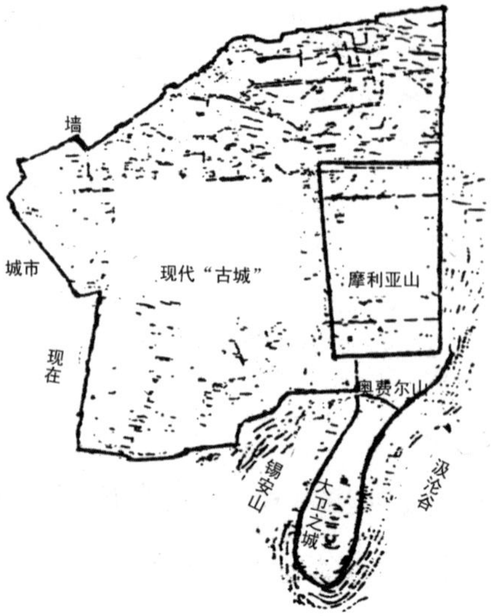

图83

将一直受到祝福。就在那晚，大卫坐在约柜前（摩西曾在那里与神交流），得到了一个带有神性的标志：一个造像——未来神庙的几何模型。

若非以下事实，我们可以蔑视这个故事的真实性：那晚发生在大卫王和他的神庙工程上的事，与苏美尔古地亚王的《城市贫民区》传说是等价的。古地亚在一千多年前做了个看得见的梦，梦见了一份在拉格什建造尼努尔塔神庙的建筑蓝图和一个造砖的模具。

在大卫王的最后时期，他把以色列所有的领导人都召集到了耶路撒冷，包括各部族首领、军事指挥官、牧师和王族成员，他把耶和华的许诺告诉了大家；然后他当着集结起来的所有人，向他儿子所罗门交代道："神庙的造像和它的一些部件以及房间……他的灵魂收到的造像。"此外，他也把"耶和华亲手写给我的造像的全部运转方式"交代给了所罗门：他庄重地写下了一套附属设备（《历代记》第二十八章）。

希伯来词语"造像"在詹姆斯国王的英文《圣经》中被译作"图案"，但是在更近的译本中被译作"计划"，这暗示着大卫当时得到的是某种建筑图。但是，在希伯来语中，“计划”写作“Tokhnit”。造像，从另一方面讲，是一个由一些词根派生出来的词，是“建筑、建造、竖立”的意思，所以大卫得到并且传给他儿子所罗门的是一个“建筑模型”——用今天的说法，那是一个比例模型（遍及古代近东的考古发现的确掘出了战车、货车、船只、车间，甚至是多级神殿的比例模型）。

《圣经》中的《列王纪》和《历代记》，为神庙及其建筑设计提供了精确的测量数据和清晰的结构细节。神庙的轴向是东西方向，这使它永恒地朝向了昼夜平分点。它由三部分（见图64）组成，前端（希伯来语称作Ulam）采用的是苏美尔神庙的设计，是一个宏伟的中央大厅（希伯来语称作Hekhal，发源于苏美尔语E.GAL，“巨大的住处”）和一个存放约柜的至圣所。里面的部分被称作“德维”（演讲者）——这是上帝给摩西说话的地方。

按传统的说法，苏美尔金字塔是用来表达“60进制”这个概念的，所罗门的神庙也承袭了这个概念：主要部分（大厅），60腕尺长（约100英尺），20（60÷3）腕尺宽，120（60×2）腕尺高。至圣所是20腕尺×20腕尺——刚好容下上面有两个金色小天使的约柜。传统文献证据和考古研究都指出，约柜的精确位置在一块非凡的石头上面，亚伯拉罕曾经就在那块石头上准备牺牲他的儿子艾萨克；它的希伯来名称是“基石”，在犹太传说中，世界将从那里开始重建。现在它被遮住了，而且被石头圆屋顶包围了起来（见图84，读者可以从《地球编年史》中，找到关于那块神圣的石头以及它谜一般的洞穴和秘密地下通道的更多内容）。

虽然比起高耸入云的巴比伦金字塔，神庙的尺寸不算大，但是一旦神庙建成了，它将具有非凡的意义；而且它与那片地区同时代的其他神庙也很不一样。没有铁和铁制工具可以用来在平台上修建神庙（在工程进行中完全没有铁具——所有的器具都是铜或青铜），建筑物的里面镶嵌有黄金；连钉金板的钉子都是金的。黄金的使用量——仅是修建“至圣所，用了600塔兰特

图84

（使用于古代希腊、罗马和中东的一种货币）；修建用的钉子，用了50谢克尔（shekel，希伯来和巴比伦的一种货币）”——是巨大的，多到需要所罗门派专门船队到俄斐（人们相信它就在东南非洲）去取黄金。

《圣经》没有提供任何解释，既没解释为何不用铁制品，也没解释为何镶嵌神庙里的一切都要使用黄金。人们只能推测，不用铁是因为它有特殊的磁学性质，而使用黄金则是因为它出色的导电性能。

我们知道，世界上其他用黄金镶嵌的神殿只有两座，它们都在地球的另一边。一座在秘鲁的库斯科，印加人的首都。那里供奉着一位伟大的南美神灵维拉科查。因为它的至圣所完全由黄金镶嵌，所以这座神殿被称作“科斯林”（被黄金包围的）。另一座是玻利维亚的的喀喀湖畔的普玛彭古，在著名的提瓦纳库遗址旁边。遗址由四座房屋般的建筑组成，建筑物的墙体、地板、天花板都是由整块的巨石所建。神殿四面的围墙全用金板镶嵌，连固定金板的钉子都是金的。在《失落的国度》中描述这些区域（以及它们是如何被西班牙人掠夺的）时，我曾推测普玛彭古是在约公元前4000年，为阿努和安图在地球上的停留而建的。

根据《圣经》记载，浩大的工程用了数以万计的劳工和七年的时间。那么，修建上帝之所，用意何在呢？在工程结束、万事俱备以后，牧师们在宏大的排场中把约柜安置进了至圣所。约柜刚一放好，分离至圣所与大厅的窗帘刚一拉开，“上帝之所就充满了云雾，牧师们也不能继续站在那里了”。随后，所罗门给出了一篇感恩祈祷文，上面写道：

选择居住在云中的神啊：
我为你建了一处庄严的居所，
一个你可以永远居住的地方……
尽管天堂容不下你，
希望你在天庭的宝座上听见我们的祈愿。

“当晚，耶和华出现在了所罗门面前，并对他说：我听到了你们的祈愿；我将选择这里作为我接受崇拜的地方……我将从天堂听到我的人民的祈祷并原谅他们的罪过……现在，我为我的Shem选择了这里，并视该处为神圣之地，我让他永远居住在这里。”（《历代记》Ⅱ，第六和七章）

Shem这个词——在这里和在更早的时候，比如在《创世记》第六章的韵文中——通常被译为“名字”。但在很早以前，我写作第一部书《第十二个天体》的时候，就曾联系上下文推测：那个词最初是指埃及人所说的“太空船”和苏美尔人所说的上帝的MU（“天船”）。因此，建在耶路撒冷的石头平台上，有着放在圣石上的约柜的神庙，将成为地球与天神的连接处——既负责与天神交流，又可以让他们的天船着陆！

神庙中没有雕像。庙中只有一个被神话的约柜——而且“约柜中什么也没有，除了上帝在西奈山授予摩西的两块记事板”。

与美索不达米亚的金字塔神庙不同，从恩利尔的尼普尔到马杜克的巴比伦，这里从来就不是神灵们生活、吃饭、睡觉、沐浴的住所。它是用于崇拜的地方，是用于与神接触的场所；它是一座接待从云中而来的神灵的神庙。

※

据说一幅画引出了1000个词语；如果那1000个词中只有少数的词是与这幅画相关的，而其他的，都只是在描述一些相关的图片，那这应该是真的。

大约在耶路撒冷神庙完工并被居于云中的神赋予神性的时候，一个显而易见的变化发生了：关于神的叙述变得大众化了，而且（当时），这个变化首先发生在亚述。亚述人的描述清楚地展示了阿舒尔神作为一位“云中的居住者”，有时他会露出整个脸，有时又仅仅露出一只手，而且他经常被描绘成手握一张弓的形象（见图85）。这让人们想起了一个《圣经》故事，说在大洪水之后，一张弓出现在了云中，那是一个神圣的标志。

一个世纪以后，亚述人的叙述中引入了一个新的云中之神。他被分到“拥有带翼圆盘的神”一类，这类神在一个带翼的圆盘形徽章里面，从他们自身（见图86a）和他们连接地球（七个点）与月球（新月）的图画中，可以看

图85

a

b

图86

出这个特点（见图86b）。以前带翼圆盘是代表尼比鲁的，它意味着尼比鲁的到来。显然，当时的那些描述表示的不仅是对尼比鲁星到来的期待，也是对那上面或许依然被阿努统治的神圣居民的期待。

从十字架符号开始的象形文字和象征符号的变化，是对预期的“归来”的强烈期待和广泛准备。但是，在巴比伦和亚述，期待和准备都是不同的。在其中一个地方，弥赛亚似的期待都集中在已经存在的神灵身上；而在另一个地方，期待的却是尼比鲁归来之后重新出现的神。

在巴比伦，这种期待多是宗教性的——由马杜克通过他的儿子那布带来的弥赛亚复活。为了复活，巴比伦人做出了巨大的努力。约在公元前960年，修订后的《伊奴玛·伊立什》——讲述马杜克创造大地，改建天堂（太阳系）并制造人类——在神圣的阿基图祭典上公开宣读。那布从他位于博尔西巴的圣坛（就在巴比伦南边）到祭典上扮演一个决定性的角色是复活中必不可少的部分。公元前900年到公元前730年当政的几任巴比伦尼亚王，恢复了马杜克族谱和为数众多的那布族谱。

亚述的变化则包含更多的地理政治学意义。历史学家将大约公元前960年作为新亚述帝国时代的开端。除了纪念碑和宫殿围墙上的题词外，亚述历史资料的主要来源，便是亚述王编年史了，里面一年一年地记载了历代亚述王的所作所为。根据其记载，亚述王的主要工作是征服。伴随着空前的残暴，亚述王发动了一场又一场战争。这不仅是为了统治古老的苏美尔和阿卡德，更是为了得到那些他们认为对于归来必不可少的、连接太空着陆点的控制权。

他们攻占的那些目标能明白地显示出他们的这个目的，同时，我们也能在公元前9世纪到前8世纪亚述宫殿围墙上的辉煌石浮雕（现在依然可见于一些世界级的博物馆内）上找到佐证。就如某些圆筒印章描述的那样，国王和大祭司在带翼小天使——阿努纳奇“宇航员”——的陪伴下，站在生命之树两侧，迎接拥有带翼圆盘的神（见图87a、图87b）的到来。神的到来被毫无疑问地期待着！

a

b

图87

※

当提革拉昆列色二世在尼尼微登上王座时，一个新的亚述王朝确立了。历史学家将其作为新亚述时代的开端。他的儿子和孙子继承了他的王位，对内实行军事强化，对外不断地攻克、毁灭、吞并。有趣的是，他们的第一个目标便是拥有经济和宗教中心的哈兰——哈布尔河地区。

他们的继承人得到了这块土地。继承人常常沿用那些荣耀的先王的名字（因此用一世、二世、三世等来区分他们），并且将亚述帝国的范围向所有方向扩展，但对沿海城市和La-ba-an（黎巴嫩）山特别关注。大约在公元前860年，亚述拿色波二世——胸口上戴着十字架标志（见图76）的亚述君王——大肆吹嘘他占领了腓尼基人的沿海城市提尔、西顿和迦巴勒（毕博罗斯），并且登上雪松山的圣地，古老的阿努纳奇人着陆地点。

他的儿子撒缦以色三世在那里建立了一座纪念碑，把这个地方称为比特・阿迪尼。这个名字的字面意思是“伊甸园”——同样的名字也于圣经预言书中为大家所知。以西结书痛斥提尔王，他因去过那个圣地并且“用那里的燃烧的石头移动”就认为自己是神。阿莫斯书也记载，他曾提及正在到来的上帝决战日。

就如我们所预料的，亚述人随后便将注意力转向了其他码头。所罗门王死后，他的帝国因继承人的争夺而分裂为南部的“朱迪亚”（以耶路撒冷为首都）和北部拥有十个部落的“以色列”。在众所周知的黑色方尖石塔上，撒缦以色三世记载了以色列国王耶胡向他朝贡的事情。在被尼比鲁的带翼圆盘符号控制的一节里，他被描述成充满敬意地跪着（见图88）。圣经和亚述编年史，都记载了随后提革拉昆列色三世（公元前744—前727年）对以色列的入侵，分割好的地域，流放部分领导人。然后在公元前722年，他的儿子撒缦以色五世侵占了以色列剩余的一切，流放了所有的人民，并用外国人来代替他

图88

们。十个部落消亡了，而他们的去向如今仍然是一个谜（在从以色列回国的路上，撒缦以色五世受到了惩罚，并且突然被提革拉昆列色三世的另外一个儿子挤下了王座。这一切是怎样发生的，又是为什么，依然是一个没有解决的谜团）。

占领了所有的着陆点后，亚述人离他们的最终目的地耶路撒冷便只有一步之遥了。但他们又一次拖延了最后攻击，《圣经》将其全部归于耶和华的意志。一次对亚述历史记录的调查显示，他们对以色列以及朱迪亚所做的事情和这些事情发生的时间，是与他们对巴比伦和马杜克做的同步的。

在占领了黎巴嫩的码头之后，但在将战争的矛头指向耶路撒冷之前，亚述人走出了前所未有的一步，他们与马杜克达成了和解。在公元前729年，提革拉昆列色三世访问了巴比伦，进入其神圣区域，并且“握了马杜克的手”。这是一个具有巨大宗教和外交意义的姿势。马杜克的祭司邀请提革拉昆列色三世共同享用了圣餐，以此表示接受他的和解。之后，他的儿子萨尔贡二世向南挥师，进入了古老的苏美尔和阿卡德地区，并在俘虏尼普尔后凯旋，进入巴比伦。在公元前710年的新年祭典上，他如他父亲一般“握了马杜克的手”。

占领剩余码头的重任落在了萨尔贡二世继承人西拿基利的身上。在希西家王执政耶路撒冷的公元前710年，他对其发动了战争。这件事被详细地记录在西拿基利编年史和圣经中。西拿基利只在他的碑铭中提及成功占领原犹太统治的城市，《圣经》却记载了一个详细的故事：围困耶路撒冷的那支强大亚述军队，因为耶和华的意志而奇迹般地全军覆没了。

包围耶路撒冷并围困了其中的城民后，亚述人大施心理战术。他们对城墙上的守军大声叫喊让人气馁的、以中伤耶和华为结尾的话。希西家王大受震惊，痛哭流涕。他在神庙里向“耶和华，以色列的神，休憩于天使之上，世上唯一的真神”祈求帮助。作为回应，先知以赛亚向他传达了神谕：亚述王永不能走进此城，他将铩羽而归，并于故土被暗杀。

一切将于那夜发生，
耶和华的使者一路向前，
于亚述营地中杀死他们的士兵，
合十八万五千人。
日出时，你去瞧！
那里尸横遍野。
于是，亚述王西拿基利拔营离开，
踏上归途返回他在尼尼微的行宫。

——《列王纪·下》19：35-36

为了确保读者清楚整个预言都已实现，《圣经》继续讲述：“西拿基利离开，并踏上回到尼尼微的旅程；一日，当他在神庙中对他的神跪拜时，阿达姆尼科和夏瑞日儿用刀杀了他，并逃到亚拉腊地。他儿子伊撒哈顿接替他作王。”

《圣经》的附言是一个准确得让人惊讶的记录：西拿基利实际上在公元

前681年是被自己的儿子杀害的。又一次地，进攻了以色列或朱迪亚的亚述王刚一回国就死去了。

※

虽然预言——提前说出那些尚未发生的事情固然是一个预言家期待的，但是《希伯来圣经》的预言远远不止于此。就如《利未记》解释的一样，从最开始先知就不是“术士、巫师、巫士、可见到或能召唤灵魂的人、算命者，或者以咒召唤死者的人”——一个关于周围民族各种各样算命者的相当广泛的名单。他们的使命就如纳比——“宣告人”——一般，将耶和华的言语传达给国王和人民。就如希西家的祈祷所述，虽然以色列的子民是上帝选中的人，但上帝是“万世唯一的真神”。

《圣经》中的先知是从摩西开始的，但其中一共也只有15位在《圣经》中有自己的著作。其中包括三位“大先知”——以赛亚、耶利米和以西结和12位“小先知”。他的预言时代从朱迪亚的阿莫斯（约公元前760年）和以色列的何西阿（公元前750年）开始，于玛拉基结束（约公元前450年）。他们对于归来的预言分生活方式、地缘政治学和宗教几方面，实际上却综合起来成了《圣经》预言的基石。

《圣经》中的先知总是以信仰的守护者姿态出现，也是他们的国王和人民的道德和伦理的风向标。他们同样是世界舞台上的观察者和预言者。因他们对于遥远陆地上正在发生的事，对于外国的宫廷之争，对于哪里崇拜什么神，有着神秘却准确无误的了解。他们对于历史、地理、商贸路线和军事战役的了解也令人惊异。所以他们便将对现在的所知和过往留下的知识结合起来，去预言未来。

对希伯来先知而言，耶和华不仅是El Elyon——“至高者”，也不单是众神之一，El Elohim，而且是全宇宙唯一的神——所有民族的，整个地球的，整个宇宙的。虽然他住在天堂中的天堂，但他依然关心他的造物——地球和地球上的人。任何事情的发生都是因为他的意志。这意志由他的使者带来——可能是天使，可能是国王，可能是一个民族。接纳闪族人在注定的命运和自由意志之间的区别，在于先知们相信，未来可预测是因为它已经被预先计划好了，但在迈向未来的路上，事情可以改变。例如亚述，曾被称为上帝的“愤怒之杖”，用来惩罚其他民族。但当他做出某些被禁止或者不必要的残酷之事时，就轮到他自己遭受惩罚了。

先知们好像要传达两个路径上的信息，不仅要关注现在，还要顾虑未来。例如以赛亚预言人类将会迎来愤怒之日，在那一天，所有的国家（包括以色列）都会被审判和惩罚。同时又预言了一个田园诗般的世界，在那里，狼和羔羊和平地生活在一起，人们把刀剑熔铸为犁，而天国将向所有民族散发光芒。

这个矛盾困惑了一代又一代的圣经学者和神学家。但最近一次对预言中词汇的考察，得出了一个令人震惊的结果：审判日指的是上帝决战日，弥赛亚时期将在末日来临，这两个既不同义也没有被预言会在同时发生。它们是两个分开的事件，注定会在不同时间发生：

首先，上帝决战日，上帝审判众生的日子，将要来临；

其次，迎接一个美好的纪元，终将在未来的某个时候发生。

那些在耶路撒冷说出的言语，与发生在尼尼微和巴比伦的争论产生了共鸣。这与哪一个时间循环方式——神赐的尼比鲁轨道周期还是黄道“天时间”——会影响人和神的未来有关吗？毋庸置疑，随着公元前8世纪的结束，这两个时间循环不是一回事，对三个首都而言都是清楚的。而在耶路撒冷，提及正在到来的上帝决战日，《圣经》的预言其实是在说尼比鲁的归来。

※

自从在《创世记》首章中翻译了一段简短的闪族创世叙事诗后，《圣经》就意识到了尼比鲁的存在，以及它周期性的接近地球，并将其当作了耶和华是宇宙中唯一的神的另外一个佐证（这里指天文的）。《圣歌》和《约伯记》都提及了不可见的天神，他“在高天上画出了一条环线”。他们重述了这天神的首次出现。他与提亚玛特（《圣经》称其为Tehom，并戏称为Rahab或者Rahah，目中无人者）冲突，重伤她，创造了天堂和“打造出的手镯”（小行星带），并且“将大地悬于虚空中”。他们同样回想起了天神造成大洪水的时间。

壮丽的《圣歌》第十九章颂扬了尼比鲁的到来，以及天体碰撞造成尼比鲁的巨大的轨道环线：

诸天证实了神的荣耀，
铸的手镯显示了他的手段。
他如新郎从洞房出来，
如勇士沿路欢欣奔跑，
他将走向他们的终点。

天神在大洪水期间的临近，被认为是他下一次回归时将要发生的事情的先兆（《圣歌》77：6，17-19）：

我将重申主的大行，
牢记你远古的奇迹。
主啊！诸水见了你也战栗。

你爆裂的雷不断宣示，
电光照亮世界。
你的雷声滚动着，
大地也动荡战栗。

先知将这些早前的现象当作是他们所预言未来的指引。他们预料上帝决战日（根据《约耳书》）是这样的一天：“大地颤抖，日月暗淡无光，星星也停止闪动……伟大而可怕的一天。”

先知们在三个世纪内将耶和华的言语传达给以色列和所有国家。阿莫斯是这15个精通文学的先知中最早的。约公元前760年，他开始成为上帝的宣告人（“纳比”）。他的预言包括三个时期或阶段：他预言了亚述在不远的未来的进攻，正在到来的审判日和富庶而平和的末日。在以“主神耶和华将他的秘密展示给先知”为名义的谈话中，他将上帝决战日描述为“太阳于正午升起而大地于正午一片漆黑”。在对那些崇拜“神的行星和星”的人的演讲中，他将正在到来的上帝决战日比作大洪水，“白天如黑夜般漆黑，海中的水倒灌入陆地”。他用一个反问向那些崇拜者提出了警告（《阿莫斯书》5：18）：

企盼上帝的人必然有祸！
他将把你们带入怎样的结局？
那天一片黑暗，毫无光明。

半个世纪后，先知以赛亚将预言中的“上帝决战日”与一个特殊地点联系起来，那地点在“时间约定之山”“南面的缓坡上”。他还对那个登上过这特殊地点的国王说了如下的话：“看吧，上帝之日将充满冷酷的狂暴和愤怒，将大地毁灭，杀死其上的罪人。”他同样用大洪水来类比将要发生的事情，记述“上帝带着滔天的波浪，如暴风雪一般来临”，并把正在到来的那天描述为一个会影响地球的天文事件（《以赛亚书》13：10-13）：

天上的群星和其星座
将不再发光；
太阳在初升时便会暗淡无光，
月亮也不再散放光芒……
当万军之主经过，
于他愤怒的日子，
天堂将战栗，
大地动荡不安。

预言最显而易见的便是证明上帝决战日即是“万军之主”——天空的、行星似的上帝——“经过”的时候。这正是创世神话中用来描述被称为尼比鲁的侵略者与提亚玛特战斗时的话语：“十字架便是他的名！”

以赛亚之后，先知何西阿也将上帝决战日预言为天堂和大地互相“回应”的时刻——天文现象在地球上引起共鸣的一天。

当我们按照时间顺序去考察这些预言时，我们发现，在公元前7世纪，预言变得越来越紧迫、详细：上帝决战日将是对所有国家的审判日，包括以色列，但主要针对亚述因其曾经做过的和巴比伦因其将要做的，而且这一天在渐渐逼近，已经不远了——

伟大的上帝之日在渐渐逼近——
已经不远了！
上帝之日的声音越来越急促。

愤怒的一天，
困境和痛苦的一天，
灾难和毁灭的一天，
黑暗和绝望的一天，
乌云和浓雾的一天

——《西番雅书》1：14–15

正好在公元前600年之前，先知哈巴谷向“在近年将要到来的神”祈祷，而神尽管愤怒，却依然愿展现仁慈。哈巴谷将预期中的天神描述为放光的行星——正是苏美尔、阿卡德人描述尼比鲁的方式。预言断定，它将于南方的天空出现：

南方的主神将要来临……
他天堂的荣光笼罩大地，
他光耀大地，
他的光芒四射，
从隐藏着他力量的地方。
传说随他而来，
闪电从他脚下发出。
他停下来测量大地；
见了他，所有民族都颤抖。

——《哈巴谷书》3：3–6

预言的紧迫感在公元前6世纪开始后进一步增加。“上帝决战日即将来临！”《约耳书》力陈。“上帝决战日不远了！”《俄巴底亚书》公告。大约公元前570年，《以西结书》给出了以下神赐的紧迫信息（《以西结书》30：2-3）：

> 人之子，你须预言：
> 主神如此说：
> 为那一日哀嚎痛苦吧！
> 因那日已近——
> 上帝之日已近！

之后以西结便远离了耶路撒冷，与其他犹太领导人一起，被巴比伦尼亚王尼布甲尼撒流放了。那个以西结写就预言和著名的天空战车叙事诗的流放地，便是隶属哈兰的哈布尔河岸。

这个地址并非偶然，因为上帝决战日——以及亚述和巴比伦——传奇的结局，将要在亚伯拉罕旅程开始的地方上演。

第十二章

午时的黑暗

当希伯来先知预言午时的黑暗，“其他民族”在等待着尼比鲁归来时，期待着什么？

从他们的文字记载和雕刻图像可以判断，他们是在等待着神灵冲突的化解，人类的仁爱时代和一个伟大神灵的出现。正如我们会看到的那样，他们将会大吃一惊。

在期待着这伟大事件期间，那些在尼尼微和巴比伦观察天空的祭司被调动起来，注意天象并解释天象的预兆。这些现象都被小心记载下来并且向国王们汇报。考古学家从现存的王室和寺庙的藏书库泥版中发现了这些记录和报告，它们都是以科目或者观察的行星来分类的。有一个著名的由七十几块古代泥版组成的收藏，是一个名为伊奴玛、阿努、恩利尔的系列。它记载了对行星、恒星以及星座的观察资料。其中星座是以阿努轨道和恩利尔轨道分类的，围绕了从南纬 30 度到北部的全部天空（见图 53）。

最初，这些观察资料是对比着苏美尔时代的天文记录来解释的。尽管这些观察资料是用阿卡德语（巴比伦和亚述语言）写作，但还是用了大量的苏美尔术语和数学方法，有时候还包括更早期的从苏美尔泥版翻译过来的抄写记录。这些泥版被看作“天文学家手册”，过去的经验告诉他们，一些现象预示着什么：

当月亮没有在计算中的时间出现：
将会有一个大城市被入侵。

当彗星到达太阳的轨道：
洪水将会减少，
骚动将会出现两次。

当木星与金星伴行：
地上的祈祷声将传到天国。

随着时间的推移，这些报告逐渐伴有祭司们自己的解释：“晚上土星靠近月球，土星是太阳的行星。意思是：对国王有利。”这些明显的变化还包括对日月食的特别关注；一块泥版（现存于大英博物馆）列着一栏计算机似的数据，被认为是用作提前 50 年预测月食的。

现代研究发现，天文学的革新发生在公元前 8 世纪。在一个极度混乱和王室剧变的时代之后，巴比伦和亚述这两块土地的命运就牢牢掌握在新的王室手中：亚述的提革拉昆列色三世（公元前 745—前 727 年）和巴比伦的那布那沙尔（公元前 747—前 734 年）。

那布那沙尔（“被那布守护着”）被看作是天文学领域的革新者和很有影响力的人。他的第一个举措就是修复西巴尔的沙马氏神殿，那是古苏美尔太阳神的“祭拜中心”。他还在巴比伦建造了一个新的天文台，校正历法（从尼普尔继承的），同时制定了每天向国王报告天象及其预兆的制度。这些有价值的测量，为以后的事件分析提供了数据，后来这些测量也为人所知。

提革拉昆列色三世非常活跃，也有自己的一套方法。他的年报描述了持续的征战，吹嘘他攻克的城市和对地方贵族的残忍刑法以及大批的流放。他和其他的继承者撒缦以色五世和萨尔贡二世，取代了以色列的君主并放逐以色列人（10 个遗失的部落），我们在前几章也描述过西拿基利夺取耶路撒冷的野心。在更接近本土的地方，这些亚述君王“与马杜克执手”，忙于吞并巴比伦尼亚。下一个亚述君王——伊撒哈顿（公元前 680—前 669 年），宣称“阿舒尔和马杜克都赐予了他智慧”，以马杜克和那布的名义宣誓，并且重建了巴比伦的埃萨吉拉神殿。

在历史书中，伊撒哈顿主要因为成功入侵埃及（公元前 675—前 669 年）而被后人所知。据已有的资料推测，这次入侵的目的，是为了阻止埃及人“干预迦南”和占领耶路撒冷的企图。值得注意的是，按照随后发生的事情，他选择的路线是：不走最近的路到西南方，他绕了一个大弯向北方走去，到达哈兰。在哈兰的月神辛的神殿里，伊撒哈顿寻求到了月神的佑护来发动这场征战；辛靠着权杖，身边有努斯库（上帝神圣的信使）陪伴着，准诺了这场战争。

于是伊撒哈顿挥师南下，横扫地中海东部，进军埃及。值得注意的是，这次绕行让他没能得到耶路撒冷，西拿基利也未能夺取。同样值得注意的是，这次对埃及的入侵，绕失耶路撒冷，以及亚述的最终命运，都被以赛亚书（希伯来大预言家）在几十年前就预言到了（10：24-32）。

虽然伊撒哈顿有繁重的政务，但他没有忽略当时对天文学的需求。在神灵沙马氏和阿达德的指导下，他在阿舒尔（亚述的祭拜中心城市）建立了“智慧之屋”，那是一个天文台，用来观测太阳系包括尼比鲁在内的 12 个成员，并将观测结果记录在他的纪念碑上（见图 89）。据一个圆筒印章的描述，他还建造了一扇新的纪念门，通往一个更为奢侈的圣区，这扇门模仿了阿努在尼比鲁

图89

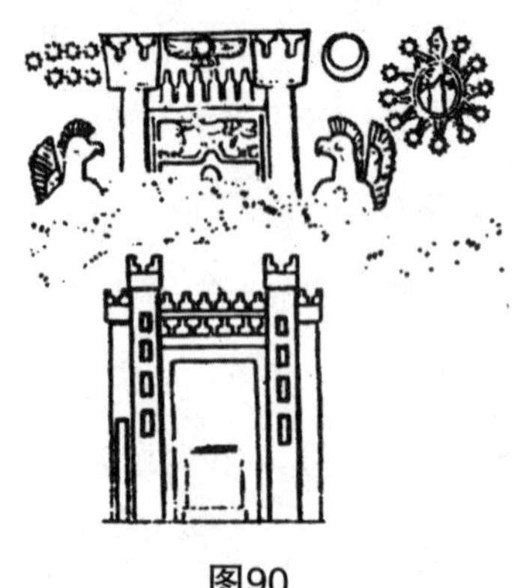

图90

的大门（见图 90）。这是亚述人期待“归来”的一个证据。

※

所有那些宗教政治的举措，都暗示着亚述人确信要在众神关心的范畴内，“触及所有的基础”。因此，在公元前 7 世纪，亚述已经准备好迎接神灵的归来。已发现的史料，包括首席天文学家给国王的信件，都揭示了对田园般的、乌托邦时代的期待：

当尼比鲁达到鼎盛时……
这块土地将可以安心地生活，
敌对的君王也会变得和平；
神灵们将接受祈祷和聆听祈愿。

当天国的星球更加亮丽时，
这里将会有洪水和暴雨。
……

当尼比鲁靠近时，
神灵们将赐予和平。
动乱将会被消除，
混乱将会被简化。

无疑，现在的期待就是那颗行星的出现，它在天空中升起，越来越明亮，然后接近近地点，在交叉口处，成了尼比鲁（路过的行星）。就像那扇门和其他建筑物所指示的那样，伴随着回归的星球，阿努将重访地球。现在就要靠天文祭司们去观察那颗星球的出现，但是茫茫苍穹，他们该观察何方，并且，当这颗星球还很远时，他们如何识别它？

下一个亚述君王亚述巴尼波（公元前 668—前 630 年）想到了解决办法。

历史学家认为，亚述巴尼波是最有学者气质的亚述君王，因为他除了阿卡德语还学了其他语言，包括苏美尔语，他宣称自己能读懂“大洪水前的记载”。他还说自己“学会了天堂和地球的秘密符号，同时在预言大师那里了解到了天国”。

一些现代研究者还认为，他是“第一个考古学家”，因为他系统地收集了在那个时代已经是古代遗址的泥版——比如苏美尔古城尼普尔、乌鲁克和西巴尔。他还派遣了专业队伍到亚述侵占过的地方，去挑选和掠夺这些泥版。这些泥版最终被放在一个著名的图书馆内，在那里，有几组抄写人员学习、翻译和抄写这些从几千年的档案中挑选出来的文档（参观者可以在伊斯坦布尔近东博物馆里看到这些泥版。它们被整洁地列放在架子上，每个架子都是以“目录泥版”开头，列出了这个架子所有文档的内容）。

虽然这些被收集起来的泥版涉及了相当广泛的课题，但是研究表明，它们对天象信息特别关注。在纯天文学的泥版中，有一个叫作“贝尔之日”的终结之日！另外，史诗和历史都记载了神灵们重要的事迹，尤其是他们在尼比鲁上的重要事情。《伊奴玛·伊立什》讲述了一个入侵的行星怎么进入太阳系并最终成为尼比鲁的，这部史诗广为流传。关于大洪水的记载也是如此，比如《阿特拉－哈希斯史诗》和《吉尔伽美什史诗》。虽然他们看似是在皇家图书馆里做正当的观测记录，但其实他们都是在寻找尼比鲁曾经出现过和将要出现的证据。

那些纯天文的文档无疑应该被仔细地研究，它们是观察尼比鲁的到来和如何从外形上辨认它的指南。一段保留有苏美尔术语的巴比伦文字记录指出：

> 马杜克神的行星：
> 位于其上方的是 SHUL.PA.E；
> 上面 30 度是……SAG.ME.NIG；
> 它就在天空的中央：尼比鲁。

第一个行星的名字（SHUL.PA.E）被认为是木星（也可能是土星），第二个（SAG.ME.NIG）可能只是木星的异体。但也有人认为是水星[1]。一篇在尼普尔发现的类似文档，描绘了以苏美尔语命名的行星，比如 UMUN.PA.UD.DU 和 SAG.ME.GAR，这篇文档同时表明，尼比鲁的到来将由土星指示，并

1. 大量的天文观测数据耐人寻味，在 19 世纪和 20 世纪初，耐心的学者巧妙地将"亚述学"和天文学的知识结合了起来。《地球编年史》的第一部《第十二个天体》，就引用了法兰兹·库格勒、恩斯特·威德纳、埃里克·艾柏林、H.V. 希尔普雷奇特、阿尔弗雷德·耶利米亚、莫里斯·贾斯特罗、艾伯特·肖特和 T.G. 平切斯等人的研究结论。他们的工作很复杂，因为同一个卡卡布（天体，包括行星、恒星、星座）可以有几个名字。我当时就指出，他们的工作有一个非常基础的错误：他们都假设苏美尔人和其他古代人无法观察到土星以外的世界（"用他们的肉眼"）。那么，除了那"七个已知天体"被公认的名字——太阳、月球、水星、金星、火星、木星、土星，无论何时出现的新命名都会被假设成"七个已知天体"的另一个名字。这个错误的首要受害者就是尼比鲁；无论何时，它的名字，或者它在巴比伦语的名字"马杜克行星"被列出时，它都被假设为木星或者火星，甚至金星的另外一个名字。难以置信的是，近代天文学家也是在"只有七个天体"的假设上继续研究的，尽管很多相反的证据都表明，苏美尔人知道太阳系的真正构造。在《伊奴玛·伊立什》中就有被命过名的外太空行星。存于柏林博物馆的圆筒印章（见图 91），是 4500 年前对太阳系 12 成员的描述，太阳位于中心。并且亚述和巴比伦泥版中也有对 12 行星的描述。

且上升 30 度后将会靠近木星。其他文档（比如一块编号为 K.3124 的泥版），指出当行星越过 SHUL.PA.E 和 SAG.ME.GAR——我相信其意思是土星和木星——“马杜克行星”后将会“靠向太阳”（也就是到达近地点，离太阳最近的地方），然后“成为尼比鲁”。

其他的文档提供了关于尼比鲁轨迹的更为清楚的线索和它出现的时间：

当它越过木星，
向西飞去。
当它越过木星，
更显光亮，
到巨蟹宫时它就变成尼比鲁。

这颗伟大的星球：
它初露端倪时是暗红的。
天空被分成两半
它就在尼比鲁中。

总括起来，亚述巴尼波时代的天文资料，描述了一颗行星出现在太阳系

图91

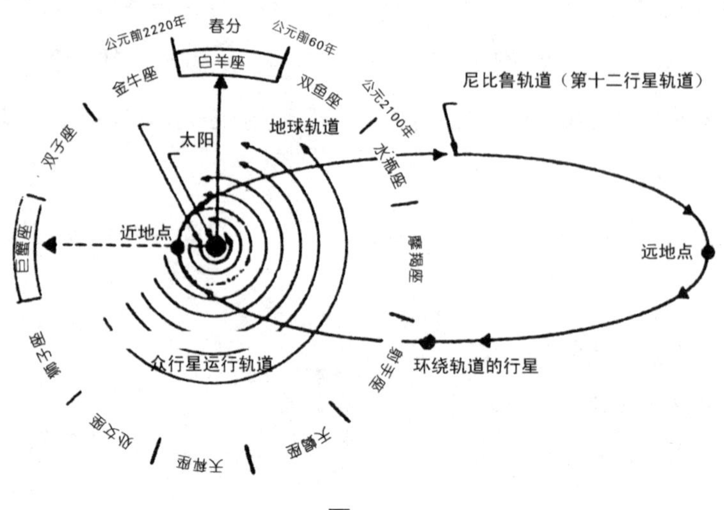

图92

的边缘，当要到达木星的时候（甚至木星前的土星），开始上升逐渐变亮，然后沿曲线轨道飞向黄道面。在它的近地点，就是它最接近太阳（当然也最接近地球）的地方，这颗行星在位于巨蟹宫处的交叉口变成了尼比鲁。就像在示意图（没按比例作图）中呈现的那样，只有在白羊座时代的春分日出时才会发生（见图 92）。

这些关于行星轨迹和神灵重现的线索，有时候用星座作为天体图。这些线索在《圣经》的一些章节中也有记载，因此这些具有启迪意义的知识在国际上是通用的：

“你的脸在土星附近将会被看到”,《圣歌 17》。“南方的神灵将会到来……他的耀眼的光辉将像光一样传播”，这是希伯来先知《哈巴谷书》第二章的预言。“从天国，他独自出发，踏向最深处；他来到了大熊座、天狼星，又到了猎户座，然后到了南方的星座”,《圣经·约伯》（第九章）；希伯来先知阿莫斯预言天国神灵“他在金牛座和白羊座旁微笑，他将从金牛座去往人马座”。这些诗篇描述了一颗行星横越天空，顺时针运行——天文学家说这是“倒行的”——经过南方的星座到来。这是一个大范围的轨道，与哈雷彗星类似（见图 78）。

一个线索表明，亚述巴尼波希望，将苏美尔人关于公元前 4000 年时，阿努和安图访问地球的记载，仔细地译成阿卡德语。这部分是关于他们在乌鲁克的描述：神灵到来前夕，一个观察者被置于“塔楼的最顶层”来观察和宣布行星的到来，在“伟大的阿努天国行星”进入视野时，所有神灵都聚在一起来欢迎这对神圣的夫妇，一起向着“那个越来越亮，神圣的阿努神的行星”读着赞词，唱着圣歌，“造物主的面容开始浮现”。这篇长文接着描述了盛会的宴席、晚上退到休息室的情形、第二天的进程，等等。

可以看出，亚述巴尼波在忙于收集、对比、翻译和学习早期的文档，这些文档对天文祭司们在第一时间察觉尼比鲁归来，并向君王规划后续的程序，具有指导意义。称行星为“神圣君王行星”体现了皇家意志，同时他们在宫殿墙壁上做了巨型浮雕：亚述王用飞行的有翼的圆盘，以在生命之树上盘旋的方式问候神灵（见图 87）。

尽快获得行星出现的信息是非常重要的，因为这样才有充足的时间来准备迎接伟大的阿努神。这样就会被赐予长寿甚至永生。

但是这些并不是注定就要发生的。

在亚述巴尼波死后不久，亚述帝国爆发了叛乱。他的儿子们瓜分了埃及、巴比伦尼亚和埃兰。从远方来的新来者也开始在亚述帝国的边境上出现——从北边来的“游牧部落”和从东方来的米底人。四处纷纷宣布独立。其中最为重要的是，巴比伦与亚述的双君主制的破裂。在公元前 626 年的新年节日上，一位叫那布坡拿沙的将军，宣称自己是那布神的一个儿子，并登上了巴比伦尼亚的王位。一块泥版记录了加冕仪式：权贵们聚在一起，他们都为那布坡拿沙祈福；他们伸出手掌，向他敬拜。众神之中的马杜克也赐予他神圣的力量。

因为对于亚述的残酷刑法深恶痛绝，那布坡拿沙很容易就找到了盟友，对亚述发动军事进攻。其中最主要的，也是一直保持激情的就是米底人（波斯人是他们的后裔），因为他们深受亚述的残酷迫害。巴比伦军队向亚述南部推进时，米底人就进攻亚述的东部。在公元前 614 年，正如希伯来先知预言的那样，阿舒尔这个宗教中心被攻占了，并且被夷为平地。接着尼尼微也沦陷了。公元前 612 年，伟大的亚述化作一片废墟。亚述，这块“第一个考古学家”的土地，本身也就成了考古遗址。

这些事怎么可能在名字意为“阿舒尔神的圣土”的土地上发生呢？当时唯一的解释就是，神灵已经不再庇护这块土地。事实上，我们将会看到，还有更多的原因：神灵们撤出了这块土地，也撤出了这个星球。

接着最后一章，最为惊心动魄的归来传奇就此展开，其中哈兰起了关键作用。

※

亚述沦陷后的一系列惊人事件，由亚述的贵族向哈兰逃亡开始，他们想到那里寻求月神辛的庇护，这些残余势力在途中又立了一位“亚述王”，但这次，几天前还在哈兰的神灵并没有回应。公元前 610 年，巴比伦军队攻陷了哈兰，打碎了亚述的最后希望。

对苏美尔和阿卡德遗产的争夺也结束了，现在它只属于巴比伦的君王。巴比伦再一次统治了这个曾经神圣的“苏美尔和阿卡德”，那以后，很多资料都称那布坡拿沙是“阿卡德王”。他又在苏美尔古城、尼普尔和乌鲁克修建了天文观测台，后来的一些至关重要的观测资料就来自这里。

公元前 610 年，在这命中注定的一年，同时发生了另一惊人的事件。在复兴的埃及，一位叫尼科的骄傲自负的人登上了王位。一年后，一件历史学家最难理解的事情，一场与地缘政治有关的迁移发生了。曾经和巴比伦人站在同一边反对亚述的埃及人，现在开始从埃及出发，向北涌进，侵占了巴比伦的部分领土。埃及人继续前进，一路向北直奔迦基米施，威胁到了哈兰。埃及同时也掌握了位于黎巴嫩和朱迪亚的两个连接太空的着陆点。

巴比伦人是不会让埃及人如此放肆的。年事已高的那布坡拿沙把驱逐埃及人的任务交给了他的儿子尼布甲尼撒，他已经在战场上证明过自己的实力。公元前 605 年 6 月，巴比伦军队在迦基米施大败埃及，解放了“黎巴嫩的神圣森林，这是那布和马杜克的意志”，并追击逃亡的埃及军队一直到西奈半岛。此时，尼布甲尼撒停止了追击，因为他得知他的父亲已经驾崩，他挥师回国，同年继承了王位。

历史学家们没有找到埃及人突然进攻和巴比伦的强烈反应的合理解释。在我们看来，很明显，这件事情的关键在于对“归来”的解释。事实上，在公元前 605 年，“归来”被认为是即将发生的，或许已经迟到的。就在同一年，希伯来先知哈巴谷在耶路撒冷，以耶和华的名义做了预言。

为了预言巴比伦和其他国家的未来，先知问耶和华，终结之日何时会到来——那是决定国家命运的一天，包括巴比伦。耶和华回答说：

写下预言，
在石碑上有清晰的解释，
这样它就会被快速理解：
它终将到来，
不会失约，
也许它会逗留，
等着它：
因为它定会到来，
在约定的时间它不会迟到。

（这个“约定的时间”，我们会看到，在整整 50 年之后会到来。）

※

尼布甲尼撒在位的 43 年（公元前 605—前 562 年）被认为是“新巴比伦”帝国时代，是一个以果断和快节奏为标志的时代，因为那时已经没有时间来浪费了——逼近的“归来”是对巴比伦的奖赏！

为了迎接这次“归来”，大量的革新和建造工作启动了。焦点就是圣地的重建，马杜克埃萨吉拉神殿（现在叫贝尔／巴力，“上帝”）被修葺一新，他的七阶金字塔也为观赏星空做好了准备（见图 93）——就像公元前 4000 年，在乌鲁克为阿努来访做的准备那样。穿过许多大门通向圣地的大道也修筑完毕。墙从上到下都是用别致的釉面砖装饰的，这些釉面砖在今天也会令人赞不绝口。

现今，这些东西都存于柏林的佩加蒙博物馆。巴比伦，马杜克永恒的城市，准备好了欢迎他的归来。

尼布甲尼撒在他的墓碑上写道：“我将巴比伦建成了世界一流的城市，它的名字在所有圣地中是最值得歌颂的。”似乎他们期待着，载有神灵的有翼的圆盘将在黎巴嫩着陆，然后他们将进入巴比伦华丽的大道，穿过壮丽的大

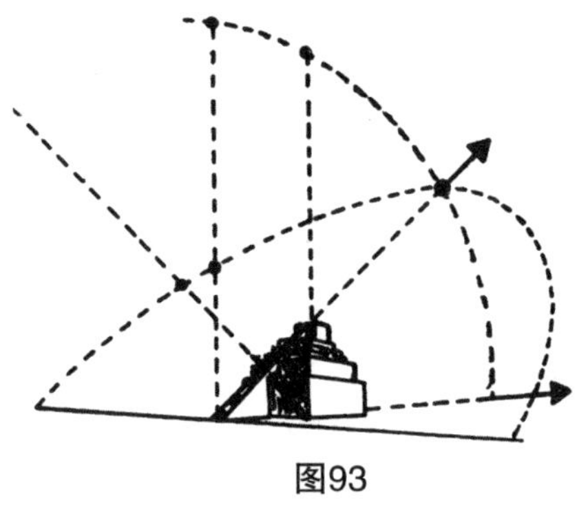

图93

门（见图 94），迎接归来的仪式将被推向高潮。这是个以“伊师塔”（别名是 IN.ANNA，她在乌鲁克是“阿努的心爱的人”）命名的门，是另外一个关于期待归来的证据。

伴随着这些期望的是，巴比伦成了地球的肚脐——继承了尼普尔在大洪水之前作为 DUR.AN.KI（天国与地球的纽带）的身份。巴比伦给金字形神殿的基台，起了一个苏美尔名 E.TEMEN.AN.KI（“天国与地球的根基神殿”）。这是它的职责的表达，强调了巴比伦作为新的“地球之脐”的角色——这个角色被巴比伦的“世界地图”描绘得很清楚（见图 10）。这其实是模仿了耶路撒冷，在那里，它的基石被当作是天国与地球的纽带！

但是，如果那正是尼布甲尼撒所预想的，那么巴比伦就应该取代后洪水时期已经存在的连接太空的着陆点——耶路撒冷。在大洪水之后，耶路撒冷已经取代了洪水之前的尼普尔，作为任务控制中心的角色，耶路撒冷位于其他连接太空的着陆点的中心（见图 3）。所谓“地球之脐”，以西结先知宣称，这是

图94

上帝亲自挑选的：

> 耶和华这样说：
> 这就是耶路撒冷；
> 我将它置于国土的最中央，
> 然后所有的土地都环绕着她。
>
> ——《以西结书》5：5

尼布甲尼撒决定为巴比伦夺得这个地位，公元前598年，他率军攻占了耶路撒冷。这次正如先知耶利米所警告的那样，尼布甲尼撒是顺应上帝的愤怒来惩罚耶路撒冷人的，因为他们继续崇拜诸神：“巴力，太阳和月亮，还有各个星座”（《君王2世》23：5）——一个明显把马杜克当作一个天上实体的名单。

尼布甲尼撒包围耶路撒冷，让里面的人饿了三年，最后他终于破城，并将犹太君王杰荷亚琴俘虏回了巴比伦。犹太的贵族和知识精英也被流放，以西结先知也在其中，还有他的上千名士兵和工匠；他们被迫在哈布尔河流域附近谋生，那里是他们的祖先曾居住的地方。

这次耶路撒冷城和其神殿是完好无损的，但在11年后，即公元前587年，巴比伦人又回来了。据《圣经》记载，他们这次来不是上帝的意志，巴比伦人烧掉了所罗门修建的神殿。这次尼布甲尼撒的解释和通常一样：顺从“那布和马杜克神”的意志来取悦他们。但是，我们即将看到，真正的原因其实很简单：他们认为耶和华已经离开了。

巴比伦人和他们的国王破坏神殿是一件令人震惊和非常邪恶的事情，先知们认为，耶和华非常愤怒，所以将会严厉地惩罚他们：“我们的耶和华上帝的复仇，为他的神殿复仇”，耶利米先知宣布，巴比伦将受到惩罚。他预言，强大的巴比伦将沦陷，入侵者将来自北方。几十年后，预言真的发生了。耶利米也宣扬尼布甲尼撒所崇拜的神的命运：

在四处宣扬，

升起标语，不要隐藏，

写道：

被俘虏的是巴比伦！

衰败的是贝尔，糊涂的是马杜克！

——《耶利米》50：2

尼布甲尼撒自己也被神灵以亵渎罪惩罚了。据传统资料，公元前562年，一只小虫从他的鼻子进入大脑，让他在剧痛中死去。

※

尼布甲尼撒和他的三个继承者（被暗杀或者很快被取代）都没有看到阿努从巴比伦的大门归来。事实上，这种归来从未发生，虽然尼比鲁真的归来过。

事实上，据那个时期的天文学泥版记载，人们观察到了尼比鲁，也就是“马杜克之星”的归来。一些现象被当作预兆，例如一块编号是K.8688的泥版向君王报告道：如果金星在尼比鲁“之前”（也就是比尼比鲁先升起），庄稼将没有好收成，但是如果金星在尼比鲁“后面”（也就是比尼比鲁后升起），庄稼就会有好的收成。我们对一组在乌鲁克发现的“后巴比伦”泥版非常感兴趣，它们提供了12个月的黄道观察数据，并且还配有图片描述。其中的一块泥版（VA7851，见图95），显示了马杜克之星在白羊座和地球之间，描述了马杜克就在这颗星球上。另外一个例子是编号为VAT7847的泥版，在白羊宫附近观

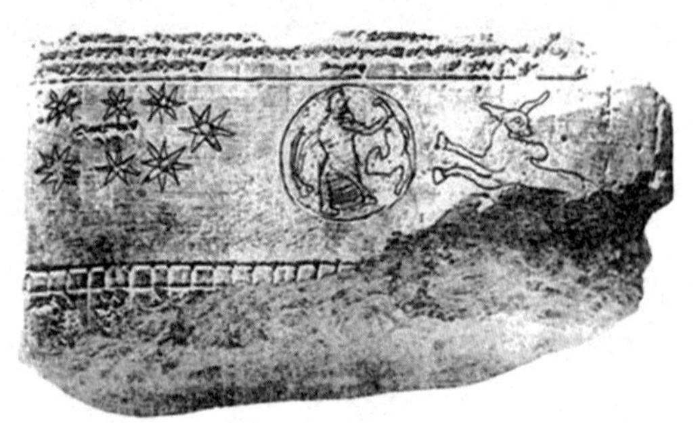

图95

测到尼比鲁开始出现时，它命名为“伟大的马杜克神之门开启的一天”。然后当行星到了宝瓶座的时候，又命名为“马杜克神之日”。

还有另外一组圆形泥版，描述了更多关于“马杜克”在南方天空出现，并在天空中心一带很快变成了“尼比鲁”的情形。以苏美尔天文宗旨来看，这些泥版代表了“一个更远的追溯”，它们将天球分成三个轨道（北部天空是恩利尔轨道，南部是恩基轨道，中间是阿努轨道）。正如被发现的一个碎片显示的那样（见图 96），十二黄道历法在三个轨道上是呈阶层状的。注释性的文本写在那些圆形泥版的后面。

公元 1900 年，在英国伦敦举行的亚洲名流会议上，T.G. 平切斯宣布，他完整地拼凑了一块泥版，引起一片轰动，他叫这个泥版为“星盘”（“星球记录者”）。他展示的泥版是一个圆形的盘，被分成了三个同心的环，每个环被分成 12 部分，这样就成了 36 部分。每一部分都有一个名字和一个数字，还有一个小圆圈在下面，表示这是一个天体。每部分还对应着一个月的名字，于是平切斯用 1—12 给它们编号，以尼散开始（见图 97）。

这个结果引起轰动是可以理解的，因为这是巴比伦的空间地图，它把天空分成了恩利尔、阿努、恩基三个轨道，也标示了行星、恒星和星座每个月在天空中出现的位置。关于星盘上天体身份和数字意义的争论至今都未停息过，其中天体的身份关系是否“土星以外不存在天体”的基本问题。还有一个悬而

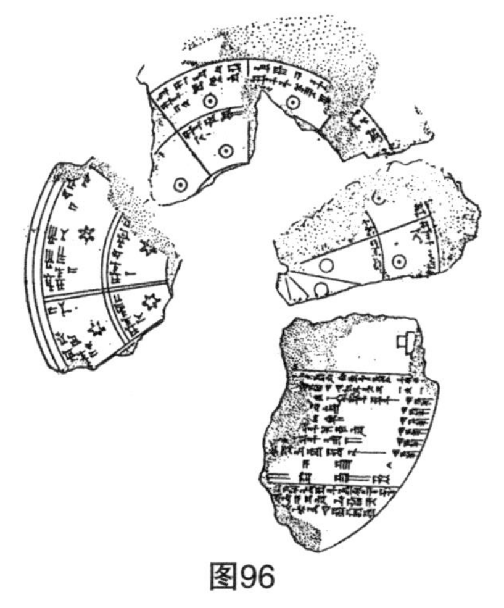

图96

图97

未决的问题，就是星盘的制作时间，如果这个星盘是早期泥版的复制品，那时间又是多久？从公元前 12 世纪到公元前 3 世纪都有可能是制作时间，但是普遍赞同是尼布甲尼撒或者他的继承者拿波尼度所在的时代。

平切斯提供的那个星盘在后续的争论中用“P”代表，但是后来又改名为“星盘 A”，因为另外一个星盘也被拼凑完整，它叫“星盘 B”。

虽然这两个星盘初看是相同的，但其实它们是有差别的。据我们的分析，最关键的区别在于：“B”盘上标示的 mul Neberu deity Marduk——“马杜克神的尼比鲁之星”，是在阿努轨道，就是黄道中带（见图 98），然而“A”盘标示的 mul Marduk——“马杜克之星”，却在北部天空的恩利尔轨道（见图 99）。

如果两个星盘描述的名字和位置的改变，是因为一个星球正在移动（巴比伦人叫它马杜克之星），那就会完全吻合。当它在天空的北部出现时（就是“A”盘的情况），然后沿弯曲轨道下降，穿过黄道面在阿努轨道时成为尼比鲁（就是“B”盘的情况）。这两块星盘精确描述的，正是我们所说的这个过程。

有个文档（以 KAV 218 知名，B 和两栏）有关于这两个圆形泥版的描述，消除了关于马杜克/尼比鲁身份的疑虑：

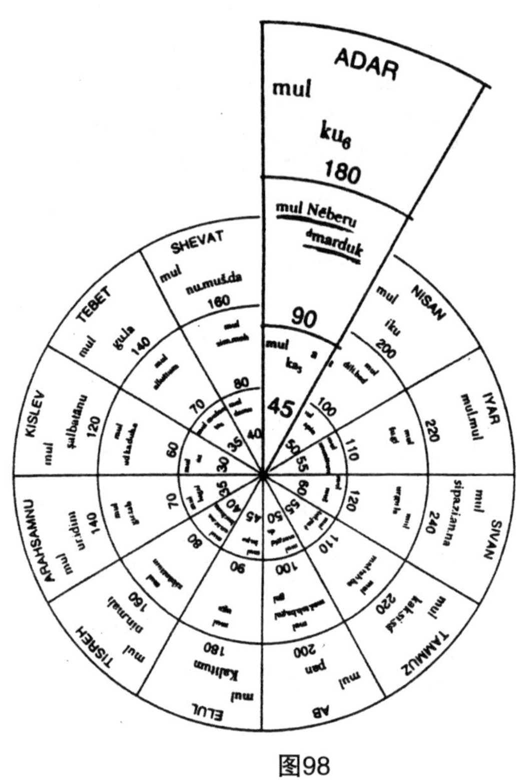

图98

阿达尔月：

马杜克之星在阿努轨道：

这个耀眼的星球在南方升起

当黑夜之神完成了他们的使命，

然后划破了天空。

这个星球就是尼比鲁，即马杜克神。

可以确定（理由我们将会给出），“后巴比伦”的泥版的观察资料，不可能是公元前610年以前的。同样，我们也可以确定，这些资料也不可能是公元前555年以后的，这正是巴比伦最后一个国王那布拉的统治时期。他声称自己的王位是合法的，得到了天国的认可，因为“马杜克之星，高高挂在空中，用我的名字呼唤过我”。他同时还说，在一个晚上，他看到了“那个伟大的星球和月亮”。

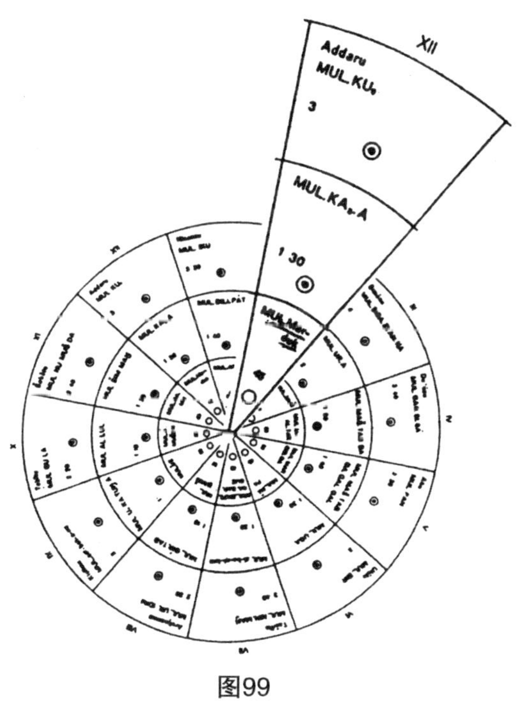

图99

根据开普勒行星公式的计算表明，在美索不达米亚可以看见马杜克／尼比鲁的时间只能持续几年。因此，拿波尼度称自己看到过行星，就将星球出现的时间限制在了公元前555年左右。

那么归来的精确时间是多少呢？要解决这个谜团还需要考虑另外一个方面：终结之日“午时的黑暗”预言——日食，并且日食在公元前556年真的发生过。

日食虽然比月食更少见，但也并不是罕见的。当月球在太阳和地球的适当位置时，就暂时性遮住了太阳。只有一小块地方能看到完整的日食。日食期间，完全黑暗的范围和路径会发生变化，这是由于太阳、月亮、地球的相对位置的变化，以及地球自转及轴向倾斜的改变。

虽然日食并不多见，但美索不达米亚遗留的天文资料中，有对日食现象的描述，它把日食叫作阿特卢沙师。原文提到：不光日食现象，还有日食同月球有关的知识，在古代都已经积累起来了。事实上，亚述在公元前762年发生过一次日全食。接着在公元前584年，地中海地区也看到了日食，并且在希腊是日全食。但是后来，公元前556年，又在“意想不到的时间”发生了一次非同寻常的日食。如果这不是可预测的月球运转引起的，那么有可能是尼比鲁引起的吗？

在被称作“当阿努是上帝之星的时候”的系列泥版中，有一块泥版（分类号为VACh.Shamash／RM.2,38，见图100）提及了日食，记录了观察到的现象（19行到20行）：

> 开始的时候太阳，
> 在预想不到的时间，
> 变成了黑暗，
> 站在伟大星球的光辉中。

在（那月的）30日发生的日食。

太阳“站在伟大星球的光辉中”的确切意思是什么？泥版本身没有提供日食的具体日期，但是我们觉得上面强调的这个句子，强烈地暗示了这次意外是不同寻常的日食，是由于尼比鲁的归来导致的，那个“伟大的光辉之星”。

但是，日食是由它直接引起的，还是由它射向月球的“光辉”（引力效应）引起的，原文没有做出解释。

并且，天文历史资料显示，在公元前556年5月19日确实发生过日全食。就像下面这幅由美国宇航局戈达德太空飞行中心提供的图显示的那样（见图101），可以在多个地区观察到这次日食。还有一个独特之处就是，这次

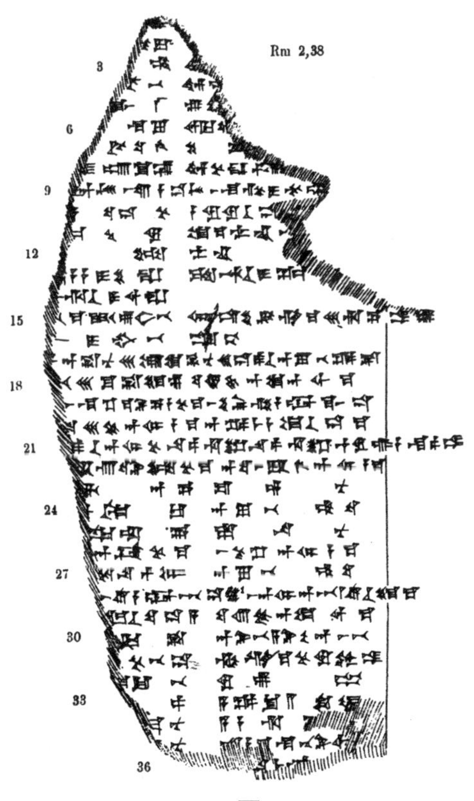

图100

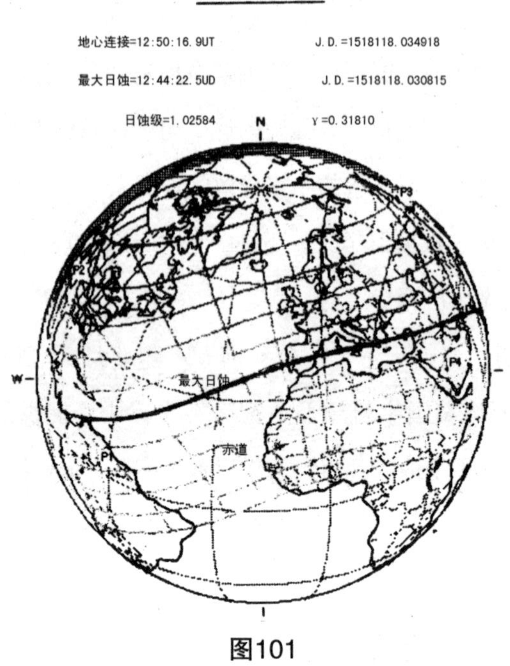

图101

日全食带精确地经过了哈兰地区！

最后这个事实对我们下面的总结具有重大意义，它在古时那个命中注定的年代甚至意味着更多。就在那之后，公元前 555 年，拿波尼度做了巴比伦尼亚国王的宣誓，不是在巴比伦，而是在哈兰。他是巴比伦最后一位国王。在他之后，正如耶利米预言的那样，巴比伦重蹈了亚述的命运。

在公元前 556 年，预言中的午时的黑暗来临了。随后尼比鲁归来了，这就是预言的终结之日。

但是当这颗星球真正回归的时候，阿努和其他被期待的神灵们都没有出现。事实上，相反的事情发生了：神灵，阿努纳奇神，起身离开了地球。

第十三章

当众神离开地球

阿努纳奇神从地球上的离开是一个充满戏剧性的事件，其中充斥着神灵的显现，现象的发生，神灵的不确定性，以及人类的困惑。

难以置信的是，这次的离开既不是猜测也非推测，而是有着详细的记载。证据来自近东和美洲。其中一些最直接当然也是最戏剧化的关于神灵离开的记录，则是来自哈兰城。这些证据并不是传闻，它包括了目击者的报告，其中就有先知以西结。《圣经》上记载了这些报告，它们被刻在了一些石柱上——这些石柱记录了导致巴比伦最后一任国王登基的神奇事件。

今天的哈兰城 ——它仍然存在，我曾经去过那里——是一个位于土耳其东部的安静小镇，离叙利亚的边境只有几英里的距离。小镇周围围绕着伊斯兰时期的破碎城墙，城中的居民住在蜂房形状的泥土砌成的小屋中。那儿蕴含着你所能想到的最纯净的自然清凉的井水，一口古井点缀在小镇外的草地上，曾经就在这里，雅各布遇见了雷切尔。

然而，哈兰城曾经是一个繁荣的商业、文化、宗教和政治中心。当时，同从耶路撒冷逃亡出来的人们一起住在这里的先知以西结（27 ：24），回忆当时城中商人的装扮，“蓝色带有刺绣的衣服，胸前穿着系着雪松制成的绒带的贵重服饰”。在苏美尔时期，这座古城是像乌尔城一样，作为月神兰纳／辛的礼拜中心的。亚伯拉罕一家停下来居住在了这里，他的父亲德拉是一个替尔胡，即一个预言牧师，首先住在尼普尔，然后迁往乌尔，最后来到哈兰城中的兰纳／辛的古庙里。在苏美尔文明由于毒风而消亡后，兰纳和他的妻子宁迦尔，在哈兰城安家并在此设立总部。

虽然兰纳（在阿卡德语中简写为“Su-en”，或者辛）不是恩利尔的长子兼法定继承人——那是尼努尔塔，但他是恩利尔和林利尔在地球上的第一个儿子。众神和人们极为崇拜兰纳／辛和他的妻子；苏美尔繁荣时期的赞美诗和描述苏美尔，特别是乌尔走向衰败的《耶利米哀歌》，充分体现了人们对这对神灵的爱戴与钦佩。许多个世纪后，伊撒哈顿向年迈的辛咨询过有关入侵埃及的问题，另外，逃亡中的亚述皇族在哈兰城做了最后的停留，这些都表明了兰纳／辛和哈兰城，对最后的结局一直发挥着重要的作用。

考古学家曾经在城中兰纳／辛古庙的遗迹 E.HUL.HUL（“双倍欢乐之屋”）中，发现了四根石柱，它们曾经是作为主祈祷大厅的四个支角伫立在庙中的。在石柱上的铭文表明，其中两根石柱是由古庙的高级女祭司阿达－加皮建造的，另外两根则是由她的儿子拿波尼度——巴比伦最后一任国王建造完成的。

作为一个训练有素的祭司，阿达－加皮拥有强烈的历史感，她在她的铭文中提供了一些她见证过的令人惊骇的事件的精确日期。按照当时的习惯，这些日期与已知帝王的年表相联系，它们可以被并且已经被现代的学者核实。由此推断，她生于公元前 649 年，经历了亚述和巴比伦几代国王的统治，最终以 104 岁的高龄逝世。

以下是她写在石柱上的关于一系列惊骇事件的开头：

在巴比伦国王那布坡拿沙统治的第十六年，

辛，众神之主，对他的城市和庙宇很生气，

于是离开这里去了天堂；

此后，这座城市和城中的人们走向了毁灭。

那布坡拿沙统治的第16年是公元前610年，读者可能还记得这个难忘的年份。这一年，巴比伦的军队击败了亚述皇族并攻占了哈兰城，此外，复兴后的埃及也决定争夺这个连接太空的着陆点。正是这个时候，正如阿达－加皮所描述的那样，气愤的辛不再保护这座城市，并且离开这里，“去了天堂！”

这座被占领的城市接下来的情形被描写成：“这座城市和城中的人们走向了毁灭。”当其他的幸存者都在逃亡时，阿达－加皮留了下来。“无论白天黑夜，日复一日，月复一月，年复一年。”她继续在破败的古庙里守夜。令人悲伤的是，她“远离了优质羊毛的衣服，脱掉了珠宝，不再佩戴金银首饰，放弃了香水和芬芳的油料”。像一个幽灵一样，漫步在被遗弃的神殿中，“我穿着破碎的衣服；安静地来回走动。”在铭文中她曾这样写道。

后来，在这荒芜而神圣的地方，她发现了一件曾经是辛的长袍。对这个沮丧的女祭司来说，这无疑是来自这位神灵的预示：突然间，他在她面前现出了一个实体。她只敢目不转睛地看着这件神灵的长袍，除了“握住了它的边缘”，不敢过多地触碰。仿佛神灵在一旁倾听一样，她拜倒在他的脚下，用祈祷和谦逊的语气发誓：“如果您能够回到您的城市，所有的黑头人将会崇拜您的神性！”

“黑头人”是一个苏美尔人曾经用来描述他们自己的术语。在苏美尔消亡1500年后，这位高级女祭祀使用这个术语则有着丰富的含义：她在告诉这位神灵，如果他回来这里，他将恢复过去那个时代的权威地位，再次成为复兴后的苏美尔和阿卡德的众神之主。为了达到这个目的，阿达－加皮向这位神灵提出了一个交易：如果他可以回来，并且运用他的神力帮助她的儿子拿波尼度得到下一个王位，统治所有巴比伦和亚述地区，拿波尼度将会修复在哈兰和乌尔的古庙，而且将把对辛的崇拜作为宗教信仰，在所有黑头人的土地上称颂。

她触摸着神灵的长袍，一天天地祈祷；终于，一天夜晚，这位神灵出现在她的梦中并接受了她的提议。阿达－加皮曾写道，月亮神喜欢这个想法："辛，天堂和地球上的众神之主，因为我所做的事带着微笑地看着我；他听到了我的祈祷；他接受了我的誓言。他心中的愤怒得到了平静。埃胡胡，他在哈兰的古庙，曾经是这位神灵开心生活过的地方。对于那里发生的一切，他也想开了；而且有了想法上的转变。"神灵接受了这个交易，阿达－加皮写道：

辛，众神之王，
高兴地赞赏了我的建议。
拿波尼度，我唯一的儿子，我生命中的重要部分，
得到了他想要的王位——
苏美尔和阿卡德的王位。
从埃及边境，
从上海域到下海域的所有土地，
掌握在他的手中。

交易双方都得到了他们想要的。"我亲眼看见我的愿望实现了"，阿达－加皮在她总结部分的铭文中说道，辛"兑现了他给我的承诺"，帮助拿波尼度在公元前555年登上了巴比伦的王位；而拿波尼度也实现了他母亲的誓言，修复了哈兰城的埃胡胡古庙，"完善了它的结构"。他恢复了对辛和宁迦尔（在阿卡德语中是尼克卡尔）的崇拜——"他使得所有被遗忘的礼拜重新开始"。

然后，一个令人惊奇的、无法被后代所见的事件发生了。这个事件被记

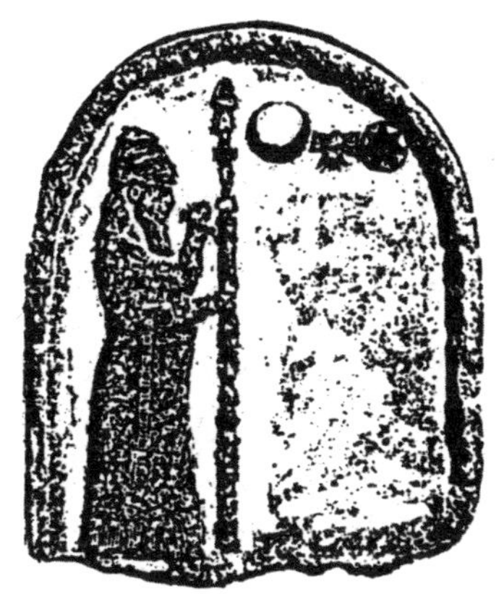

图102

载在两根石柱上，在石柱上，拿波尼度被描绘成一个手持一根不寻常的权杖，面对着天上的尼比鲁和地球以及月亮标志的人（见图 102）：

> 这是一个关于辛和众神的奇事，
> 自从古代以来
> 在地面上没有发生过；
> 地球上的人们也从来没有看见或发现
> 有关的记载：
> 辛，居住在天堂的众神之王，
> 从天堂走下了人间——
> 全面地审视巴比伦的国王拿波尼度。

据石柱上的铭文记载，辛不是一个人回来的。他是带着他的妻子宁迦尔／尼克卡尔和他的助手神灵使者努斯库一起来的，在一次仪式进行中，他们踏进了修复后的埃胡胡古庙。

※

辛这次从天堂神奇般的归来引出了许多的疑问，其中第一个，就是他在“天堂”的哪个地方生活了五六十年。我们可以通过结合古代的证据和现代科技的发现，来给出这些问题的答案。但是在我们解答这些问题之前，全面分析那次离开显得尤为重要，因为不仅仅只是辛一个人生气离开地球，“去了天堂”。

阿达-加皮和拿波尼度所描述的非同寻常的经历，发生在他们在哈兰城的时候——另外一个目击者恰好也是在这个时间和地点目击了事件的发生；他就是先知以西结；并且，他也有很多对此事件的话要说。

以西结是耶路撒冷耶和华的一个牧师，在公元前598年尼布甲尼撒二世第一次攻打耶路撒冷后，随同约雅斤国王和他身边的贵族与工匠一起逃亡。他们被迫逃往美索不达米亚北部，定居在哈布尔河地区，这里离他们在哈兰城中祖先的家只有很短的距离。正是在这里，以西结见到了一辆天空中的战车。作为一个训练有素的牧师，他也记录下了详细的时间和地点：这是逃亡中第五年的第四个月中的第五天——公元前593—前594年，“当我们逃到克亨伯儿河边时，天堂之门打开了，我见到了神灵”，以西结在他预言的最开头说道。他所见到的是一部可以向上向下并且斜着行走的神灵战车，它出现在旋风之中，旁边闪烁着耀眼的光芒。车子里面，“在一张类似王座的椅子上，坐着一位外表像人的神”；同时他听见一个声音把他说成“人类的儿子”，并且道出了他先知的身份。

这位先知的陈述通常被说成是“看见耶洛因”。耶洛因一词是复数，在传统意义上被解释成神灵，早在《圣经》中就明确地把它视为复数，原文是“神灵（耶洛因）说，让我们把亚当塑造成我们的样子”（《创世记》1：26）。我的读者都知道，《圣经》中的亚当的故事只是更加详尽的苏美尔创世史诗的一个缩影，在更详尽的文章中，由恩基领导的阿努纳奇人用基因工程的方法“塑造”了亚当。我们一遍又一遍提到的神灵（耶洛因），其实就是阿努纳奇人；而且，以西结在哈兰城附近所见到的，就是一个阿努纳奇人的飞船。

以西结看到的飞船被他描述成神的克沃德——这与在西奈山上发现的神灵交通工具有着相同的特征。以西结对飞船的描写激发了后来的学者和艺术家的灵感；当我们自己的飞行器科技已经取得了很大发展时，最终对飞船的描述也随着时间发生了变化。古代的文献涉及了太空船和飞行器，并且记叙了恩利尔、恩基、尼努尔塔、马杜克、透特、辛、沙马氏和伊师塔的故事，他们拥有飞船游走于天空之中——有些文献则记叙了空战，例如何璐斯与塞思之间，以及尼努尔塔与安祖之间的战斗（没有提到印度和欧洲的神）。在所有这些对“飞船”的文本和形象描写中，最靠近以西结旋风描述的，要属在约旦境内一个场所中描绘的“旋风战车”（见图 103），先知以利亚曾经从这里被带往天堂。这个描写很像直升机，它一定是一艘前往太空船基地的航天飞船。

图103

以西结的责任是预知并警告他的逃亡同胞审判之日的来临，这一天通常用来审判所有国家中的不公正与可憎之事。一年之后，那个“外表像人的神”再次出现，伸出手抓住了他并把他带到了耶路撒冷，去那里预知。这座城市正在经历着饥饿的困扰、失败的耻辱、巴比伦的占领、肆意的掠夺和自己国王的逃亡，所有这一切都会被铭记，却又无法改变。到达这里后，以西结见到的是一派法律制度和宗教仪式完全被破坏的景象。正当他思索着这里到底发生了什么时，他听到一旁坐着的幸存者悲叹道：

> 耶和华不再来看我们，
> 耶和华已经离开了地球！

这就是我们所暗示的尼布甲尼撒二世敢再次攻打耶路撒冷，并且摧毁耶和华的古庙的原因。这种情景几乎与阿达－加皮对哈兰城的描述一模一样："辛，众神之主，对他的城市和庙宇很生气，于是离开这里去了天堂；此后，这里的城市和城中的人们走向了毁灭。"

人们不能确定，在美索不达米亚北部的事情是如何发生的，为什么会给远在朱迪亚的人们一种耶和华也已经离开了地球的想法，但是很明显的是，上帝和众神离开的消息已经广泛地传播开了。事实上，我们原来提到的与日食有关的记载 VAT 7847，就有对上 200 年发生的灾难进行预测的部分，说到了下面的内容：

> 怒吼的众神们，
> 将从地面飞走，
> 远离即将被抛弃的人们。
> 怜悯和安宁将会停止。
> 愤怒的恩利尔将会离开。

这是一个"推测性预言"——它用已经发生的事实作为基础去预测其他将来的事情。和许多其他的"阿卡德预言"流派的文献一样，学者也相信这个文本。据其所言，我们现在有了对神灵离开进行更详细描述的记载：由恩利尔领导的愤怒的众神们，从他们的土地离开；这就是说，不仅只有辛因为愤怒而离开。

我们还有另外一个文献。虽然它开始的文字暗示了作者是一个马杜克的崇拜者，但它还是被学者归类到“新亚述预言”中。以下是它的内容：

> 恩利尔很生气。心情变得暴怒不堪。
>
> 他制定了一个邪恶的计划，来遣散这片土地和土地上的人们。
>
> 他的心理被扭曲，想要夷平这片土地，消灭上面的人们。
>
> 于是他作了一个恶毒的诅咒。
>
> 天堂和谐遭到破坏的邪恶征兆，不断出现在天堂和地球上。
>
> 在恩利尔、阿努和恩基轨道上的行星调整了它们的位置，不断地揭开不寻常的预兆。
>
> 阿拉图，富饶的河流，变成了一条愤怒的河流。
>
> 汹涌的激流，像旧约中大洪水一样的洪水淹没了这座城市，城中的房屋和避难所，把他们推向毁灭。
>
> 众神们害怕了，放弃了他们的神殿，像鸟儿一样飞向了天堂。

所有这些文字记载的共同点，就是他们都认为：神灵对人们很生气；神灵像鸟一样飞走；他们去了“天堂”。而且我们还可以知道，这次离开伴随着不寻常的天空现象和地面上的混乱。这些是上帝决战之日的一些表现，正如《圣经》里的一些预言：这次离开与尼比鲁的回来有关——正当尼比鲁回来时，众神们离开了地球。

※

The VAT 7847 还包括了多灾的两个世纪一些令人感兴趣的内容。这篇文献中并没有说清楚，那是否是对神灵离开后将会发生什么的预测，或者，是否是因为神灵对人类的愤怒和失望在那段时间与日俱增，从而最终导致了他们的离开。然而后者似乎是事实，因为《圣经》曾预测，在上帝决战之日将进行对国家罪行的审判，这个年代开始于阿莫斯和何西阿（大约在公元前 760 年—公元前 750 年——正好在尼比鲁回来前的两个世纪！两个世纪以来，来自唯一合理的“天堂和地球的连接点”——耶路撒冷的先知们，倡导着人与人之间的正义与诚信和国家间的和平，蔑视毫无意义的付出和对没有生命的理想的盲目崇拜，谴责肆意的征服和无情的破坏，并且警告一个又一个的国家——以色列就在其中——惩罚不可避免，但是，他们所做的一切都没有起到效果。

如果那就是事实，那么，正是因为神灵愤怒和失望的不断积累，最后导致了阿努纳奇人的结论“一切都够了”——是时候离开了。所有这一切促成了神灵的决定，造成了即将到来的大洪水，也使得神灵们乘坐对人类来说是一个谜的飞船离开；现在，当尼比鲁再次靠近时，恩利尔家族的众神们将计划离开。

谁离开了？他们怎么离开的？如果辛能够在几十年后回来，那么他们去了哪里？为了回答这些问题，让我们回到事件的开始。

由艾 / 恩基领导的阿努纳奇人第一次来到地球时，是为了获取可以保护他们星球大气层的黄金，他们计划从波斯湾的海水中提炼黄金。这个计划失败后，他们转向非洲东南部挖矿，又在埃丁，也就是后来的苏美尔，冶炼和提取黄金。他们在地球上的人数增加到了 600，此外还有 300 名伊吉吉驾驶飞船前往在火星上的中转站，这个中转站，可以向长途跋涉前往尼比鲁的飞船提供更好的补给。恩利尔，恩基同父异母的兄弟和继承的竞争者，来到了地球并且被授予了所有的指挥权。当阿努纳奇人在矿井里费力工作时，恩基提议制造一些“原始工人”；这项工作由基因经过精选的一个原始人类完成。于是阿努纳奇人开始“把亚当的女儿们当成妻子，并且孕育后代”（《创世记》6），但是恩基和马杜克因此触犯了禁忌。当大洪水来临时，愤怒的恩利尔说道“让人类灭亡”，因为“地球上的人类太邪恶”。但是恩基通过一个“诺亚方舟”，阻止了这个计划。人类因此幸存了下来，不断生息繁衍，并及时孕育了文明。

那次席卷地球的大洪水淹没了在非洲的矿井，却保留了在南美安第斯山脉的主矿脉，这使得阿努纳奇人能够更容易更快速地得到更多的黄金，其中就包括只需要淘洗和收集，而无须冶炼和提取就能得到的“沙金”——从山上冲刷下来的纯天然黄金。与此同时，这次洪水也使得地球上不再需要这么多的阿努纳奇人。大约公元前 4000 年，阿努和安图造访地球，并查看了在洪水经过之后的的喀喀湖岸边的矿土。

这次视察，为减少地球上的尼比鲁人提供了一个契机；同时，它也为这对兄弟和他们的部族之间的敌对，提供了和平的解决办法。然而，当恩基和恩利尔接受了领土的划分时，恩基的儿子马杜克却从未放弃对最高权力的争夺，其中就包括了对连接太空的着陆点的控制。与此同时，恩利尔家族开始在南美准备另一个太空发射场的设备。公元前 2024 年，大洪水之后位于西奈山的太空发射场被核武器毁坏了，此后，在南美的发射场成为唯一完整留给恩利尔家族的设备。

所以，当承受失败而感到厌烦的阿努纳奇人决定离开时，他们中的一些人能够从降落地点离开；而其他可能拖有大量黄金的人，则不得不使用南美的设备，而这些设备，就在阿努和安图造访地球时的居所附近。

前面提到了一个现在叫作普玛彭古的地方，离缩小后的的的喀喀湖（由秘鲁和玻利维亚共有）很近，但是过去，它就在湖的南岸，并且具有港口设备。它的遗迹主要由一排四座已经倒塌的建筑组成，其中每一座都是一块被掏空的巨石建造（见图 104）。每一个空腔里都镶满了金器，而且由黄金制成的钉子固定——真是令人难以置信的宝藏，西班牙人 16 世纪来到这里发现了它们。怎样才能如此精确地在这些巨石表面挖洞，以及这四块巨石是如何运到这里来的，至今仍然是一个谜。

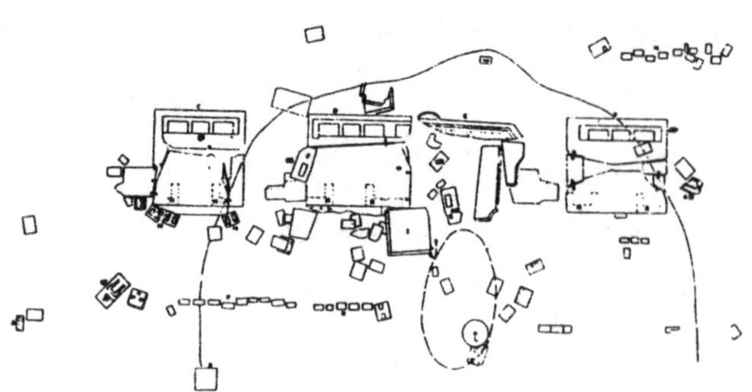

图104

这个地方还有另外一个谜。考古学家曾在这里发现了大量的石块，这些石块被精确地切割、刻槽、切角和塑形；它们中的一些展示在图 105 中。人们不需要工程学知识就能知道，对这些石块的切割、钻孔和塑形，显然是由具有难以置信的科技能力和精密复杂仪器的人完成的；甚至，人们会怀疑，即使在科技发达的今天，这些石块能否被如此精确地塑形？另外我们的疑惑还包括了这些科技奇迹的用途；显然，是为了一些我们未知且十分复杂的目的。如果它们是用于铸造一些复杂仪器的模具，那么这些仪器是什么？

自然，人们会认为只有阿努纳奇人才具有制造这些“模具”并运用它们的科技和能力。阿努纳奇人的主要前哨基地，坐落在向内几英里的一个叫提瓦纳措（早些时候被拼写为蒂亚瓦纳科）的地方，这个地区现在属于玻利维亚。后来，第一批到达这里的欧洲探险家之一，乔治·史奎尔在他的著作《图解秘鲁》中，把这个地方描述成“新世界的巴尔贝克”——一个比他意识到的情况更合

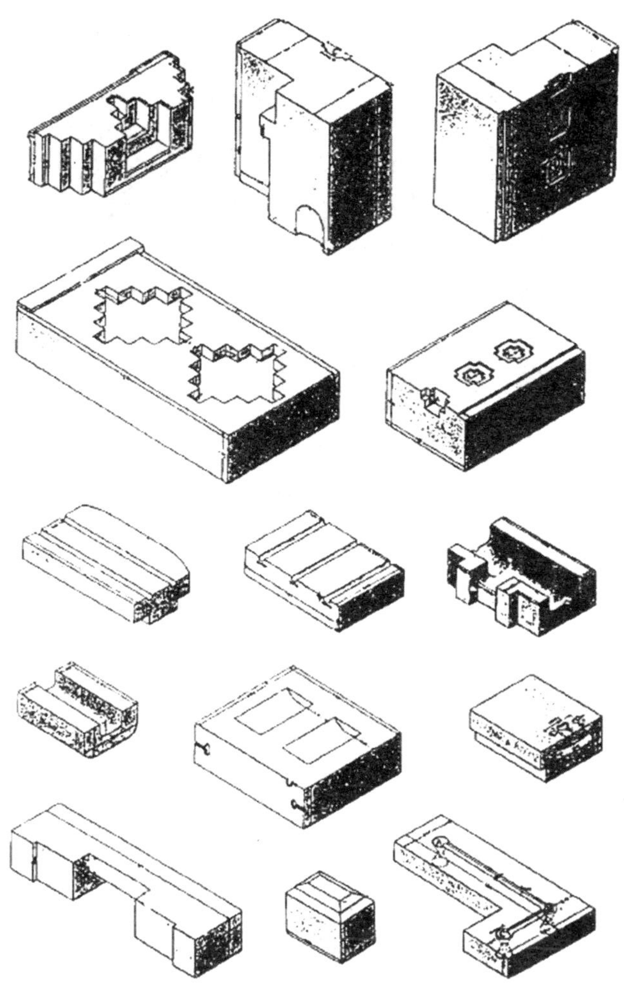

图105

理的比较。

另一个到达蒂亚瓦纳科（美洲人的发源地）的现代探险家，亚瑟·波上南斯基对这个地区的年代做出了令人吃惊的结论。提瓦纳库主要的地面建筑（同时它还有很多地下建筑）之一阿卡帕纳是一座布满了水渠、管道和水闸的人造山。《失落的国度》中讨论了建造它的目的。游客最喜欢的一个建筑要属一个叫作“太阳之门”的石门，它同样是由一整块巨石雕塑而成，并且其切割的精

图106

度可以与在普玛彭古的发现相媲美。考虑到雕刻在其拱门处的图像，它可能用于天文学的研究，而且无疑具有确定历法的功能；其中雕刻的主要部分是一幅维拉科查神模仿近东的阿达德／特舒卜手持发光武器的图像（见图 106）。事实上，在《失落的国度》中，我已经暗示了他就是阿达德／特舒卜。

“太阳之门”与提瓦纳库中另一座叫作卡拉萨萨亚的杰出建筑，形成了一个天文观测单元。卡拉萨萨亚是一座中心带有低洼庭院的矩形建筑，其周围围绕着高耸的石柱。波上南斯基关于卡拉萨萨亚是一个天文台的观点，为后来的探险家所证实；基于诺曼·洛克耶爵士的考古天文学的观点，波上南斯基认为卡拉萨萨亚中的天文学构造，表明了它始建于印加人之前几千年。为了核实这个令人难以置信的观点，德国的天文机构曾派出科考团进行考察。他们的报告以及后来更多的查证（《科学》杂志 14 册）都证实了，卡拉萨萨亚的朝向与公元前 1 万年或公元前 4000 年时地球的倾斜度十分匹配。

我曾在《失落的国度》中写到上面两个时间——前者是大洪水以后不久，阿努纳奇人在这里开始获取黄金的时间，后者则是阿努来到的时间；这两个时间都有阿努纳奇人在这里活动，并且，这里到处都是恩利尔众神曾在这里出现的证据。

对这个地区考古学、地质学和矿物学方面的研究，表明了提瓦纳库曾经也是一个冶金中心。考虑到在“太阳之门”上的各种发现（见图 107a），以及在土耳其古代希泰人遗址中类似的描述（见图 107b），我认为这里对黄金和锡获取的工作，是由恩利尔最小的儿子伊希库尔／阿达德监督和管理的。他在“旧大陆”中管理的地区是安纳托利亚，在那里，他被希泰人当成特舒卜崇拜。特舒卜是以闪电杖为标志的“气象神”；这个巨大的标志被刻在了陡峭的山腰上（见图 108），从空中或是从秘鲁帕拉卡司湾的海上都可以看见这个标志。

a

b

图107

图108

它绰号“枝状大烛台”，长 420 英尺，宽 240 英尺，5—15 英尺宽的线条被刻在坚硬的岩石上，大概有两英尺的深度——没有人知道这是由谁、什么时候，并且怎样做到的，除非是阿达德自己为证明他的存在而做的。

在这个海湾的北面，内陆的英吉尼奥河和纳斯卡河之间的沙漠地区，考察者发现了最令人费解的古代谜团之一，所谓的“纳斯卡线条”。它被称作“世界上最大的艺术作品”，在一块从南美大草原（平坦的荒原）向东延伸至崎岖不平山脉的广阔土地上（大约 200 平方英里），像被“某人”当成画布一样，画着许多图案；这些图案太大，以至于从地面上看似乎没有什么规律，但是当从空中俯视时，它们很明显是一些未知的和想象中的动物及鸟类的形象（见图 109）。这些图画是通过除去大概几英尺深的土壤绘制而成的，并且都是由不间断的线条一笔画就的。任何人从这个地区上方飞过（有很多飞机专门为这里的游客服务），都会认为这是天上的“某人”用强大的去土机器在地面上涂鸦乱画的结果。

直接与这次众神离开相关的纳斯卡线条中，还有另一个更加令人疑惑的部分——实际上那些“线条”像是宽阔的跑道（见图 110）。无论地形如何，这些笔直的线条——有时窄，有时宽，有时短，有时长——跨过山岭和谷底，不断延伸。大约有 740 条笔直的“线条”，有时会与三角形连在一起（见图 111）。它们纷繁地相交，毫无规律或理由，有时会跨越那些动物的图案，这揭示了这些线条是在不同时期产生的。

人们对解释线条之谜做了很多尝试，其中就包括了后来玛丽亚·雷奇所做的工作。她把研究纳斯卡线条作为她毕生的事业，但是当一种“这是由当地秘鲁人——具有‘纳斯卡文化’或者‘帕拉卡司文明’或者与此类似的人——做的”的解释出现后，她的研究失败了。一些研究（包括“国家地理团体”中的一些）则着眼于这些线条所显露的天文学方向——与夏至、冬至、春分、秋分，乃至其他星体的关联。对那些排除“古代太空人”可能的人来说，这些线条仍然是个未解之谜。

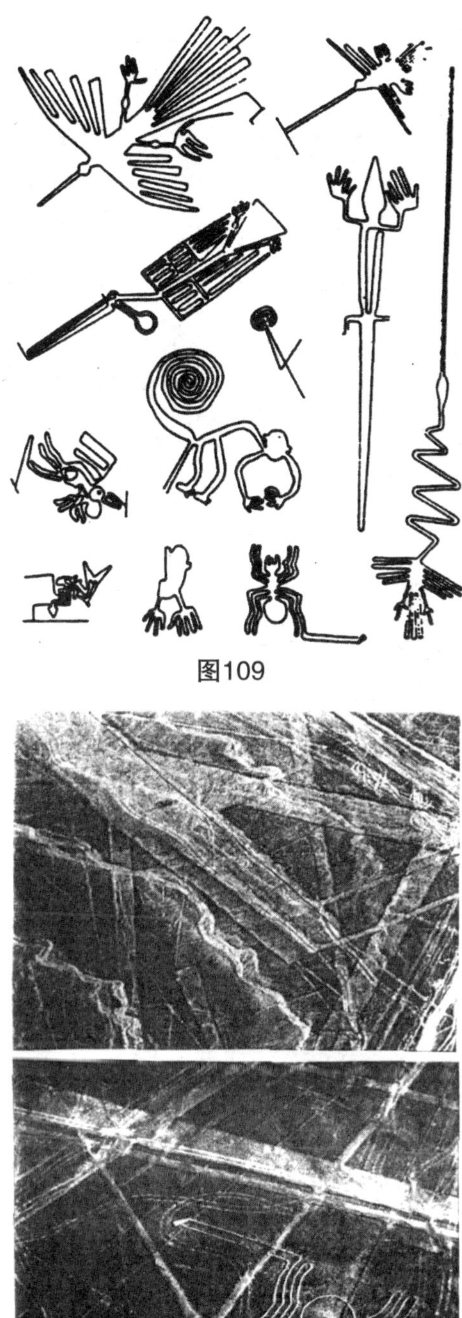

图109

图110

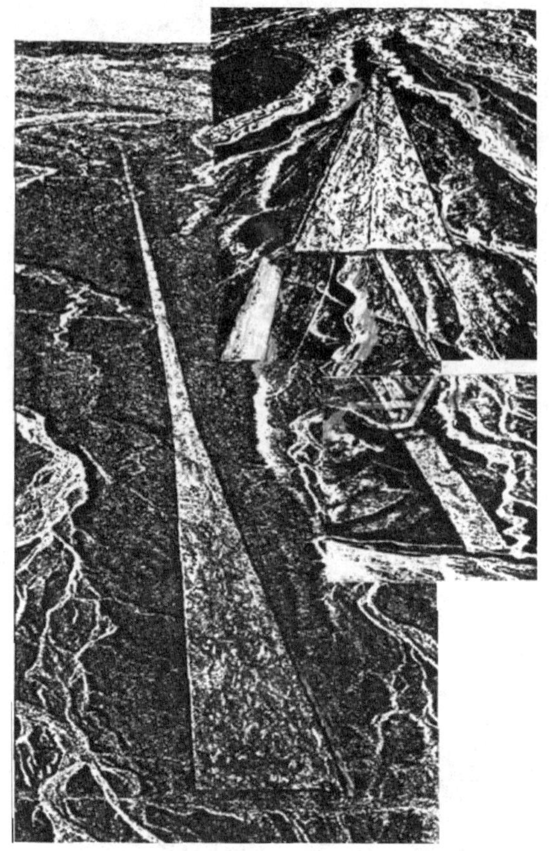

图111

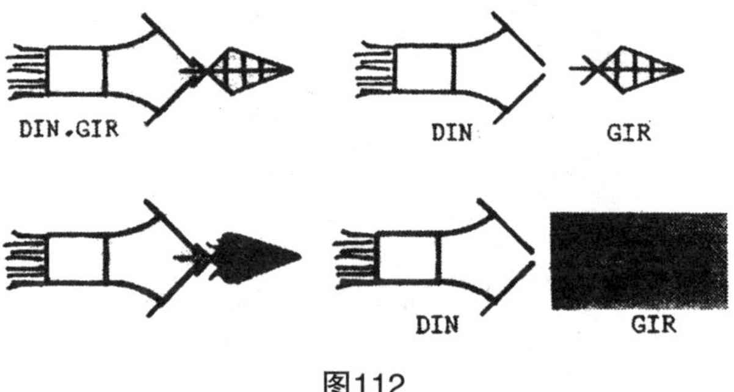

图112

虽然这些更宽的线条看上去像飞机场的跑道，有滚轮的飞行器可以在上面滑行起飞（或者降落），但是跑道的说法并不合理，因为这些“线条”并不平整——这需要飞行器无视山丘和峡谷，穿过崎岖的地形。事实上，这些线条好像是由飞行器起飞和落地时的排气造成的结果，而非帮助起飞的跑道。而且在苏美尔象形文字（参见 DIN.GIR ，见图 112）对外来神灵的描述中，确实提到了阿努纳奇人的“飞船”排放了这种气体。

在此，我提出对“纳斯卡线条”之谜的解释：纳斯卡是阿努纳奇人最后一个太空发射场。在西奈山的发射场被毁坏后，它一直服务于阿努纳奇人。此外，就在这里，阿努纳奇人最终离开了。

在纳斯卡没有关于飞船目击者的记载；但是，我们知道，在哈兰和巴比伦有提到飞船的文献，这里的飞船无疑要用到黎巴嫩的“着陆点”。在这里，关于阿努纳奇人飞船以及他们离开的目击报道，包括了先知以西结之所见和阿达－加皮和拿波尼度的铭文。

我们必然会得出这样的结论：从至少公元前 610 年到大概公元前 560 年，阿努纳奇神灵正在有条理地离开地球。

※

他们离开地球后去了哪里？当然，那一定是一个辛在改变主意后能够相对很快回来的地方。这就是火星上的中转站，长途太空船从这里前往尼比鲁。

《第十二个天体》曾详细提到了，苏美尔人知道阿努纳奇人将火星作为中转站。一个具有 4500 年历史的圆筒印章可以证明这一点。它现在藏于俄罗斯圣彼得堡市的“修道院博物馆”中（见图 113），上面描绘了一个火星（第六颗行星）上的太空人与一个地球（从外数起第七颗行星）上的人，正在通过他们之间的太空船进行交流。鉴于火星相对于地球更小的引力，阿努纳奇人先将他们自己和他

图113

们的货物，从地球运到火星，再转运到尼比鲁，这样显得更容易也更合理。

1976年，当所有这些第一次在《第十二个天体》中提到时，火星仍然被认为是一颗没有空气、没有水、没有生命的星球，而在那里，曾经存在一个太空基地的观点，却不太为权威学者所认可，直到《创世再临》在1990年出版。该书在名为《火星上的太空基地》的一整章中，展示了足够的由美国国家航空航天局从火星上拍到的照片。这些证据表明，火星上曾经有水，照片还拍到了一些有墙的建筑、道路、一个呈中心放射状的复合物（图114只给出了两张这样的照片），还有那张著名的“脸”（见图115）。

美国和苏联（现在的俄罗斯）曾做了很大的努力，发射无人驾驶的探测器到达火星并对其进行探测；不像其他的太空探索，这些前往火星的任务——自从欧盟加入后——遭遇了不寻常的、令人费解的高失败率，其中就包括探测器的离奇失踪。尽管如此，由于不断坚持，在过去的20年里，仍然有足够的美国、苏联和欧洲的无人驾驶探测器到达了火星并执行探测任务。到目前为止，科学期刊——就像20世纪70年代的《怀疑多马》那样——上充满了各种报道、研究和照片，这些资料一方面说明火星上以前确实有相当厚的大气层，并且至今仍然保留了稀薄的大气；另一方面也声称，火星上曾经有河流、湖泊和海洋，并且现在依然有水，在一些地区地表下的某些深度，甚至可以看见小的冰湖——以上是各种报道标题的总结（见图116）。2005年，美国国家航空航

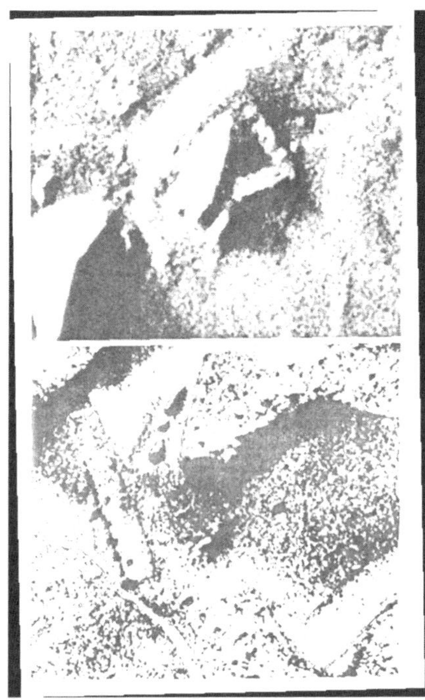

图114

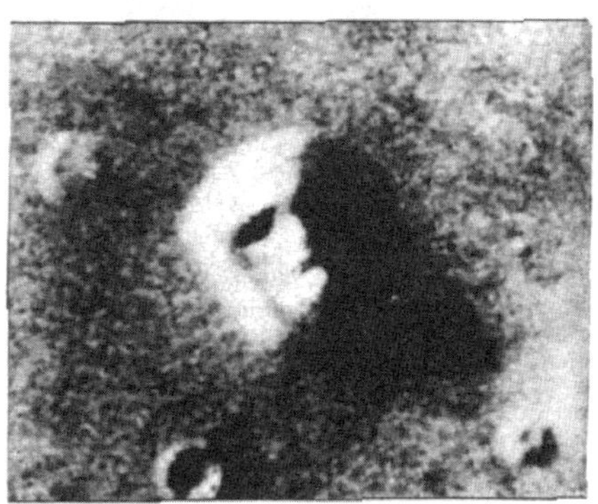

图115

New Layers of Evidence Suggest Mars Had Water

A Wetter, Younger Mars Emerging

Martian Waterworks

New findings suggest the Red Planet may also be a wet planet—just the kind of place to look for life

Red Planet Express

Mars spacecraft traces a watery tale

An Early, Muddy Mars Just Right for Life

...ns of Ancient Rain May Stretch Mars's Balmy Past

...f Glaciers on Mars

...c Precipitation at

Mist-Made Martian Glaciers

Water ice glaciers flank mountains and volcanoes in the tropics and midlatitudes of Mars. Current conditions on Mars are cold and dry and restrict water ice to regions near the

PLANETARY SCIENCE

Clays in the history of Mars

The stream of revelations from Mars continues. The latest news — the discovery of clays in ancient terrains — helps to fill in the picture of the past existence of liquid water on the planet's surface.

图116

图117

天局的“火星漫游者”探测器传送回来的化学和图片证据支持了这些结论；连同“漫游者”发回来的展现建筑遗迹——比如一堵带有清晰棱角、被沙覆盖的墙壁（见图 117）——的照片，所有的证据使我们能够得到结论：火星能够，并且曾经确实作为阿努纳奇人的中转站。

这是离开的众神们第一个历经的目的地，这一点已经被辛相对快速地回来所证实。其他人中谁离开了？谁留在了后面？谁可能回来？

令人惊讶的是，一些问题的答案仍然来自火星。

第十四章

完结日

人类常常回忆过去划时代的事件，即大多数历史学家所说的“传说”或“神话”，还包括那些被认为是被“普遍传颂”的故事。它们已经是全人类文化和宗教遗产的一部分。关于人类的第一对夫妻，关于大洪水，关于来自天国的上帝都属于这种故事。同样，上帝启程回到天国，也是这类故事。

对于这些传说，我们特别感兴趣的是，上帝的离开到底发生在哪块土地上。我们已经从古时的近东获得了证据。同样也有来自美洲的证据，在那里，他们信奉恩利尔家族和恩基家族的神。

在南美，土神叫维拉科查（“万物的创造者”）。安第斯山脉的艾马拉土著人认为，他的住所在提瓦纳库。他给了第一对兄妹夫妇一个金质权杖，用它可以找到建设库斯科（印加人最后的都城）的地方，库斯科是观察马丘比丘和其他圣土的地方。他做完所有的事情后，他离开了。一个宏大的建筑标示了神离开的方向（见图118），它模仿巴比伦的金字形神塔，用一个角对准一个基本方向。我们已经确定：提瓦纳库神在希泰；苏美尔的万神殿中的神是特舒卜；阿达德，是恩利尔最小的儿子。

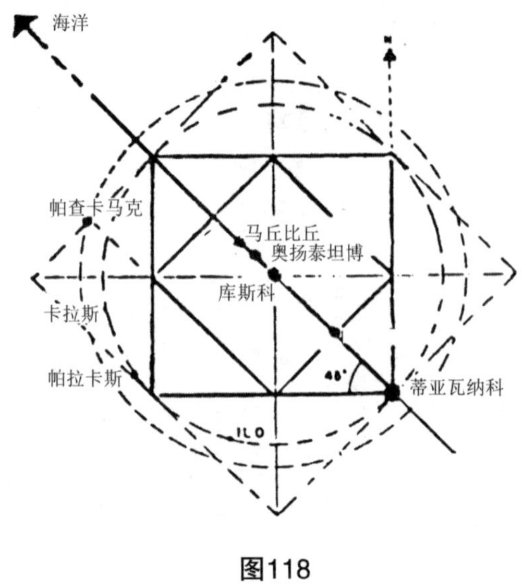

图118

在中美洲，文明的赐予者是“有翼的大毒蛇”羽蛇神。我们已经确认，他就是恩基的儿子，埃及神话中的透特(苏美尔的宁吉什西达)。公元前3113年，他带着他在非洲的追随者，在中美洲建立了文明。

虽然不清楚他离开的具体时间，但这应该符合他在非洲的受庇护者的禅让时间，以及奥尔麦克人和玛雅人兴起的时间——大约在公元前500年到公元前600年。在中美洲有一个占主导地位的传说，就是他曾许下的一个诺言：他离开后还会回来，在他的52——他的秘密数字——周年纪念时。

事实的确如此，在公元前的第一个千年中旬，在世界一个接一个的地方，人类发现他们自己失去了他们一直崇拜的神。不久以后，一个问题（很多读者问过的）充满了他们的脑海：他们会回来吗？

像一个突然被父亲放弃的家庭，人类紧紧抓住神灵回来的希望不放。同时，也像一个需要救助的孤儿一样，人类在寻求一位救世主。不过先知们许诺，在终结日，他们一定会到来。

※

在神灵到来的顶峰时期，有600名阿努纳奇人在地球，另外300名伊吉吉在火星。大洪水之后，尤其是大约公元前4000年阿努访问地球后，神灵的数量开始减少。在苏美尔文档罗列的长长的神灵名单中，在随后的几千年内只剩下了一小部分，大部分都回到了他们自己的星球。还有一些死在了地球上，尽管他们是“不朽”的。我们曾提到过被击败的祖和塞思，被肢解的奥西里斯，被淹死的杜姆兹，被核辐射折磨的巴乌。当尼比鲁的回归逼近时，阿努纳奇人戏剧性地上演了神灵离开的最后一场戏。

那些神灵居住在人类城市圣地上令人敬畏的时代，法老宣称神灵与他的战车同行的时代，亚述王吹嘘得到了神灵帮助的时代，都已经结束了。在耶利米先知的时代（公元前626年—前586年），已经有人嘲笑朱迪亚附近的民族崇拜的不是“活着的神灵”，而是匠人们用石头、木材和金属雕刻的神像——需要搬动的神灵，因为他们自己不可以走动。

在最后一次离开发生时，伟大的阿努纳奇神灵中谁还留在地球上？从后来的碑铭和文档提到的名字来看，我们只可以肯定有恩基家族的马杜克和那布，恩利尔家族的月神辛，以及他的配偶宁迦尔／尼克卡尔，还有他的助手努西库，也许还有伊师塔。在这个宗教大分裂的两边，现在只剩下唯一的主神：恩基家族的马杜克，恩利尔家族的月神辛。

巴比伦尼亚最后一位国王的故事折射出新的境况。他是由月神辛在他的祭拜中心哈兰亲自挑选的——但他同时也寻求了巴比伦的马杜克的同意和祝福，寻求了马杜克之星的出现，因为这表示天国的批准。他甚至还去麻烦过那布。这种神圣的联合统治也许是对双神论的一个尝试。但是有个意料之外的结果就是，这为伊斯兰教的创立埋下了种子。

历史记录表明，神灵和人类都不喜欢这样的安排。辛在哈兰的神殿被重建后，又要求乌尔金字塔神庙也要被重建，并成为他的敬拜中心。在巴比伦，马杜克的祭司们也已经武装了起来。

在现存于大英博物馆的一块泥版上，记录着一段学者们取名为“巴比伦祭司和拿波尼度”的文档。它包含了巴比伦祭司对拿波尼度的一系列指控。指控从刑事案件（不是由他发布的法律法规）到经济的忽略（“农业的恶化”,“商人”的道路被堵塞），到公共安全的缺乏(“贵族们被残杀”)，其中最严重的指控是：亵渎宗教——

> 他塑了一个上帝的神像，
> 这块土地上的人以前从未见过。
> 他将神像放进神殿，用基架托起。
> 他用月神的名字称呼它，
> 用天青石装饰它，
> 给它戴上了月形的冠状头饰。
> 给它的手做出一个守护神的姿势。

指控继续着：这是一个以前从未见过的形象，“头发都垂落到了基架上”。祭司们写道，它是如此地不寻常不体面，即使恩基和宁马赫“也不可能构想出来”。它如此奇怪以至于“博学的亚达帕（人类最高智慧的标志）”“也不能给它命名”。更糟的是，两个怪异的野兽也被雕刻出来当作它的守护者。然后，国王将这个神像放在了马杜克的神殿中。此外，拿波尼度宣布，从此以后阿基图节日将被取消。以往在这个节日期间会展现：亲近死神、复苏、流放和马杜克的最后胜利。

宣称拿波尼度的“守护神成了他的敌人”和“过去受爱戴的神灵现在将带来灾难”，巴比伦祭司们逼迫拿波尼度离开了巴比伦，并把他流放到“遥远的地方”。拿波尼度指定他的儿子贝尔－莎尔－乌儒（《圣经·但以理书》中的伯沙撒）摄政，然后离开了。

那个流放拿波尼度的“遥远地方”就是阿拉伯半岛。多个碑铭的记载证明，他的随从包括在哈兰地区遭流放的犹太人。他的主要基地是一个叫作特马的地方，在沙漠的中心，《圣经》也多次提到它，现在位于沙特阿拉伯的西北部。最近出土的楔形文字泥版，也证明了拿波尼度曾经来过那里。他还为他的追随者建立了六个住宅区，千年之后，有五个地方被阿拉伯作家列为犹太人的城镇。其中一个就是麦地那，穆罕默德创建伊斯兰教的地方。

拿波尼度故事中的“犹太角”被死海古卷（在死海库姆兰地区发现的）的一个片段提到的事实证实，它提到了拿波尼度并且说他在特马的时候得了一种“不愉快的皮肤病”，“一个犹太人建议他只参拜一个至高无上的神”后，病才得到治愈。这些都使得拿波尼度开始构思一神论，但是对他来说，至高无上的神并不是犹太人的耶和华，而是月神辛，他的月形标志后来被伊斯兰教采用。因此，伊斯兰教可以追溯到拿波尼度曾在阿拉伯居住，也是没有多少疑问的。

拿波尼度之后在美索不达米亚关于月神的记录渐渐消失。在亚述地中海岸迦南人的一个住址，现在叫作拉丝沙姆拉的地方——乌加里特发现的文献上记载，月神辛和他的妻子退休了，到了两条水汇聚的一个舒适地方，“靠近两海的裂缝处”。西奈半岛的命名也是用来纪念辛的，它中间的十字路口用来纪念他的妻子尼克卡尔（在阿拉伯，这个地方仍然叫作纳克尔），我猜测，这对上了年纪的夫妇，到了红海岸和艾拉特海湾的某个地方。

乌加里特人的文献中称月神为EL——或简写成“神”，是伊斯兰教真主的先驱。每个穆斯林清真寺寺顶都有他的新月形标志。按照传统要求，至今清真寺的侧面都是模仿多级火箭运载的宇宙飞船准备发射的情形（见图119）。

图119

※

最后一章中，拿波尼度的传奇和古代波斯世界的浮现是相联系的，波斯是一群混杂伊朗高原上的人和国家的总称，包含了古苏美尔人的索山和埃兰，还有后来米底人的土地（亚述灭亡后由他们接管）。

在公元前 6 世纪，一个希腊历史学家称为阿契米斯的部落，从北部边缘出现，统一了这块土地，并且建立了一个强大的帝国。虽然从人种上判断，他们是“印欧人”，但他们部落的名字起源于他们的祖先哈克汉姆－阿尼什，在闪族语系的希伯来语中意为“有智慧的人”——说明这个部落曾经受到从十部中逐出的犹太人的影响，之前十部是被亚述人重组到这个地方的。在宗教上，波斯的阿契米人很明显是采用了苏美尔－阿卡德的万神殿，同样，还有它的 Hurrian-Mitannian 译本，即梵语《吠陀经》的印欧语译本。《吠陀经》是一部通过规定他们只信仰一个至高无上的神阿胡玛兹达（“真理与光”），来使之单一化的混合体。

公元前 560 年，阿契米国王去世，他的儿子继承了王位，并且在后来的历史事件中留下了印记。我们叫他塞勒斯，《圣经》称他为古列，并且认为，他是耶和华征服巴比伦的使者，他推翻了巴比伦国王，重建了耶路撒冷被破坏的神殿。“虽然你不知道我，耶和华——以色列的上帝，但我是那个叫过你名字的人……虽然你不认识我，但是我会帮助你。”《圣经》中的上帝用以赛亚的预言形式说道（44：28—45：1-4）。

引人注目的是，巴比伦王权的结束在《但以理书》中是有预言的。但以理是一个被流放的犹太人，在巴比伦宫廷里做工，在一次王室盛会上，一只浮在空中的手出现了，并在墙上写道：MENE MENE TEKEL UPHARSIN。震惊和迷惑的国王叫他的神汉和先知来解释这个题字，但是没有人看得懂。最后，国王传召了但以理，他告诉国王题字的意思是：上帝称量了巴比伦和它的国王，发现他们不够资格，给他们的时日不多了。他们将结束在波斯人的手中。

公元前 539 年，塞勒斯渡过底格里斯河来到了巴比伦的领地上，向巴西尔推进，在中途截获了匆匆撤退的拿波尼度，塞勒斯说是马杜克亲自邀请他到巴比伦的，然后他不费一兵一卒进入了巴比伦城。他受到巴比伦祭祀集团的隆重欢迎，他们认为，塞勒斯是异教徒拿波尼度和他不讨人喜欢的儿子的拯救者，塞勒斯“抓住马杜克的手”，这是对神表示敬意的一个信号。他在他的第一篇宣言中表示，废除驱逐犹太人的制度，许诺要重修耶路撒冷的神殿，恢复被尼布甲尼撒废除的宗教祭祀活动。

回来的流放者们，在以斯拉和尼希米的领导下，完成了神殿的重建，从此以第二神殿闻名。这是在公元前 516 年完成的，正如耶利米先知所预言的那样，第一神殿被破坏 70 年后将会被重建。《圣经》将塞勒斯当作上帝的一个工具，“是被耶和华选定的”。历史学家相信，塞勒斯给予了普遍的宗教特赦，人们有了宗教自由。塞勒斯自己的信仰，从他为自己立的纪念碑可以看出，他似乎是把自己想象成一个有翼的小天使（见图 120）。

图120

塞勒斯，一些历史学家喜欢在他的名字前加上“伟大的”，将曾经属于苏美尔与阿卡德，马里和米坦尼，希泰和埃兰，巴比伦和亚述的土地统一成了庞大的波斯帝国。他将帝国扩展到埃及的任务留给了他的儿子冈比西斯（公元前530年—公元前522年）。埃及此时刚从混乱中恢复。一些人认为，这个混乱时期是第三过渡时期，这期间埃及四分五裂，多次迁都，被外来的努比亚统治，或者说根本没有中央权力。

埃及的宗教也异常混乱，它的祭司们都不确定该祭拜谁。冥神奥西里斯是他们的主神，奈特是他们的主女神，她被称作上帝之母。主要的神物是公牛，它死后还会举行隆重的葬礼。冈比西斯，就像他的父亲，不是一个宗教狂热者，他让人们自由地崇拜。他甚至（据一块现存于梵蒂冈博物馆的石碑记载）还学习了奈特祭拜的秘密，他还参加过神牛的葬礼仪式。

这些宗教自由主义政策给帝国带来了和平，但并不是永远的和平。动乱、起义和叛乱在各个地方持续爆发。尤其麻烦的是，埃及和希腊日渐紧密的商业、文化和宗教联合（这方面大量的信息来自希腊的历史学家希罗多德，他在大约公元前 460 年造访埃及后，详细地描述了埃及，这与希腊的“黄金时期”的开始是相符合的）。波斯人对他们的联合很不高兴，最重要的是，希腊人唯利是图地参与了当地的起义。受到特别关注的还有小亚细亚（现在的土耳其），在亚洲西部的顶端，波斯人面对的是欧洲和希腊。在那里，希腊殖民者开始复苏和加强他们以前的殖民地。波斯人想要占领欧洲附近的希腊群岛，以避开那些麻烦的欧洲人。

持续的紧张局势最终引发了战争，公元前 490 年波斯入侵希腊本土，在马拉松海滩被击败，10 年后，波斯人从海路入侵，在萨拉米斯海峡再次被希腊人击退，虽然波斯人换了几个国王，不过希腊人、斯巴达人和马其顿人为争夺霸权也发生过战争，所以为控制小亚细亚的战争一直延续到了下一个世纪。

在那些双重争夺中（一方面是在希腊本土上，另一方面是针对波斯人），小亚细亚的希腊殖民者的支持显得非常重要。没过多久，在希腊本土上，马其顿人的势力超过了国王菲利普二世，他们在达达尼尔海峡建立了一支军队来保证希腊殖民地的安全。公元前 334 年，菲利普二世的接班人，伟大的亚历山大大帝，率 15000 大军，跨过海峡来到亚洲，发动了对波斯的战争。

亚历山大惊人的胜利和征服，从亚历山大的将士们的赞颂开始，又被历史学家传颂了一遍又一遍，在这里我们就不再重复了。需要说明的是亚历山大入侵亚洲和非洲的个人原因。除了希波大战的地缘政治和经济方面的原因，还有亚历山大自己的诉求：在马其顿宫廷里传言，亚历山大的父亲不是菲利普国王，而是一位埃及的神灵，他假扮成一个男人来到王后的身边。希腊的万神殿来源于地中海彼岸，它的 12 个奥林山神也与苏美尔的相似，他们的神灵的故事也模仿了近东，所以在马其顿宫廷出现这样的神也不是不可能的。这个宫廷阴谋扯进了国王的一个埃及情妇，最终导致婚变和谋杀。这个“传言”被相信了，最重要的是，亚历山大自己相信了。

图121

亚历山大在德尔斐拜访了那里的智者，他想确定，他是否真的是神的儿子，是否真的将不朽。这件事更是给传言增添了神秘色彩。他被建议亲自到埃及的圣地去寻求答案。所以在首战大败波斯时，亚历山大不是去乘胜追击，而是离开了他的大部队，匆匆赶到埃及的西瓦。在那里，祭司确定他的确是半神，是白羊座之神亚蒙的儿子。为了庆祝此事，亚历山大发行了一批硬币，上面是他和公羊的羊角（见图 121）。

但是怎样不朽呢？在战争中，亚历山大的征服史，都被陪同他的历史学家卡利斯提尼斯等记了下来。他自己对不朽的寻求的记载，都是来自一些被认为是伪卡利斯提尼斯的资料，或者叫“亚历山大传奇”，它用传说对事实做了大量的修饰。《通往天国的阶梯》详细描述了埃及祭司带着亚历山大从西瓦来到底比斯的事情。底比斯位于尼罗河西岸，在那里，他可以看见哈特谢普苏特时修建的神殿，神殿碑铭上确认了他就是亚蒙神的儿子——亚蒙神伪装成一个王室男子来到他母亲的身边。这和亚历山大半神的说法一致。在底比斯的亚蒙大神殿里，在至圣所，亚历山大加冕为埃及法老。然后，沿着在西瓦时指示的方向，他进入了西奈半岛的一个隧道，最后来到了亚蒙－拉（别名马杜克）的地方——巴比伦。公元前 331 年，亚历山大又发动了对波斯的战争，攻占了巴比伦，他站在战车上进入了这个城市。

在圣地，亚历山大匆匆来到埃萨吉拉金字塔神殿，以征服者的身份抓着马杜克的手。但是伟大的神已经去世了。

据不可靠资料称，亚历山大见到神灵躺在金质棺材里，他的身体被一种特别的油浸泡着。无论这一说法是真是假，有一点可以确定：马杜克已经去世了，他的埃萨吉拉金字形神殿，被后来的历史学家无一例外地描述成他的坟墓。

根据西西里岛的迪奥多罗斯（公元前 1 世纪）所述（他的《历史书志》都是以校正过的可靠的来源汇编而成，他也因此而知名），“一个叫迦勒底人的学者，在占星学上享有崇高的声誉，习惯于一种基于古时观测来预测未来事件的方法”，警告亚历山大有可能死在巴比伦，但是“如果他重建被波斯人破坏的柏罗斯陵墓的话，他可以逃脱这个危险”（第 XVII 书，112.1）。无论如何，亚历山大进入巴比伦时，他既没有时间也没有人力来重建。公元前 323 年，亚历山大果然死在了这里。

公元前 1 世纪的历史地理学家斯特雷波，出生于小亚细亚的一个希腊的小镇上，在他著名的《地理》里描述了巴比伦——它巨大的规模，它被誉为世界七大奇迹之一的“空中花园”，它由烧出来的砖建造的高大的建筑，等等，在书中的 16.I.5 部分描述道：

这里是柏罗斯的陵墓，已是一片残垣，
正如它所说，是被薛西斯毁坏的。
它是用砖构筑的四四方方的金字塔，
有一个斯塔德（古希腊的长度单位，约等于 185 米。——译者注）那么高，
有一个斯塔德那么宽。
亚历山大想要重建金字塔，
但是这将是一项巨大的工程，
它将花大量的时间，
所以他不能完成这项任务。

从这段资料可以判断，贝尔／马杜克的陵墓是被薛西斯破坏的，从公元前 485 年到公元前 465 年，薛西斯是波斯的君王（也统治着巴比伦）。斯特雷波在他的第五本书中指出，在公元前 482 年，当薛西斯准备破坏神殿时，柏罗斯躺在棺材里。因此，马杜克不久前才死去（德国权威的亚述研究者 1922 年在耶拿大学开会时，总结出马杜克在公元前 484 年，就已经在他的陵墓里了）。从那段时间以后，马杜克的儿子那布也从历史记载中消失了。因此神在地球上主宰人类历史的传奇时代结束了，这也几乎是人类的结束。

末日的来临正好处在白羊座时代即将结束之时，或许这并不是一个巧合吧。

伴随着马杜克之死和那布的消失，曾经主宰地球的伟大的阿努纳奇神灵们都走了。伴随着亚历山大大帝之死，真正或者假装连接神与人的半人也没有了。从亚当以来，人类第一次失去了他们的创造者。

※

在那个令人沮丧的岁月中，希望在耶路撒冷浮现了。

令人惊异的是，马杜克和他在巴比伦最终命运的故事，在《圣经》中也被准确地预言。我们已经注意到，耶利米在预言巴比伦的灭亡时，也预言了它的神灵贝尔／马杜克注定要“凋零”：仍然存在，但是越来越老，越来越糊涂，然后起皱纹，直到死去。这个预言真实地发生了，不过，我们对此不应该感到惊讶。

但是，当耶利米正确地预言了亚述、埃及和巴比伦的最终沦陷时，他还预言了重建的耶路撒冷、重修的神殿，以及在完结日所有民族都会有“好的结局”。他说，上帝在“他心里”一直计划的一个未来，在某个预定时间会向人类展现一个秘密：“在完结日你们将会明白”（30：24），“在那个时候，他们都称耶路撒冷的耶和华为上帝，所有的民族都将在那里聚集”（3：17）。

以赛亚在他的第二部预言中（有时候叫《第二以赛亚书》），把巴比伦的神看作“隐匿的神”——这是“亚蒙”的意思——他在下面这段文字里预言了未来：

贝尔在鞠躬，尼泊也在退缩，
他们的肖像上负荷着牲畜和野兽……
他们一起弯腰，他们鞠躬，
无法把他们自己从俘虏中拯救出来。

——《以赛亚书》46：1—2

这些预言，同样包括耶利米的，包含了人类将会被给予新的开始、新的希望的承诺。当“狼与羊共处”的时候，救世主的时代将会到来。预言说：“它将会到来，完结日将会结束。耶和华的神殿应该最先在所有的山上修建起，将会无比崇高。所有的民族应该向它靠拢。”然后，所有的民族“都会将他们的剑铸成耕犁，长矛铸成镰刀，民族间不再刀刃相向，他们不会再接受军事教育”（《以赛亚书》2：1-4）。

早期的预言家还宣称，苦难的时代、用罪过来评判人的时代将会过去，和平与公正的时代将会到来，就如他们预言上帝决战之日是末日一样。何西阿是其中的一个，他预言在终结之日，神灵的王国将穿过大卫的屋子回来。还有米迦，他用与以赛亚相似的话宣布：“将会度过完结日的。”值得注意的是，米迦也预言了耶路撒冷的神殿将会恢复；耶和华将统治全世界，但是要依靠大卫的一个后人。从开始就注定要发生，“从远古时代开始，从永恒之日开始”。

因此，对完结日的预言是由两个基本要素组成：一个是上帝决战之日，那是地球的末日，然后将会有重建、复兴，然后是一个以耶路撒冷为中心的仁爱的时代。另一个是，所有的都是被注定了的，从一开始，终结就在上帝的计划之中。事实上，一个时代的终结是事物发展的停滞。对于当前的“历史的结束”和“新纪元的开始”，只是一个新的轮回的开始。这个观点，在最早的《圣经》章节中可以找到。

希伯来术语 Acharit Hayamim（有时候译作“最后一天”，“最近一天”，但是最准确的应该是“完结日”）已经在《创世记》中用到了（四十九章），临死的雅各布召集他的儿子们说：“你们聚在一起，然后我会告诉你们完结日将会降临什么。”这是一个基于未来知识做出的预言（接着是和黄道十二宫有联系的具体预言）。同样，在《申命记》中（第四章），摩西死前回顾了以色列的神圣遗产，预示了它的未来，他劝诫人们：“当你处于苦难之中时，这些将会降临，在终结之日，你的耶和华上帝将会回来倾听你的声音。”

那些重复的强调耶路撒冷的作用，强调竖起它的神殿作为指引各个民族靠拢的灯塔，有多个神学方面的原因。引用一个非常实际的原因：有必要建立一个基地来迎接耶和华的克沃德的归来。克沃德是《出埃及记》中和后来的以西结使用过的，用来描述上帝在天国的交通工具的术语！克沃德将会在重建的神殿里被铭记。哈格先知也得到这样的告知，“依靠它我可以赐予和平，我将比第一神殿更伟大”。值得注意的是，克沃德降临耶路撒冷，在《以赛亚书》中反复地与另外一个连接太空的着陆点相联系——在黎巴嫩：在那里，上帝的克沃德将来到耶路撒冷。

没有人可以逃避在完结日将会有神的归来的结论，但是完结日到底是什么时候？

※

这个问题不是新的问题，我们应该自己来提供答案，因为在古代这样的问题就被问过，甚至在那些预测终结之日的预言中也说到过。

以赛亚关于时间的预言：“当伟大的号角声响起时”，所有的民族聚起来，“在耶路撒冷圣山上向耶和华鞠躬”。他同时也承认，没有准确的时间和细节，人们将很难理解预言的含义。

以赛亚还这样向上帝抱怨道：“规则之上有规则，规则里面有规则，线上有线，线里有线，这里有一点，那里又有一点”。无论他做出了什么预言，他都会奉命把文档封存起来。《以赛亚书》不止三次改变一个词的“字母”——从 Otioth 到 Ototh，意思是“神谕的标志”。暗示着“圣经密码”的秘密藏在里面，因为现在还不是神圣计划能够被理解的正确时间。这些秘密代码会一直隐藏，直到先知请求上帝证实“文字的创造者”的身份，然后“告诉我们文字的含义”（41：23）。

《索福尼亚》的预言——它的名字的意思是“耶和华加密的”——传递了上帝的一个信息说，当民族聚在一起时，他“将会用清楚的语言来说”。但是这也不比“你会在合适的时间知道的”更有意义。

难怪在最终的预言中，《圣经》几乎避开了“什么时候”的问题，“什么时候”是指完结日。但以理，就是为伯沙撒准确解释墙上笔记的那个但以理，开始做有预兆意义的梦，并且他看到了天启般的未来的幻影，其中“远古时期”和他的大天使起了关键作用。困惑的但以理就问天使，天使的答案是由一些未来事件组成的，将在完结日发生。但以理又问，那会是多久？然后，天使这次的答案，是满脸的疑惑。

其中有一次，天使回答一系列未来事件的发生时期时说，当“邪恶的国王试图改变时代和法典”时，将会持续“一载、几载和半载”。只有当“天国至高无上的神灵赐予人类”时，弥赛亚时期才会到来。一个天使回答的另一个时间，“707 和 760 年已经判给了你们和你们的城市，直到法典被制定和预言得到认可”。同时，另外一个时间“在 762 年后，弥撒亚将会被切断，一个头领会来破坏城市，一切都将在洪水中结束”。

为了寻找一个更清楚的答案，但以理后来又询问一个信使，要他清楚地回答：“这些可怕的事情什么时候才可以终结？”信使又给出了同样含糊的回答，说终结之日将会在“一载、几载和半载”之后。但是“一载、几载和半载”是什么意思，“几年的70个星期”又是什么意思？

但以理在他的书中指出，“我听到了但是无法理解”，“所以我说：我的神啊，这些事情的结果是什么？”再一次像谜一样，天使说道：“从正式的祭祀被废除和邪恶事物的建起，它将会有1290天。快乐是人们等待的，它将会在1335天后。”告诉但以理后，那个先前称自己是“人类儿子”的天使又说：“现在去向终结之日吧，那时你会看到你的命运。”

和但以理一样，后代的《圣经》学者们、神学家们，甚至还有天文学家们，包括著名的艾萨克·牛顿爵士，都说“我们听见了，但是不能理解”。谜团不只是“一载、几载和半载”之类的，还有“时间从什么时候算起”。这些不确定，来源于但以理的象征性的幻觉，比如山羊猛烈的撞击，两个羊角增殖变成四个然后分裂。他的天使给他解释将要发生什么，这些预言写下的时间远远早于但以理的时代，远远早于他的预言失效的时间，甚至远远超出了预言的70年后将重建神殿。波斯的兴衰，希腊人在亚历山大大帝率领下到来，甚至连他的接班人分割他征服的领土——所有这一切都预言得如此准确，以至于有些学者相信，但以理书是“事后”预言派——这本书的预言有部分是大约公元前250年写下的，却伪装成是三个世纪以前写的。

争论的中心就是上面提到的，在一个天使回答中说道，开始计时的时间“从正式的祭祀被废除和邪恶事物的建起开始”。这只可能和公元前167年希伯来基色娄月的第25天，在耶路撒冷发生的事情有关系。

那天被精确地记录了，因为那天“厌恶的邪恶事物”被放进了神殿，一些人相信，这标志着完结日的开始。

第十五章
耶路撒冷：圣餐杯，消失

在公元前 21 世纪，当核武器第一次在地球上使用时，在诸神之城，“至高无上的神”用面包和酒祝福了亚伯拉罕，这就是人类第一个一神论的宗教的开始。

21 个世纪以后，亚伯拉罕的一个虔诚的后人，在耶路撒冷庆祝一次特别的晚餐，他背着十字架（某个星球的象征）来到一个地方，宣布了另一个一神论宗教的诞生。我们对他仍然有很多疑问，他到底是谁呢？他在耶路撒冷做什么？这里将有针对他的阴谋吗，还是说他就是幕后黑手？那个传说中的“圣餐杯”又是什么？

在他自由的最后一个晚上，他和他的 12 个门徒用酒和未发酵的面包庆祝犹太人的逾越节（希伯来人叫塞德），这个不朽场景被很多伟大的宗教画家描绘过。达·芬奇的《最后的晚餐》就是其中最著名的一幅（见图 122）。达·芬奇以其渊博的科学和宗教知识而闻名。他所画的东西至今都在被讨论、辩解和分析。但是这不但没有解开谜团，反而更增几分神秘。

我们将展示，解开谜团的关键，在于画没有呈现出来的内容。正是这部分没有呈现出来的内容，才能解开上帝和人类的传说，以及对弥赛亚时代的渴

图122

望之谜。过去、现在和未来在两件事情上汇聚，被21个世纪隔离开来。耶路撒冷对这两件事都起着关键作用，并且，《圣经》的预言把它们的时间和完结日联系了起来。

※

为了理解21个世纪前到底发生了什么，我们需要将历史翻到亚历山大时期，就是那个认为自己是神的儿子，在32岁时就死在了巴比伦的亚历山大。他活着时，赏罚分明以控制不和的将领们，甚至还采用过死刑（事实上，有的人认为亚历山大也是有罪的）。亚历山大死后不久，他四岁的儿子和卫士都被谋害了，他的弟弟也被暗杀。接着，本就不和的将领们发生了分裂，瓜分了被征服的领土：托勒密和他的继承者们，在埃及建立总部，霸占了亚历山大在埃及的领土；塞琉古和他的继承者们，控制了叙利亚、安纳托利亚、美索不达米亚和远方的亚洲领地。对于朱迪亚（包括耶路撒冷）的争夺，最后以托勒密王朝的胜利而告终。

托勒密家族，最后设法将亚历山大埋葬在埃及，他们认为自己是亚历山大的真正的继承人，对宗教也沿用了亚历山大的宽松政策。他们还建立了著名的亚历山大图书馆，派遣了一位叫玛尼叟的祭司，去记录埃及的王朝历史和古希腊神圣的史前史（考古学家证实了至今都还存在的玛尼叟手迹）。那些记载让托勒密家族深信，他们的文明就是埃及文明的延续，所以，他们作为法老王的继承者也是理所当然的。希腊专家们对犹太人的宗教和著作都非常感兴趣，所以托勒密就安排人将《旧约圣经》翻译成希腊语，并且准许犹太人在朱迪亚有完全的宗教自由，犹太人在埃及逐渐壮大的社区也享有这样的自由。

和托勒密王朝一样，塞琉古王朝也留住了一个说希腊语的学者，他就是以前的马杜克祭司贝罗苏斯。他被要求根据美索不达米亚的知识，编译人类和神灵的历史和史前史。他在哈兰一个楔形文字泥版的藏书室里翻查历史、研究和记录。正是从他后来所作的三本书中（我们是从古代的残余手稿中对这三本书的引用得知的），西方世界的希腊人和后来的罗马人，才了解到有阿努纳奇人降临地球，了解到前洪水时期，人类的创造，还有大洪水以及后来的事情。从贝罗苏斯那里，现代人还第一次了解到 3600 年的“SAR”是上帝的一年（这是从后来发现的楔形泥版上得到证实的）。

公元前 200 年，塞琉古跨过托勒密的边界夺取了朱迪亚。就像其他战争例子一样，历史学家只寻找了地缘政治和经济方面的原因——但是忽略了宗教方面的原因。贝罗苏斯放出消息说，恩基通知吉乌苏德拉（闪族人的“诺亚”）说，“放弃沙马什之城（西巴尔）的一切文字记录”，这是为了洪水以后的恢复，因为这些文字记录“是关于开始，发展和结束”的轮回信息。

根据贝罗苏斯的说法，世界经历着周期性的大洪水，他将洪水与黄道时代相联系，新周期的开始比塞琉古时期（公元前 312 年）早了 1920 年。那是白羊座时代的开始——如果给它赋予最长的数学长度（2232-2160= 公元前 122 年），那么这个周期即将结束。

可考证的资料表明，塞琉古国王觉得赶紧为归来和洪水做好准备，是很有必要的。苏美尔和阿卡德神殿疯狂的重建开始了，他们重点重建了乌鲁克的

E.ANNA——“阿努之屋”。黎巴嫩的着陆地，他们叫作赫里奥波利斯（太阳神之城），也立了一个神殿来重新供奉宙斯。之所以发动朱迪亚的战争，是因为他们想赶紧在耶路撒冷也建造一个着陆地来迎接。这就是希腊塞琉古迎接神灵归来的方法。

和托勒密王朝不同，塞琉古统治者想要将希腊文化和宗教强加给他们的人民。耶路撒冷的变化最为重大，在那里，外来军队突然驻扎了进去，祭司的权力也被缩减。希腊文化和习俗被强制性导入。甚至名字都要改变，他们最先拿一名高级牧师开刀，这位牧师的名字由原来的约书亚被逼改成詹森。民法限制犹太人在耶路撒冷的公民权利。税收增加用来支持体育教育和摔跤，而不是用来传播《希伯来圣经》。在乡村，希腊神的神殿被立起，军队被派往各个神殿来加强祭拜。

公元前 169 年，塞琉古国王安泰阿卡斯五世（他有个“神明”的绰号）到了耶路撒冷。这不是一个谦恭的造访。他进入了至圣所，亵渎了神庙的圣洁。在他的命令下，神殿里珍稀的黄金和仪式用的东西都被没收了，一个希腊官员接管这个城市，在神殿旁边建立了一个抵御外敌的永久性军事要塞。安泰阿卡斯回到叙利亚首都后，又发布公告，要求王国所有的人都必须祭拜希腊神。

在朱迪亚，安息日仪式和割礼都被禁止了，耶路撒冷的神殿也成了宙斯的神殿。并且在公元前 167 年希伯来基色娄月第 25 天（相当于现在的 12 月 25 日），宙斯的神像在一个神殿里被叙利亚希腊士兵立起来。大祭坛也被改用来供奉宙斯，当时，没有比这祭祀更为宏大的了。

犹太人的起义在所难免，一个名叫马太亚胡的祭司和他的五个儿子最先发动和领导了起义，这就是马加比起义或者叫犹太人讨伐异教徒。起义在乡村爆发，起义军很快征服了希腊当地的驻军。当希腊急忙增援时，起义已经席卷了整个国家。由于马加比起义军人数占劣，武器缺乏，他们为这次狂热的宗教信仰付出了沉重的代价。这件事（在《马加比家族》有描述，后来的历史学家也有记载）无疑表明，这次以少数人对抗强大的王国是被某一个时间表引导的：重新夺回耶路撒冷势在必行，在最后期限之前，清理神殿，重新祭拜耶和华。在公元前 164 年，马加比起义军只占领了神殿山，他们清理了神殿，然后重新点燃了神圣的焰火。公元前 160 年，他们最终胜利了，犹太人获得了独立并且完全控制了耶路撒冷。这次胜利仍然被犹太人在基色娄月第 25 天庆祝，这就是犹太人的光明节。

这些事件的顺序和时间，看起来和关于完结日的预言有联系。在那些预言中，有一个为完结日提供了具体的数字线索，就是天使向但以理传达的那个。但是还不够清楚，因为传达时有时用了“时间”，有时用了“年星期”，甚至天数。也许只有考虑后面的情况，才能知道计时从什么时候开始、什么时候结束。

在其中一例中，计时从在耶路撒冷“正式的祭祀被废除和邪恶事物的建起”开始。我们已经叙述了，“邪恶事物的建立”的确在公元前 167 年发生了。

从那些事件发生的顺序看来，但以理被告知的事件的发生时间，一定和神殿发生的特殊事件的时间相关：公元前 167 年它被亵渎（正式的祭祀被废除和邪恶事物的建立），公元前 164 年神殿又被清理（在“1290 天”后），以及公元前 160 年耶路撒冷的彻底解放（“人们在等了 1335 天后，欢乐终于来临”）。这些天数，1290 和 1335，和神殿发生的事件是基本吻合的。

根据但以理书的预言，接下来完结日的时钟开始嘀嗒作响了。

※

公元前 160 年，重新占领整个城市和在神殿山清除异教军队的事件，是另外一个线索的答案。我们现在通用的纪年法，公元前和公元，用的是后来建立的基督历法，当时的人们显然不知道。而他们用的就是前面提到的：希伯来历法。它于公元前 3760 年在尼普尔开始——根据这个历法，我们所称的公元前160年，正好是3600年！

那就是读者现在已经知道的，一SAR（众神的一年），尼比鲁的轨道周期。虽然尼比鲁提前400年出现了，无疑3600年仍然非常重要。《圣经》中预言，耶和华将回到他的神殿山，这无疑是神的旨意，我们叫作“公元前160年”的那一年是至关重要的一年：无论行星去到哪里，神灵保证了要回到他的神庙，神庙就应该被净化来迎接他。

上几段根据希伯来历法计算的年份，在当时那个动乱的年代，也并不是没有人注意到。《大赦年书》就对此做了证实，这本书被认为是在马加比起义后几年，在耶路撒冷用希伯来语写的（现在只有希腊语、拉丁语、叙利亚语、埃塞俄比亚语、斯拉夫语的译本）。它从犹太人离开埃及开始，讲述了犹太人的历史，用的是50年单位制的纪年法——这个单位制是耶和华在西奈山颁布的（第九章）。这本书同样创造了一个连续的历史历法：安努蒙迪（Annu Mundi，拉丁语中的“世界年”），它从公元前3600年开始。学者们（比如查理斯在将此书翻译成英文时）将“50年单位制”纪年法转化成按照安努蒙迪纪年法的“周”。

这个纪年法不仅在古代近东保持着，甚至还决定了一些事件发生的时间。我们可以从前几章关键事件的时间看出来。如果我们选取一些关键的历史事件，下面就是“公元前”转化成“N.C.”（希伯来历法）的对照表：

公元前	希伯来历法	事件
3760	0	苏美尔文明，希伯来历法的开始
3460	300	巴别塔事变
2860	900	吉尔伽美什杀死了天堂神牛
2360	1400	萨尔贡：阿卡德时代开始
2160	1600	埃及第一中间期，尼努尔塔时代 （古地亚修建50神殿）
2060	1700	那布组织马杜克的追随者 亚伯拉罕来到迦南。列王战争

续表

公元前	希伯来历法	事件
1960	1800	马杜克的巴比伦金字塔建造
1760	2000	汉谟拉比巩固了马杜克的最高地位
1560	2200	埃及新王朝（“中间王国”） 新王朝制度（“卡塞特王朝”）
1460	2300	索山，埃兰，米坦尼反对巴比伦 西奈山的摩西，“燃烧着的丛林”
960	2800	新亚述帝国建立。阿基图节日在巴比伦复兴
860	2900	阿舒尔佩戴十字标志
760	3000	耶路撒冷预言从阿莫斯开始
560	3200	阿努纳奇神灵完成了他们的离开 波斯挑战巴比伦
460	3100	希腊的黄金时期。希罗多德在埃及
160	3600	马加比解放了耶路撒冷，神殿被重新供奉
没有耐心的读者等不及要填写下面的格子了：		
60	3700	罗马人在黎巴嫩建立了朱庇特神殿 占领了耶路撒冷
0	3760	拿撒勒的耶稣；公元计时开始

马加比起义耗费一个半世纪得以解放耶路撒冷，这与耶稣在那个最动乱的年代的到来，是相联系的。

那个关键的时代以一个欢庆开始了，这个时代的很多事件至今都影响着我们。一个世纪以来，犹太人再一次成为他们神圣首都和神殿的主人，可以自由地选取他们的国王和高级祭司。虽然在边界的战争仍然持续着，但是，这时边界已经包围了很多大卫时代联合王国的领土。建立犹太独立国家，定都耶路撒冷，这些都是犹太人讨伐异教徒胜利的方面，但是除了一点：耶和华在完结日的归来并没有发生，即使从“邪恶事物建立”的方法来计时看似是正确的。有些人也许会问，是不是因为我们还没有完全理解关于时间的谜底。显然，但以理其他的关于时间的谜底需要进一步破解，比如“年”“年星期”“一载，几载”等。

线索在但以理书中的预言部分，说到了巴比伦、波斯和埃及以后的未来王国的兴衰，这些王国被秘密地叫作“南方”“北方”，或者海上的“科提姆”。这些王国将会四分五裂，然后互相残杀。“在大海之间修建神龛”，所有的未来国家也被用不同的动物来秘密代替，比如公羊、山羊、狮子，等等。它们的后代，叫作“角”，也会四分五裂，然后互相残杀。这些未来的王国是哪些国家？又预言了什么战争？

以西结预言也说了大战争将会发生，在南北方之间，在身份不明的高格和对立的马高格人之间。人们想要知道，这些预言的国家是否已经出现了，是亚历山大的希腊、塞琉古王朝，还是托勒密王朝，还是在更遥远的未来的某个王国？

还有神学上的混乱：预言中说到的，耶路撒冷耶和华的到来，是真身的到来，还是只是一个象征性的到来，还是只是一种精神的短暂呈现？犹太人的领导阶层也发生了分裂，有法利赛教派和自由的撒都该教派。撒都该教派更具国际视野，他们已经认识到犹太人离散——从埃及扩散到安纳托利亚和美索不达米亚——的重要性。除了这两个主流派别，小派别也在他们自己的社区传下来。其中最著名的是爱色尼派（因死海古卷而出名），他们在库姆兰隐退。

为了解开预言的谜底，罗马这支正在崛起的强大力量也应当考虑。在几次与腓尼基人和希腊人的战争中取得胜利后，罗马人控制了地中海，并且开始插手托勒密王朝和塞琉古累范特地区的事务（包括朱迪亚）。公元前 60 年，罗马人在庞培的领导下，占领了耶路撒冷。在那里，和以前的亚历山大一样，他绕行来到了太阳城赫利奥波利斯，祭拜了朱庇特。接着在那里，罗马人又建立了一个宏大的宫殿，这是罗马帝国为朱庇特建的最大的神殿（见图 123）。一块纪念碑上写道，罗马帝国的皇帝尼禄在公元前 60 年访问了此地，表示罗

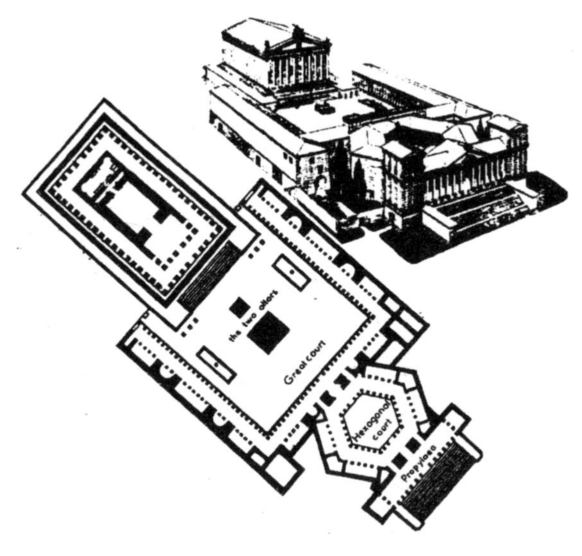

图123

马帝国的神殿在那时已经建立起来了。

那个时代的民族和宗教混乱，在广为流传的历史预言书中都有所表现，比如《大赦年书》《以诺书》《十二族长遗训》《摩西升天记》(还有其他的几本，统称为"新约外传"和"伪经")。它们有个相同的主题，就是相信历史是轮回的，完结日的一切都是被预言了的，那是一个混乱和剧变的时期，不仅标志着历史轮回的一个终结，也是一个新轮回的开始。这个"翻转"的时代将在"涂油人"来临那天真相大白。"涂油人"就是希伯来语的Mashi'ach(翻译成希腊语是Chrystos，英语是"弥赛亚"或者"救世主")。

※

至少从萨尔贡时代开始，为新王举行涂油礼就在古代世界很普遍了。在《圣经》中，这被认为是对上帝的一种献祭仪式，其中最重要的事件，便是约柜的管理人，先知撒母耳，把耶西之子大卫叫来，以上帝的名义立他为王：

撒母耳就用角里的膏油

在诸兄弟面前给他施了涂油礼

从这日起

耶和华的灵就大大感动大卫

——《撒母耳记》16：13

对所有预言进行研究后，耶路撒冷的虔诚信徒发现，它们都把大卫看作上帝的选民。大卫与上帝立下神圣的誓约，说当“正在来到的日子”来到时，他的王座将在耶路撒冷重新确立，被“他的种子”——大卫家族的后代——确立。在“大卫的王座”上，来自大卫家族的未来的王，统治耶路撒冷；当这发生时，世上的王和王子都将聚集到耶路撒冷，来寻求公正、和平以及《圣经》。而这，上帝立誓，是“永恒的允诺”，上帝的盟约“世世代代有效”。《以赛亚书》16：5、22：22，《耶利米书》17：25、23：5、30：3，《阿莫斯书》9：11，《哈巴谷书》3：13，《撒迦利亚书》12：8，《圣歌》18：50、89：4、132：10、132：17 等等文字，都证明了这个誓约效用的普遍。

这些是直接的语言，与大卫家族间建立的弥赛亚誓约是明确好的。但是，在描述耶路撒冷事情的发展时，它们也有充满了争论的一面。联系这两者的是先知以利亚。

在基列寄居的提比斯人以利亚，是《圣经》中的一个先知，活跃在公元前 9 世纪的以色列王国（离开朱迪亚之后），此时以色列王国处于亚哈及其迦南人王后耶洗别的统治之下。正如他的希伯来名字 Eli-Yahu——意为“耶和华是我的主”——所表示的一样，他一直在与迦南人的神巴力（意为“主”）的祭司和“代言人”做斗争，对巴力神的崇拜一直被耶洗别宣扬。在约旦河边的一个地方隐居时，以利亚被任命成了“属于神的人”，之后，他得到了一件有着神力的“毛织的外衣”，使之能以神的名义展现奇迹。他的第一件被记载的奇事（《列王纪·上》第 17 章）是只用一汤勺面粉和一点油，便使一个寡妇靠此度过了后半生。之后，他又救活了她已死去的儿子。与巴力神先知在加尔默多山上斗争时，他可以从天上召唤来火焰。他的故事，是《圣经》中以色列人在出埃及后重返西奈山的唯一事例：当他从耶洗别和巴力祭司们的愤怒中逃出来后，一个耶和华的天使将他庇护在西奈山的一个山洞里。

《圣经》中他并没有死，而是被一阵旋风带到了天堂，带到了上帝身边。他的升天，在《列王纪·下》第二章中有细致的描述，它并不是突然地出乎意外地发生，而是经过了计划与安排，时间与地点都是预先通知了以利亚的。

这个指定的地点就在约旦河谷，约旦河之东。当去那里的时间到来，他的信徒们在以利沙的领导下，一同前往。他在吉甲做了停留（在此地，耶和华的神迹展现在约书亚领导下的以色列人面前）。在这里，他试图摆脱他的跟随者，但他们一直跟随到了伯特利，虽然叫他们停下，只让以利亚独自过河，但信徒们跟随着走到了耶利哥，他们不停地问以利沙，是否“耶和华今日真要接以利亚到天国”？

在约旦河边，以利亚卷起他那有神力的外衣，拿去打击水面，水就左右分开了，使他过河。除了以利沙跟着以利亚过河外，其他的信徒都留在原处。

他们正走着说话
忽有火车火马
将两人隔开
以利亚就乘着旋风升天去了
以利沙看见，就呼叫说：
“我父啊！我父啊！
以色列的战车马兵啊！”
之后他就再也没见到了……

——《列王纪·下》2：12

在特尔·佳苏尔（“先知的坟墓”）的考古发掘，发现了画着“旋风”的壁画（见图 103），特尔·佳苏尔就在约旦，布置符合《圣经》传说。它是唯一一处在罗马教廷赞助下发掘的（这些东西隐藏在以色列和约旦的土地中，我搜寻它们，搜寻了约旦的这处地方，最后，还寻访了位于耶路撒冷的、由耶稣会士掌管的宗座圣经学院（见图 124），这些，都记述在《地球编年史》中。

犹太教义认为，神圣化的以利亚有一天会归来，作为以色列人最终得救的先兆，作为弥赛亚使者而归来。在公元前 5 世纪，这个传统已经被《圣经》中最后一个先知——玛拉基记录在他最后的预言中。因为教义认为，天使带走以利亚的西奈山山洞，就是上帝向摩西显圣的地方，所以认为以利亚会在纪念出埃及的逾越节重现。在开始为期 7 天的逾越节的那天，犹太人在举行逾越节家宴时，要求在餐桌上为以利亚放置一杯斟满的酒，啜饮，就像以利亚已到来；大门打开，以迎接以利亚；朗诵规定的赞美诗，希望他不久便会作为“弥赛亚，大卫之子”的使者而归来（就像基督徒的孩子被告诉说，圣诞老人会从烟囱中偷偷溜下来，给他们带来礼物，犹太人的孩子也被告诉说，以利亚会偷偷进来，喝一小口酒）。按照习俗，“以利亚之杯”被装饰成了一个艺术化的高脚杯，一个圣杯，除了在逾越节家宴时，为以利亚举行仪式而使用外，它不被

图124

用于其他任何目的。

耶稣“最后的晚餐”便是传统的逾越节家宴。

※

虽然自己选高级祭司及国王的规矩得到了保存，但实际上，朱迪亚已经在各个方面成了罗马的一个行省，起先是被在叙利亚的朝廷统治，然后有了自己的地方官。罗马派来的行省长官保证，无论罗马选了什么人，犹太人选的神庙高级祭司是犹太人的部落长官（“犹太议事会的头”），起先还是“犹太人的王”（而非“朱迪亚的王”，如一个国家一般）。从公元前 36 年到公元前 4 年，统治者是希律王，他是皈依了犹太教的以东人的后裔，他是被两个罗马将军推选出的，这两人便是马克·安东尼和屋大维。希律王留下的不朽的建筑，包括圣殿山上的许多建筑，以及死海东岸马察达的宫殿与战略要塞；他迎合罗马统治者的心愿，做罗马皇帝的部下。

公元 33 年（按照学者们一致同意的年代），拿撒勒的基督耶稣和聚集的朝圣者一起，到达了被哈莎莫林和希律王的建筑扩建的耶路撒冷。在那时，犹太人只被允许保留其宗教机构，此机构是由 70 个长老所组成的理事会，即犹太公会；犹太国王被废止；这片土地，不再是犹太人的国，而只是罗马的一行省，由总督本丢·彼拉多管辖，督署设于安东利亚要塞靠近神庙的地方。

犹太平民和罗马统治者之间的矛盾日益增加，导致耶路撒冷发生了一系列的流血冲突。彼拉多在公元 26 年来到耶路撒冷，他给这个城市带来了罗马军队，带来了安在马上的标志和他们的货币，带来了被神庙禁止的偶像。对此表示反抗的犹太人被无情地处死，被处死的人是如此之多，以至于人们给行刑的地点取了一个绰号：哥格热，意为骷髅头之地。

耶稣曾经来过耶路撒冷。“每年到逾越节，他父母就上耶路撒冷去，当他

12 岁的时候，他们按着节期的规矩上去。守满了节期，他们回去，孩子耶稣仍旧在耶路撒冷”（《路加福音》2：41—43）。当耶稣和他的信徒在这个时候到达时，情况显然不像他们所期望的那样，不像旧约先知们预言的那样。虔诚的犹太人——耶稣应该也是——蒙恩于救赎的观念，观念被弥赛亚拯救，这对上帝和大卫家族间特别而持久的关系是至关重要的。这在宏伟的《圣歌》第八十九章（19—29）中，清晰而有力地表现了出来，在《圣歌》中，耶和华在幻象中晓谕他虔诚的跟随者：

> 我已高举那从民中所选的，
> 我已寻得我的仆人大卫，
> 用我的圣膏为他涂油……
> 他要称呼我说：“你是我的父，是我的神，
> 是拯救我的磐石！”
> 我也要立他为长子，
> 为世上最高的君王。
> 我要为他存留我的慈爱，直到永远。
> 我必不背弃我的约定，
> 也不改变我口中所说的话……
> 我也要使他的后裔，存到永远，
> 使他的宝座，与天同在。

是否文中的“与天同在”是一个线索，连接了救世主的到来和预言中的末日呢？是否这就是看见预言实现的日子呢？于是，在耶路撒冷的拿撒勒的耶稣和他的十二门徒决定自己来完成此事业：如果救赎要求一个被施以涂油礼的大卫家族的人，那么耶稣就是这个人！

他的希伯来名字——约书亚意为耶和华的拯救者；这个被施以涂油礼的人——基督（“弥赛亚”）被要求是来自大卫家族的，而耶稣就是：在新约《马太福音》中，开篇便说：“亚伯拉罕的后裔，大卫的子孙耶稣基督的家谱。”然后，在此处和别处，《新约》都给出了耶稣的家谱：从亚伯拉罕到大卫共有 14 代；从大卫到迁至巴比伦的时候也有 14 代；从迁至巴比伦的时候到基督耶稣又有 14 代。他是有资格的，福音书保证。

关于接下来发生了什么，我们的参考资料有《福音书》和《新约》的其他篇章。我们知道，“目击者报告”其实是在事件发生后很久才写出来的；这编订的版本是经过深思熟虑后产生的——是在 3 世纪后，由罗马君主君士坦丁大帝召开教士会议来编订的；我们知道，“诺斯替教派”的手稿，如拿哈玛地文稿或犹大福音书，给出了不同的版本，有些是教会要镇压的版本；我们也知道——这是不容置疑的事实——起先有一个由耶稣的兄弟领导的耶路撒冷教会，此教会只由犹太信徒组成，后来，它为非犹太人组成的罗马教会所取代。然而，我们将依照“官方”版本，把耶稣的事迹同本书所述的以前的事件联系起来。

首先，任何对耶稣是否在逾越节来到耶路撒冷，以及“最后的晚餐”是否是逾越节家宴的怀疑——如果有的话——必须被消除。《马太福音》26：2，《马可福音》14：1，《路加福音》22：1，都引用了当耶稣他们抵达耶路撒冷时，耶稣对使徒们所说的话：“你们知道，过两天是逾越节”；“过两天是逾越节，又是除酵节”；“除酵节，又名逾越节，近了”。这三部福音书，在同样的章节中，都叙述了耶稣叫其使徒去一间特定的房子，在那里，他们可以在逾越节开始时预备好逾越节的筵席。

接下来，我们要研究以利亚的材料，以利亚被认为是弥赛亚的使者（《路加福音》1:17 甚至引用了《玛拉基书》中的句子来描述以利亚）。依照福音书，听说耶稣所行的神奇事迹——这些神迹和先知以利亚所行的相似——的人，首先会怀疑耶稣是否就是以利亚的重现。耶稣没有表示否定，而是问他的门徒说："你们说我是谁？" 彼得回答说："你是基督。"(《马可福音》8：28—29)。

如果这样，他被问道，必须先来的以利亚在哪儿？耶稣回答说：以利亚固然先来，他已经来了！

> 他们就问耶稣说：
> 文士为什么说以利亚必须先来？
> 耶稣说：
> 以利亚固然先来，复兴万事……
> 但我告诉你们，
> 以利亚已经来了。
>
> ——《马可福音》9：11—13

这是一个大胆的宣言，对它的检验就要来到：因为，如果以利亚真的已经返回地球，"确实来到"，从而满足了弥赛亚到来的条件——那么，他应该在逾越节宴席上出现，并从为他斟满的酒杯中喝一口！

就如传统所规定的那样，斟满酒的以利亚之杯，被放在耶稣和他门徒举行逾越节家宴的桌子上。《马可福音》第十四章描述了这次宴席。主持宴席的耶稣拿起无酵饼（现在被称作玛索饼），祝福后掰开饼，分给他的门徒。"又拿起杯来，祝谢了，递给他们，他们都喝了。"(《马可福音》14：23)

所以，毋庸置疑，以利亚之杯就在那里，但是达·芬奇选择不把它画出来。在他的画作——只能取材于《新约》的《最后的晚餐》中，耶稣没有拿着那个至关紧要的杯子，而那个斟满酒的杯子也不在桌上！而在耶稣右边却有个难以解释的缺口（见图 125），他右边的使徒弯向一边，就好像让某个看不见的人来到他们之间一样：

图125

对神学十分有研究的达·芬奇，是否暗示看不见的以利亚已从那开着的窗户中进来，就在耶稣背后，拿走了他的以利亚之杯呢？因而，以利亚，如这幅画暗示的，已经归来；作为弥赛亚使者的以利亚已经到来。

※

当耶稣举起这杯酒，做了祝福后，他对他的门徒说，如《马可福音》14：24 记述的，“这是我立约的血。”如果这是他的原话，他并不是想说，他们喝的酒是血——这是为犹太教所严格禁止的，“因为血即灵魂”。他的意思是：这杯里的酒是契约，是他的家族所立的契约。达·芬奇用以利亚之杯的消失生动地表现了这一点，推测起来，杯子应该被看不见的以利亚给拿去了。

这消失的杯子是作家数世纪来最喜爱的一个题材。故事成了传说：十字军寻找它；圣殿骑士找到了它；它被带到了欧洲……这个杯子成了圣餐杯；它是代表王室血统——在法语中叫圣血：Sang Real——的杯子，成了 San Greal——圣餐杯。

那么，这个杯子是否离开过耶路撒冷呢？

对朱迪亚的犹太人持续的镇压引发了大规模的起义；这次暴动，使得罗马帝国最好的将军与军队，用了七年的时间来打败小小的朱迪亚，抵达了耶路

图126

图127

撒冷。公元70年，经过漫长的围困与惨烈的白刃战，罗马人最终攻破了犹太人的圣殿，然后，罗马主将提图斯命人将圣殿烧毁。虽然在以后三年，各地都有陆续的反抗，但伟大的犹太起义已经结束了。胜利的罗马军队欣喜若狂，他们铸造了一系列硬币来纪念这次胜利，硬币上写有“占领犹太”的字样，在罗马建起凯旋门，展示他们从圣殿抢掠来的犹太人的圣物（见图126）。

在独立时期，每一年发行的犹太硬币都刻有“第一年”“第二年”……的图样；“为纪念锡安的自由”，用土地上的果实来作为装饰图样。令人费解的是，在第一年和第二年的硬币上刻有圣餐杯的形象（见图127）……

※

那么，圣餐杯还在耶路撒冷吗？

第十六章

哈米吉多顿，预言归来

他们会回来吗？什么时候回来？

我被无数次地问起类似的问题。“他们”是指那些事迹填满我的书，在远古时代曾被尊为阿努纳奇神灵的尼比鲁外星人。他们会回来，这是第一个问题的答案。有太多线索证明了他们的存在，而预言归来终究会实现。至于第二个问题，自从 2000 多年前发生于耶路撒冷的具有分水岭意义的事件占据了人类的全部心思后，就已不答而解了。

但问题不仅仅是“是否回来”和“什么时候回来”。他们回归的预兆是什么？又有什么和他们一起归来呢？这到底是一个友善的拜访，还是如当初大洪水一般带来末日？到底哪一个预言才是真实的未来，是弥赛亚时期，基督再临和一个崭新的开始；还是灾难的天启，最终的末日和哈米吉多顿（《圣经》中世界末日善恶决战的战场）？

哈米吉多顿，是个有关一场难以想象的、灾难般的战争的术语，实际上就是对于核毁灭的恐惧和屈服。而核毁灭，是把这些预言从宗教、末世论或者纯粹对于人类生存问题的好奇中剥离出来的唯一希望。

公元前21世纪的东西方王者之战是随着一场核灾难而终结的。2100年之后，在公元前变成公元的那个时刻，人类的恐惧被写在卷轴上，深藏于死海边的一个洞穴，其上描述了一场伟大的终结之战：光明之子与黑暗之子的决战。

而现在，到了公元21世纪，核威胁又高高悬挂在同一历史位置上。我们有足够的理由追问：历史会重演吗？历史真的会以某种神秘的方式，每21个世纪轮回一次？

战争，灭绝一切的大火，在《以西结书》（38—39）中被描述为末日进程的一部分。虽然“马高格的高格”或者说“马高格和高格”被预言为末日战争的最大煽动者，但实际上，那些注定被卷入这场战争的战士名单却涵盖了所有民族。这场绝世大火的焦点，是“居住在世界肚脐上的人们”。根据《圣经》，是耶路撒冷的居民；而巴比伦人则以尼普尔人替代者的姿态，消失在时间长河中。

令人汗毛倒竖的是，在以西结的名单中，那些广泛分布于全世界，将要卷入最后一战——哈米吉多顿——的国家（38：5），是从波斯开始的。

谁是“马高格的高格”？又为什么那些2500年前的预言，听起来那么像如今的报纸头条？这些预言的细节精确指出时间了吗？是现在，这个世纪？

哈米吉多顿，这场高格和马高格的战争，同样是《新约》预言书《启示录》（全名是《圣约翰末日天启》）中末日进程的主要元素。这本书将伪造事实的煽动者比作了两头野兽。一头能“将天堂之火带到地上，在人们可见的地方”。只有一个难以理解的提示曾指出过它的身份（《启示录》13：18）：

这里需要智慧，

让那些聪明的，

去数一下野兽的数目，

那是一个人的号数，

而这个数是666。

很多人都尝试过破译这谜一般的数字666，假设它是一个关于末日的密码信息。因为《启示录》是在古罗马开始迫害基督教徒时写的，所以一个公认的解释是，这个数字是暴君尼禄的代码，他的希伯来名字NeRON QeSaR加起来刚好是666。实际上，他可能在公元60年——也可能不是——去过位于巴勒贝克的太空基地，很可能是去为朱庇特神殿举行落成仪式，这与666谜团必然有些联系。

但666肯定不单单与暴君尼禄有关系。一个令人感兴趣的事实是，不论600、60还是6都是苏美尔人60进制数学系统的基本数字。因此，这个神秘代码就可能被追溯到某些更早的文献中：有600个阿努纳奇神灵，阿努的数字代码是60，伊西库尔、阿达德则是6。如果把这三个数字相乘而非相加的话，我们会得到666=600×60×6=216000，刚好100倍于我们所熟悉的2160（黄道周期）——一个可以被不断推测的结果。

这里还有一个谜。七位天使预言未来的进程时，并没有说将发生于罗马，而是在巴比伦。就像666是罗马统治者的代码一样，按照常规思维，巴比伦就应该是罗马的代码。但《启示录》成书时，巴比伦已消失了数百年；并且在《启示录》中，所有关于巴比伦的预言都与“神圣的幼发拉底河”（9：14）有关，甚至详细描述了“第六位天使把碗倒在伯拉大河上”（这是《圣经·启示录》原文，伯拉大河即幼发拉底河），使河水枯竭，为来自东方的王者预备道路（16：12）。所有这些都是幼发拉底河上的城市或土地，而非台伯河。

既然《启示录》是预言未来的，那么我们就必须承认“巴比伦”不是代码，巴比伦就是巴比伦，是将要卷入“哈米吉多顿”（《启示录》16：16正确阐释了“在希伯来的舌头上”这个地方，即哈尔米吉多，米吉多山，在以色列境内）

之战——一场影响圣地巴勒斯坦的战争——的未来的巴比伦。

如果预言中未来的巴比伦真是如今的伊拉克，那《启示录》又将是令人胆寒的，因它预言了一些发生在一场短暂而可怕的战争之后，最终导致巴比伦灭亡的事情。它预测了巴比伦/伊拉克在战争之后将分裂成三部分（16：19）！

《但以理书》预言了苦难时期和对走入弥赛亚进程的尝试，为了解释神秘的《旧约》预言,《启示录》(第二十章）描述了持续1000年以“第一次复活”为标志的第一弥赛亚时期，接着是1000年的撒旦时期（届时“高格和马高格”会煽动一场巨大的战争），然后是伴着又一次复活的第二弥赛亚时期（于是有“第二次归来”)。

当公元2000年到来时，这些预言无可奈何地引起了一阵狂热的思考：有人认为在这个千禧年，所有预言都将成真。

随着公元2000年的接近，类似的千禧年疑问让我烦不胜烦。我告诉我的读者，千禧年不会有任何事发生，而这不只因为自耶稣诞生日算起的千禧年早已过去。所有学术上的推算都指出，耶稣于公元前6年或前7年出生。我持此观点的主要原因是：在那些预言中，时间不是线性的——公元1年，公元2年，公元900年，依此类推——而是一些主要事件的往复轮回。这些预言都遵循一个基本原则“开始即结束”——只有当历史走过一个轮回，起点和终点重合，才会有某些事情发生，反之亦然。

历史轮回观点的内在核心是一种上帝永在的观念。当天堂和大地被创造时，他在；当末日来临，他的帝国须被重建于圣山时，他在。从最早《圣经》中的断言到最后的先知，无不反复声明这一观念，就像上帝通过《以赛亚书》宣示的那样（41：4，44：6，48：12）：

我是耶和华，我是最初的，也是最末的，

我从起初指明末后的事，

从古时言明未成的事。

——《以赛亚书》48：12，46：10

同样的宣示，两次出现在《启示录》中：

主神说，

我是首尾，

是昔在今在以后永在的全能者。

——《启示录》1：8

的确，预言的基础是“开始即结束”的观念。之所以未来可被预测，是因为过去已被知晓——如果不是人，那便是上帝：我“从起初指明末后的事”，耶和华说（《以赛亚书》4：10）。先知《撒迦利亚》（1：4，7：7，7：12）预见了上帝所设定的未来——最终审判日，就过去而言，这是第一日。

这个观念以多种形式重申于《圣歌》，于《箴言篇》，于《约伯记》，被看作是神制定的关于全世界所有国家民族的计划。先知以赛亚预想全世界所有种族聚集起来，试图破译未来的秘密。描述他们互相追问：“那些高高在上的，谁能通过古老的事件来告诉我们未来的轨迹？”（41：22）《亚述预言集》也申明了这个观念是世界性的基本原则。那布神告诉亚述王埃萨哈顿：“未来应同于过去。”

※

这种源于《圣经》预言的循环回归图景，给出了一个可被接受的答案，关于什么时候回归的答案。

一种轮回往复的历史时间被找到了。这将使读者们回忆起，在中美洲，因两个状似齿轮、互相啮合的日历盘的转动（见图 67），造成了一个 52 年的轮回周期。随着日历盘的转动——不知道多少个轮回之后——羽蛇神（又名透特或宁吉什西达）承诺归来。这便是所谓的玛雅预言，根据预言，世界末日将于公元 2012 年到来。

预言中的末日即将来临这件事情自然而然地吸引了人们极大的注意力，也值得好好分析和解释。这个特定的时刻实际就是时间恰恰循环了 13 个白克顿的那一年（关键在于怎样计算）。一个白克顿持续 144000 天，就像某种里程碑。

这个推测中的某些错误和虚妄的假定是需要指出来的。首先，白克顿这个单位不是属于拥有 52 年周期的那两个互相啮合的日历盘（哈伯历和卓尔金历），而是属于另一个更古老的所谓长计历。这种历法被奥尔麦克人采用——一群在透特被逐出埃及时迁徙到中美洲的非洲人。并且长计历就是从透特被逐出那天开始算起的，那是公元前 3113 年 8 月 13 日。长计历中的单位及其换算关系如下：

1 Kin			= 1 天
1 Uinal	=	1 Kin × 20	= 20 天
1 Tun	=	1 Kin × 360	= 360 天
1 Ka-tun	=	1 Tun × 20	= 7200 天
1 Bak-tun	=	1 Ka-tun × 20	= 144000 天
1 Pictun	=	1 Bak-tun × 20	= 2880000 天

每个单位都是前一个的数倍，因此随着日期的不断增加，总有一天会超出白克顿的范围。但是玛雅纪念碑从未超出 12 个白克顿的范畴，而这 1728000 天也已远远长于玛雅文明的存在时间。这样看来，第 13 个白克顿就似乎真的

是某种里程碑了。而且，据说玛雅文明相信现今的“太阳”或者纪元，会在第 13 个白克顿末终结。如果我们用这些天数（144000×13 = 1872000）除以 365.25 的话，刚好是 5125 年，再减去 3113 年，就得到公元 2012 年。

这是一个让人兴奋又恐惧的预言，但实际上，在一个世纪以前，这个日期就被学者们质疑过了（例如弗利兹·巴克的《蒂亚瓦纳科的玛雅人日历文化》）。他们指出，就像上面所述那些单位和乘数一样，对于除数，我们也应该使用玛雅历法自己的 360 而非 365.25。这样的话，1872000 天就应该是 5200 年——一个完美的结果。因为它恰好 100 倍于透特的神秘数字 52。因此，透特的神秘归来就应该是在公元 2087 年（5200 - 3113 = 2087）。

即使是这样的等待我们也可以忍受。唯一美中不足的是，长计历是线性的，而不是我们所必需的、循环的。这样的话，它就可以第 14 白克顿、第 15 白克顿一直持续下去。

※

但是，所有这些都不能影响千禧年预言的重大意义。因“千禧年”这一关乎末日的时间实际源自公元前 200 年的犹太伪经，所以，我们应该从这方面来追寻其意义。实际上，涉及用“1000 年”——一个千禧年来定义一个时代的说法早就出现在《旧约》中了。《申命记》（7：9）指定神和以色列订约的年代为“一千代”——这个说法在大卫把约柜带到耶路撒冷时再次重复。《圣歌》反复把“千”这个词应用到耶和华身上，他的神迹，甚至他的战车上（《圣歌》68：17）。

直接跟末日和回归有关的陈述出现于《圣歌》90：4，由摩西本人做出的声明里面这样描述上帝：“在你看来，千年如已过的昨日。”这个陈述引出这样的思考（开始于罗马毁坏神庙后不久）：或许我们找到了一种解释神秘的弥赛亚末日的方法。根据《创世记》，如果创造——“世界的起点”——用了上帝六天，并且神赐的每一天都持续 1000 年的话，那从开始到结束一共经历了 6000 年。这样我们就知道，世界末日将于创世记元 6000 年到来。

由于尼普尔的希伯来历法是从公元前 3760 年开始的，因此世界末日将于公元 2240 年到来（6000 － 3760 ＝ 2240）。

这第三种末日算法可能让人觉得安慰，也可能让人觉得失望——这个取决于各人的期望。这种算法的亮点是，它完全与苏美尔的 60 进制（“基数 60”）数学系统是一致的。甚至有可能在未来被证明是正确的，但我现在不这样认为：因为它又只是线性的——而预言中的时间是轮回往复的。

※

由于没有一个“现代的”预言是可行的，我们必须去追溯远古的“方案”——希伯来的大预言家以赛亚有忠告：“去关注过去的征兆。”我们有两个轮回的选择：尼比鲁行星轨道周期的神圣时间，黄道运动的“天时间”。到底是哪一个呢？

当尼比鲁行星到达近日点（离太阳最近，也最接近地球和火星）时，阿努纳奇人趁着这个“机会之窗”来了又去。这个明显的假设，过去常常让我的某些读者只是简单地将 4000 扣除 3600（阿努最后一次拜访的周期），得到公元前 400 年，或者将 3760 扣除 3600（尼普尔历开始）——就像马卡比所做的那样——得到公元前 160 年。不管怎么说，尼比鲁星球再次到达还在遥远的未来。

实际上，读者现在已经知道了，尼比鲁行星比预期到来得早，大约在公元前 560 年。在考虑这次“脱轨”时，我们必须记住完美的 SAR（3600）从来都只是数学上的轨道周期，因为天体——行星、彗星、小行星在宇宙中运行时，总是在经过其他行星附近时被其万有引力拉扯而改变轨道。以哈雷彗星为例，它的理论轨道周期是 75 年，实际却在 74 与 76 之间浮动——1986 年回归时就是 76 年。将哈雷彗星的例子套用到尼比鲁行星上，就会得到一个在 3600 年上下波动 50 年的周期。

还有另外一个让尼比鲁行星的轨道周期与它的惯常 SAR 差别如此大的原因：大约公元前 10900 年来临的罕见大洪水。

大洪水之前的 120 个 SAR 内，尼比鲁行星正常运行着，没有造成这样大的灾难。但一些不寻常的事情的发生，使尼比鲁行星更加靠近地球：随着南极冰盖的融化，大洪水来临了。那到底是什么不寻常的事呢？

答案就在太阳系外围，天王星和海王星的轨道上。因无法解释的原因，两颗行星为数众多的卫星中的一部分，在尼比鲁行星的运行轨道上排成了“一排”（“逆行的”）。

太阳系最大的谜团之一就是天王星真的是躺着的——它的自转轴是指向太阳而非垂直于公转平面的。美国国家航空航天局的科学家说过：“某物”曾经给过天王星一次“重击”。但没有谁敢于去猜测这“某物”是什么。1986 年，旅行者 2 号在天王星的卫星米兰达上发现了神秘难解的巨大“Λ”形伤疤和“犁”形图案（见图 128）。我经常在想，或许也是这“某物”给这颗与众不同的卫星留下了这样的印记。这些有可能是因为和擦肩而过的尼比鲁行星及其卫星相撞产生的吗？

近几年，天文学家们发现，那些外围的大行星并非一动不动地在它成形时的轨道上运行，而是逐渐向外飘动，距太阳越来越远。研究指出，天王星和海王星的这种改变是最显著的（见图 129）。这样就能解释，为何尼比鲁行星在安然无事地运行了无数周期后却出现突发事故。我们有根据假设，尼比鲁行星在它的“大洪水”周期遭遇了向外飘动的天王星，它的一个卫星与天王星相撞，使天王星向一侧倾斜。甚至有可能就是神秘的卫星米兰达——尼比鲁行星

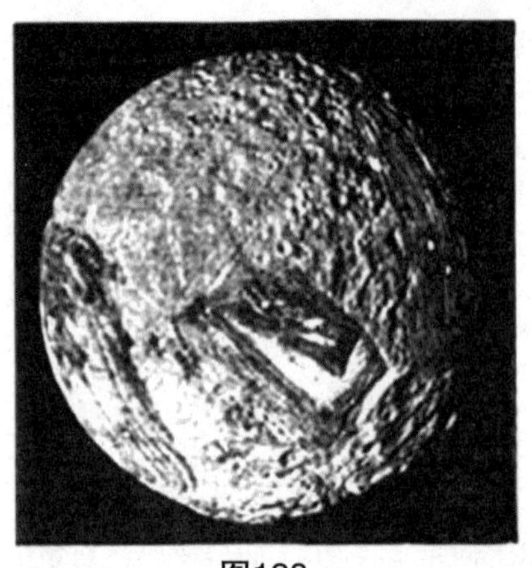

图128

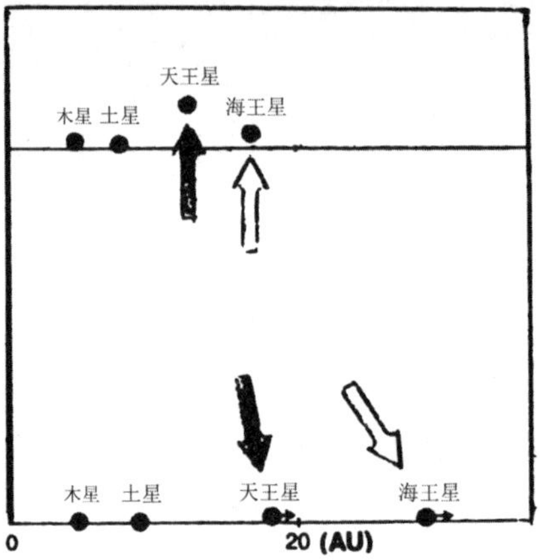

天王星
木星 土星 海王星
木星 土星 天王星 海王星
0 20 (AU)

图129

的一颗卫星撞了天王星并被其俘获在卫星轨道上。这影响了尼比鲁星的运行周期，使其从 3600 年减少到约 3450 年，最终导致了前洪水时期的一些事件的不断再现，大约在公元前 7450 年、公元前 4000 年和公元前 550 年。

如果事情真是这样的，那就能解释为何尼比鲁星会在公元前 556 年提前到来，也暗示了它的下一次到来大约将在公元 2900 年。对于那些将预言中的大洪水与尼比鲁星——对某些人来说是“X 星”——的归来相联系的人而言，时间还很遥远。

但所有认为阿努纳奇人在尼比鲁星来到近日点时，只把到来和离去限制在一个短短的“窗”内的观念都是不正确的。其实他们也可以在其他时间来到和离去。

古老的文献记录了很多神来了又去的例子，都没有说跟行星的归来有任何联系。同样，也有很多关于人在地球和尼比鲁间来往的传说，但都未说能在天空中看见尼比鲁星（另一方面也应强调一下，大约公元前 4000 年阿努来到地球）。例如恩基和人类妇女所生的儿子亚达帕，他得到了知识却未被赋予长生，只是曾经在杜姆兹神和宁吉什西达神的陪同下极短暂地参观过尼比鲁。以诺，效仿苏美尔人恩麦杜兰基，也在他的一生中两次去了尼比鲁又回来。

如图 130 所示，至少在两种方式下这是可能的。一种是在尼比鲁星的回归阶段使用宇宙飞船加速（航线 A），在近日点之前到达地球；另一种是在尼比鲁星远离时使宇宙飞船后退（航线 B）——朝太阳“后退”（同样在朝地球和火星后退）到达地球。若想如阿努一样，做一次到地球的短暂旅行，可以利用“A”到达，利用“B”航线离开；参观尼比鲁星（如亚达帕一般）则只需倒转以上步骤——利用“A”航线拦截尼比鲁，利用“B”航线返回地球，依此类推。

但阿努纳奇人的来临不是都发生在行星归来时，为此，我们还有另外一个循环的时间——黄道时间。

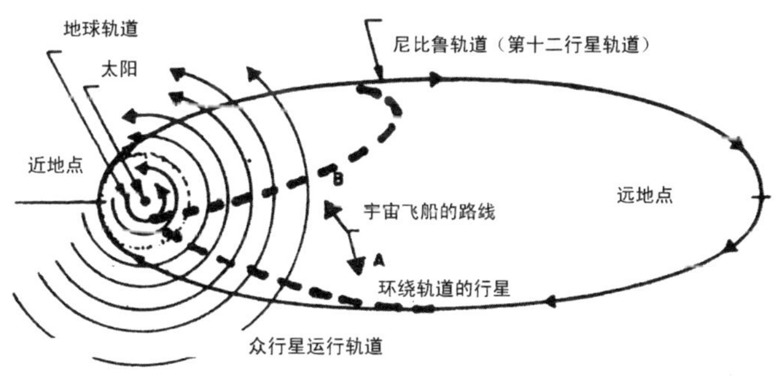

图130

※

在《当时间开始》里，我叫它天时间，与地球时间（我们行星的公转周期）和神圣时间（阿努纳奇人行星的公转周期）截然不同，却又是两者的纽带。如果期待的归来是阿努纳奇人而非他们的行星，那我们最好去寻求被时间联系在一起的神和人的奥秘——天时间中循环的黄道十二宫。这是由阿努纳奇人发明来统一两个循环周期的。这两个周期——尼比鲁的 3600 年公转周期和 2160 年的黄道周期的比率是完美的 10 ∶ 6。如我所介绍的，它导致了被苏美尔人作为数学和天文基础的 60 进制的产生（6×10×6×10，依此类推）。

我们曾提到过，贝罗苏斯相信黄道周期是神和人关系的转折点。世界会周期性地经历末日灾难，不论是火灾还是洪水。而末日的来临时间是由天文现象决定的。就像与他同时代的玛尼叟一样，他也把史前时期和历史时期分为神话时代、半神话时代和后神话时代，总计 216 万年，被称为“世界存在的时间”。这个奇迹中的奇迹刚好是 1000 倍于黄道周期。

学者们在研究关于数学和天文学的古代泥版时震惊地发现，泥版是以奇异的数字 12960000——是的，就是 12960000——作为起点的。唯一能与这个结论联系的就只有 2160 年的黄道周期，它的 6 倍是 12960（2160×6），60 倍是 129600（2160×60），600 倍是 1296000（2160×600）。最令人惊讶的是，12960000 这个古怪的远古记录起始数字，刚刚是 2160 的 6000 倍——这又是上帝创世的神赐六日。

《地球编年史》系列自始至终都在体现：那些发生在神影响人类时的主要事件是与黄道周期有关系的。每个时代开始时都有大事发生：金牛座时代给出了承认人类文明的信号。白羊座时代从一场核动荡开始，随着神的离去而结束。双鱼座时代随着神殿的毁坏一起来临，也是基督教纪元的开始。难道我们不该追问预言中的末日是否就意味着（黄道）时代的结束？

《但以理书》中的“一载、两载、半载”仅仅只是一个关于黄道纪元的专门术语吗？这个可能性在三个世纪以前，就已经被艾萨克·牛顿爵士深思熟虑过了。他最负盛名的是关于天体运行，比如行星围绕太阳运行的自然规律的方程。他同样热衷于宗教思考，并且写了漫长的关于《圣经》和其中预言的专题著作。他认为他所描述的天体运动都是“上帝的机器”。他坚信，那些由哥白尼和伽利略开始，被他继承并发扬的科学发现是命中注定要发生的。这让他付出了大量心血来研究“但以理的数学”。

2003 年 3 月，英国广播公司（BBC）一个关于牛顿的节目震惊了科学界和宗教界。节目中透露了一份文件的存在，牛顿的笔迹写满了文件的正面和背面，他根据但以理的语言计算出了末日的具体时间。

牛顿在纸的一面写下了数值计算过程，在另一面写下了七个由计算结果分析出的“论点”。最近对这张纸的审视——我收藏有一份这张纸的影印本——让我发现，牛顿在计算中多次使用 216 和 2160 这两个数字。这个提示让我知道了他的想法：他在考虑黄道时间——对他而言，这就是弥赛亚时间！

他写下了一套时间表，总结自己对但以理预言的观点，包括三个“不早于”和一个“不迟于”：

> 根据但以理给出的第一个线索，是在公元 2132—2370 年间；
>
> 根据第二个线索，是在公元 2090—2374 年间；
>
> 根据决定性的“一载、两载、半载”，是在公元 2060—2370 年间。

“艾萨克·牛顿爵士预言世界将于公元 2060 年终结。”BBC 宣布这可能不是很精确。但就如之前章节描述的黄道纪元表所展示的一样，他的两个“不早于”时间 2060 年和 2090 年距离并不远。

这个伟大的英国人的手稿，被保存在犹太国立档案馆和大学图书馆的手稿部——在耶路撒冷！

这仅仅是一个巧合吗？

※

“火卫一事件”——被忽略的事件——第一次公开透露，是在我 1990 年的书《创世再临》中。它与 1989 年苏联航天器的失踪有关，此航天器被发射去探测火星和可能是空心的它的卫星：火卫一。

实际上，共有两颗苏联航天器失踪，并非一颗。它们分别被命名为火卫一 1 号和火卫一 2 号，以暗示它们的任务——探索火星的卫星火卫一。它们于 1988 年发射，1989 年到达火星。虽然是一个苏联项目，但它是由美国国家航空航天局与欧洲某些机关赞助的。火卫一 1 号消失了——没有任何细节和解释被公布。火卫一 2 号到达了火星，开始往回发送由两个摄像机拍摄的照片——一个普通一个红外。

令人惊讶或者说让人害怕的是，这些图片上有一个飞行在苏联探测器和火星地面之间的雪茄形物体的阴影（见图 131，由两台摄像机拍摄）。苏联的任务负责人将其描述为“可被称为飞碟的物体”。他们马上控制探测器离开火星轨道，向卫星靠近，并在距离阴影 50 码时用激光轰击它。

火卫一 2 号发回的最后一张照片显示，一个从那个阴影物体上发射出来的东西正在接近探测器（见图 132）。之后探测器就开始自转并停止发回信息——它被这个神秘的物体击毁了。

在官方层面，“火卫一事件”至今仍然是一个“无法解释的事故”。实际上，就在此之后，一个包括了所有在航天方面领先国家的秘密委员会走上了历史舞台。委员会和那份由其论证过的文献，受到了远超他们料想的监视，因为他们有可能知道那些世界领先国家对尼比鲁和阿努纳奇的真正了解程度。

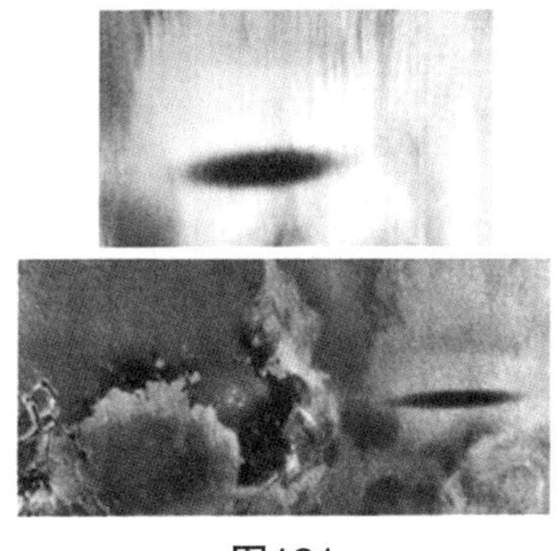

图131

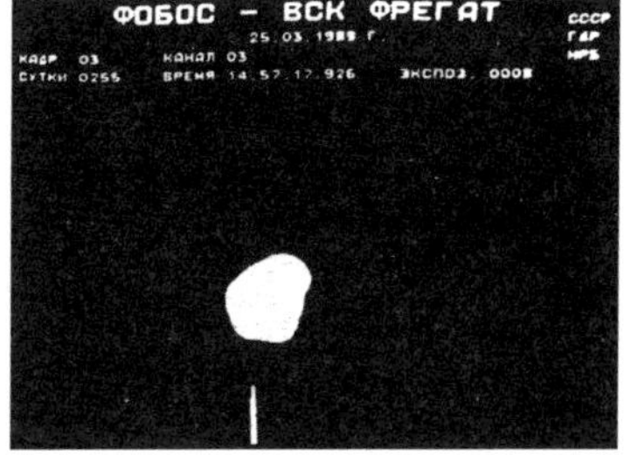

图132

导致这个秘密组织形成的地缘政治事件，开始于 1983 年被 IRAS 探测到的“类海行星”。IRAS 是美国国家航空航天局的红外天文探测卫星，它通过热辐射而非视觉观察来探测天体，并以此方法扫描了太阳系的边缘。搜寻第十颗行星是它的常规任务之一，而且确实也找到了一个。人们之所以确定找到的是行星，是因为六个月后再次探测它时，发现它明显是在向我们靠近。这个发现被当成报纸头条刊登出来（见图 133），却在第二天以“误会”的原因撤销了。实际上，这个发现太令人震惊了，因而导致美苏关系的突变：里根总统和戈尔巴乔夫主席之间的会议和太空合作协议；美国总统在联合国以及其他会议上的公开声明，其中包括以下言论（边用手指着天空边说）：

> 想想看，假如突然有一个来自宇宙中某星球的外星种族对地球产生了威胁，那我和他在这些会议中的任务多么容易完成啊。我偶尔会想，假如我们现在正面临着外星人的威胁，那我们之间的隔阂将会怎样快速地消失。

因这些焦虑而成立的工作委员会，从容不迫地组织了多次会议和磋商，直到 1989 年 3 月火卫一事故发生。兴奋地工作一段时间后，在 1989 年 4 月，委员会制定了一套被称为“关于发现地外智慧生命后的操作守则的声明”的指导方针。

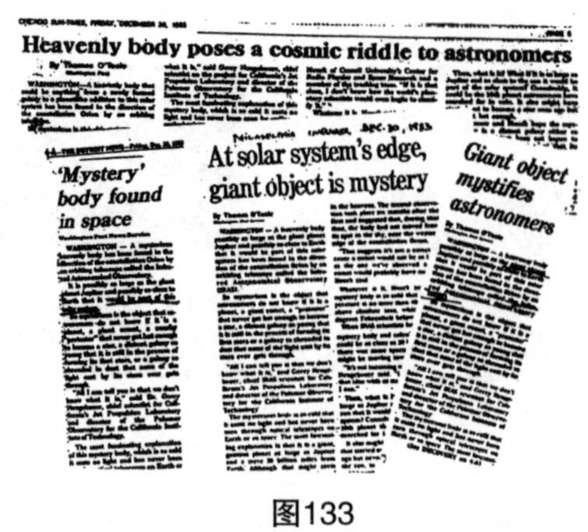

Heavenly body poses a cosmic riddle to astronomers

'Mystery' body found in space

At solar system's edge, giant object is mystery

Giant object mystifies astronomers

图133

其中商定了在收到“关于地外智慧生命的信号或其他迹象”后须遵循的具体操作步骤。“信号,”根据委员会透露，“不一定只是简单的一些智慧生命存在的迹象，也可能是需要被解码的实际信息。”操作步骤要求，在接收到回复之前，至少要推迟 24 小时，才能公布与地外智慧生命的联系。这显然是非常荒谬的，假如那些信号来自一个数光年之外的行星……不，这些都是为近距离邂逅做的准备！

对我而言，所有这些从 1983 开始的系列事件，还有在之前章节中约略提过的源自火星上的证据和从火卫一上发射出的物体，都在暗示，阿努纳奇人——或许是他们的机器人——依然存在于火星，他们古老的中转站。这是一个深谋远虑的计划，用一种设备为他们的再次归来做准备。总的来说，这一切暗示了一种归来的意图。

同样，对我而言，那个关于地球和火星的圆筒印章既是对过去的记述，也是对未来的预言。因为它上面标示了一个日期——用两条鱼的符号来暗示的日期：双鱼座时代。

这是在告诉我们，在双鱼宫纪元之前发生的事情也会在双鱼宫纪元重复吗？如果预言成真，如果结束真的是开始，如果过去就是未来，那答案是：会。

我们依然处在双鱼宫纪元。归来，如那符号所说，必会在现世结束前发生。

后记

2005年11月，以色列有了一个重要的考古发现。在打扫地面给新建筑腾出空间时，一个古老的巨型建筑遗址暴露在人们面前。考古学家们被召集起来，对其进行仔细挖掘。这栋建筑后来被证实是一座基督教堂——是迄今为止在圣地发现的最古老的教堂。希腊语铭文暗示了它建于（或重建于）公元3世纪。清除了废墟，一块华丽的马赛克地板映入了人们眼帘。中心是一幅两条鱼的图案——双鱼座的标志（见图134）。

它象征了什么呢？

发现地是在米吉多山脚下的哈米吉多——哈米吉多顿，《圣经》中世界末日善恶对决的战场。

这是另外一种巧合吗？

图134

附录：中英文对照表

A

阿努纳奇人	Anunnaki
《安祖的传说》	*Tale of Anzu*
阿革得	Aggade
《艾普-威尔的警示录》	*Admonitions of Ipu-Wer*
阿门内姆哈特一世	Amenemhet I
阿美尼	Ameni
阿文塔	Aventum
阿波尔	ABoR
阿巴纳库	Abaraku
阿希普	Ashippu
阿瑞杰卢	Urigallu
阿瓦	Avva
阿玛纳	El-Aarna
阿拉姆-拿哈兰	Aram-Naharayim
巴力卡德	Ba'al Gad
阿孟和蒂	Amenhotep
阿凯特阿顿	Akhet-Aten
《阿玛纳泥版书信》	*El-Amarna Tablets*

阿舒尔	Asher
安祖	Anzu
阿拉图	Arahtu
阿契米斯	Achaemeans
阿胡玛兹达	Ahura-Mazda
安泰阿卡斯四世	Antiochus Ⅳ
安东利亚要塞	Antonia Citadel
阿特卢沙师	Atalu shamshi

B

《圣经》	*The Bible*
贝克特	Bakate
巴鲁	Baru
拔示巴	Bathsheba
巴力贝卡	Ba'al-Bekka
巴力贝克	Ba'albek
本本石	Ben-Ben
巴兰	Bil'am
巴勒	Balak
比珥	Be'or
比特·阿迪尼	Bit Adini
巴尔贝克	Baalbec
贝尔-莎尔-乌儒	Bel-Shar-Uzur
本丢·彼拉多	Pontius Pilate

C

《城市贫民区》	*Twilight Zone*
《创世再临》	*Genesis Revisited*

D

《地球编年史》	*The Earth Chronicles*
但以理	Daniel
《大洪水后的苏美尔》	*The Post-Diluvial Sumer*
《地质学》	*Geology*
《地理》	*Geography*

E

恩图	Entu
恩西	Ensi
恩舍格	Ensag
俄巴底亚书	Obadiah

F

法利赛教派	Pharisees

G

《归来倒计时》	*Countdown to the Return*
古昔时候	Olden Days
古列	Koresh
哥格热	Gulgatha

戈印	Goyim

H

豪尔赫·路易斯·博尔赫斯	Jorge Luis Borges
胡麻门区	TIL.MUN
哈拿	Hana
何西阿	Hoseah
《怀疑多马》	*Doubting Thomases*
哈莎莫林	Hashmonean
哈尔米吉多	Har-Megiddo

J

《旧约》	*Old Testament*
基尼人	Kenites
杰丰	Jephoneh
迦勒	Caleb
杰荷亚琴	Jehoyachin
迦勒底人	Chaldaeans
基色娄月	Kislev

K

《科学》	*Science*
卡卡布	Kakkabu
卡鲁	Kalu
卡博德	Kabod

卡达什曼-恩利尔	Kadashman-Enlil
克亨伯儿	Khebar
克沃德	Kavod
卡利斯提尼斯	Callisthenes
卡塞特王朝	Kassite

L

勒佛尔-罗夫	Nefer-Rohu
罗摩	Ramaqu
丽莎库	Nisaku
拉拉路	Lallaru
拉布	Rabu
拉革路	Lagaru
累范特	Levant

M

弥赛亚	Messianic
麦沙	Mesh
米沙路	Misharu
米克哈	Milkhah
马歇尔	Marshall
《马杜克预言》	*The Marduk Prophecy*
玛舒纳夫	Mushlahhu
玛舒希普	Mushshipu
穆里卢	Mulillu

牧师	Shangu
穆纳布	Munabu
玛舒玛舒	Mashmashu
玛夫	Mahhu
麦比拉	Machpelah
米洛	Miloh
玛拉基	Malachi
玛丽亚·雷奇	Maria Reiche
米迦	Micha
马太亚胡	Matityahu
马克·安东尼	Mark Anthony
玛索	Matzoh

N

尼比鲁	Nibiru
尼普顿	Neptune
纳比	Nabih
纳儒	Naru
那布那沙尔	Nabunassar
奈特	Neith
拿撒勒	Nazareth
诺斯替教派	Gnostic
拿哈玛地文稿	Nag Hammadi

P

佩西舒	Pashishu

R

《人类的第一部历法》	*Mankind's first calendar*
《日期公式》	*Date Formulas*
瑞姆-辛	Rim-Sin
热布	Zabbu

S

《失落的恩基之书》	*The Lost Book of Enki*
《苏美尔列王纪》	*The Sumerian King Lists*
《圣约翰的启示录》	*The Revelation of St.John the Divine*
苏美尔	Sumer
沙雅热	Shamyaza
神的名录	God Lists
守门人	Abalu
舒乌路	Shu'uru
《神圣的遭遇战》	*Divine Encounters*
塞缪尔	Samuel
斯特雷波	Strabo
斯塔德	Stadium
《索福尼亚》	*Zephaniah*
塞德	Seder
塞琉古	Seleucids

撒都该教派	Sadducees

T

特莎佩尼特	Tsarpanit
太阳神之城	Heliopplis
忒拜	Thebai
图特摩斯三世	Tuthmosis Ⅲ
特勒阿玛纳	Tellel-Amarna
塔兰特	Talent
提革拉昆列色三世	Tiglath-Pileser Ⅲ
提瓦纳措	Tiwanacu
《图解秘鲁》	*Peru Illustrated*
托勒密	Ptolemies
提图斯	Titus

W

乌满路	Umannu
沃德瑞士奇斯	Vorderasiatiches
屋大维	Octavian

X

《新约》	*New Testament*
《希伯来圣经》	*Hebrew Bible*
修佩克	Shurppak
希纳尔	Shin' ar

西奥菲勒斯	Theophilus Pinches
西法瓦音	Sepharvaim
希拿	Hena
星神	Star god
西拨	Zippor

Y

约翰·威尔金斯	John Wilkins
耶路撒冷	Jerusalem
艾萨克·牛顿爵士	Sir Isaac Newton
耶昆	Yeqon
伊布鲁	Ibru
亚珥拔	Arpad
伊里舒姆	Ilushuma
亚多尼比色	Adoni-Zedek
以东人	Edomites
英吉尼奥	Ingenio
耶拿	Jena
犹太公会	Sanhedrin

Z

朱迪亚	Judea
扎奇曲	Zaqiqu
詹姆斯·H.布雷斯特德	James H. Breasted

FONGHONG
凤凰联动出品